Philosophische Bildung in Schule und Hochschule

Reihe herausgegeben von

Bettina Bussmann, Philosophie (GW Fakultät), Universität Salzburg, Salzburg, Österreich

Markus Tiedemann, Institut für Philosophie, Technische Universität Dresden, Dresden, Deutschland

Philosophische Bildung hat seit den 2000er Jahren an gesellschaftlicher Relevanz gewonnen. Dies zeigt sich in der Zunahme institutioneller Verankerung sowie in der stärkeren wissenschaftlichen Durchdringung und Ausdifferenzierung ihrer Teilbereiche. Vom Philosophieren mit Kindern bis zum *Philosophicum elementare*, vom Leistungskurs in der Schule bis zum Oberseminar in der Hochschule, vom Philosophischen Café bis zum Ethikrat: Der Bedarf an philosophiedidaktischer Expertise in all diesen Bereichen steigt. Philosophiedidaktik ist heute eine theoretisch-konzeptionelle, eine methodisch-praktische und eine empirisch-kritische Wissenschaft. Sie diskutiert die Bedeutung und die Inhalte philosophischer Bildungsangebote, entwickelt Methoden zu deren Realisierung und evaluiert ihre Akzeptanz und Effizienz. Längst ist international ein breites Netz an Theorien, Lehrkonzepten und Forschungsansätzen für Schule und Universitäten entstanden. Die vorliegende Reihe informiert über aktuelle Forschungsprojekte, diskutiert unterschiedliche theoretische Modelle und erschließt neue Methoden für die sich verändernden schulischen und universitären Lehr- und Lernbedingungen. Sie möchte all denjenigen Orientierung und Diskussionsgrundlagen bieten, die der wachsenden Bedeutung philosophischer Bildung in Schule und Hochschule gerecht werden wollen.

The social relevance of philosophical literacy has become most important in recent years. This is clearly visible given its increasing penetration into various academic institutions and organizations. International collaborative networks have been established to develop theories, methods, materials, teaching concepts and research approaches around philosophical education. From 'philosophy for children' to philosophical cafés, from adult continuing education courses to ethics councils, the need for didactical and educational expertise outside of the ivory tower has grown. Philosophy Education today is a theoretical, practical and empirical discipline.

This series provides a venue for research projects that unlock new methods and ideas for those engaged in philosophy education wanting to understand the challenges of its ever greater societal importance.

Dominik Balg

Wissen, was gut ist

Moralische Bildung im Spannungsfeld zwischen Manipulation und Beliebigkeit

 **J.B. METZLER**

Dominik Balg
Johannes Gutenberg-Universität Mainz
Mainz, Rheinland-Pfalz, Deutschland

ISSN 2730-6585   ISSN 2730-6593   (electronic)
Philosophische Bildung in Schule und Hochschule
ISBN 978-3-662-70270-3   ISBN 978-3-662-70271-0   (eBook)
https://doi.org/10.1007/978-3-662-70271-0

Die Deutsche Nationalbibliothek verzeichnet diese Publikation in der Deutschen Nationalbibliografie; detaillierte bibliografische Daten sind im Internet über https://portal.dnb.de abrufbar.

Einbandabbildung: © olaser/Getty Images/iStock

Planung/Lektorat: Franziska Remeika
J.B. Metzler ist ein Imprint der eingetragenen Gesellschaft Springer-Verlag GmbH, DE und ist ein Teil von Springer Nature.
Die Anschrift der Gesellschaft ist: Heidelberger Platz 3, 14197 Berlin, Germany

Wenn Sie dieses Produkt entsorgen, geben Sie das Papier bitte zum Recycling.

Vorwort

Der gegenwärtige philosophiedidaktische Diskurs scheint durch eine implizite Spannung geprägt zu sein, die sich vor dem Hintergrund zweier weit verbreiteter Ansichten über philosophische Bildung ergibt. So besteht einerseits ein fachdidaktischer Konsens, dass philosophische Bildung etwas Wertvolles ist. Philosophische Bildung, so der naheliegende Gedanke, ist etwas Wertvolles, weil sie einen Beitrag dazu leisten kann, im Denken weiterzukommen. Philosophische Fragen sind nicht lediglich Ansichtssache oder Angelegenheiten des persönlichen Geschmacks. Nicht alle Argumente sind gleich gut, und nicht alle philosophischen Ansichten gleich plausibel. In diesem Sinne wehren sich weite Teile der Philosophiedidaktik berechtigterweise gegen eine Sichtweise auf den Philosophie- und Ethikunterricht als „Laberfach", in dem jede:r persönliche Meinungen und Befindlichkeiten kundtun darf, ohne dass es hierbei ein richtig und falsch oder ein besser und schlechter gäbe. Erfolgreiche philosophische Bildung sollte Lernenden vielmehr klare Kriterien, Prinzipien und Normen an die Hand geben, mit Hilfe derer sich echte Fortschritte in der Lösung schwieriger philosophischer Probleme erzielen lassen, die über einen bloßen Austausch verschiedener Standpunkte klar hinausgehen.

Gleichzeitig, so eine ebenfalls weit verbreitete Ansicht, ist es allerdings nicht so, als könnte Lernenden einfach vermittelt werden, welche philosophischen Positionen plausibel oder unplausibel sind. Schließlich, so die geläufige Begründung, würde eine solche Vermittlung naiverweise voraussetzen, dass in der philosophischen Forschung bereits irgendwie entschieden sei, was richtig oder falsch ist. Naiv sei eine solche Vorstellung nun schon allein deshalb, weil es in der Philosophie – anders als in anderen Wissenschaften – überhaupt nicht darum gehe, endgültige Lösungen oder verbindliche Antworten bereitzustellen. Wesentlich für philosophisches Forschen sei vielmehr das prinzipiell unabschließbare Hinterfragen und Reflektieren.

Wenngleich eine solche Sichtweise auf den ersten Blick erfreulich undogmatisch und differenziert erscheinen mag, dürfte sie aus Sicht vieler Lernender letztendlich kaum befriedigend sein. Wozu sollte man sich mit komplizierten Argumentationen und schwierigen Texten herumschlagen, wenn von diesen Argumentationen und Texten ohnehin keine eindeutigen Antworten zu erwarten sind? Worin genau besteht der versprochene Fortschritt im philosophischen Denken, wenn eine strukturierte Annäherung an verbindliche Wahrheiten von Vornherein ausgeschlossen ist? Warum sollte man sich auf die Suche nach etwas begeben, das es ohnehin nicht gibt? Dass Lernenden hier tatsächlich eine intellektuelle Mogelpackung verkauft wird, hat Rüdiger Bittner treffend in folgender Formulierung auf den Punkt gebracht (Bittner 2010, 132): „Wer nicht bereit ist zu finden, wenn das Gesuchte da liegt, der sucht nicht einmal, sondern posiert nur als Suchender."

Das vorliegende Buch stellt einen Versuch dar, die soeben skizzierte Spannung durch eine optimistische Sichtweise auf die Philosophie ein Stück weit aufzulösen. Manchmal, so die grundsätzliche Idee, liegt das Gesuchte tatsächlich bereits da und es wäre töricht, es Lernenden vorzuenthalten. Obwohl dieser Gedanke von allgemeiner Bedeutung für philosophische Bildungsprozesse ist, werde ich mich im Folgenden zunächst auf einen spezifischen Bereich konzentrieren, in dem verbindliche philosophische Antworten in besonderem Maße ebenso dringend nötig wie unerreichbar erscheinen – den Bereich der Moral. Das grundlegende Anliegen ist es dabei, plausibel zu machen, dass wir auch in diesem so wichtigen und schwierigen Bereich wesentlich mehr von der Philosophie zu erwarten haben, als ihr herkömmlicherweise zugetraut wird.

Dass ich dieses Anliegen mit diesem Buch verfolgen darf, wäre ohne die Ermunterung und Unterstützung vieler Menschen nicht möglich gewesen, denen ich zu großem Dank verpflichtet bin und die an dieser Stelle nicht unerwähnt bleiben sollen. Zunächst möchte ich Thomas Grundmann danken, dessen Arbeiten zu epistemischer Autorität und Expertise viele Gedanken in diesem Buch entscheidend geprägt haben und ohne dessen langjährige Unterstützung ich niemals die Möglichkeit gehabt hätte, dieses Buch zu schreiben. Des Weiteren möchte ich Gregor Hochstetter, Peter Königs, Thomas Sattig und Bettina Bussmann danken, die ersten Vorläufern der hier entwickelten Theorie moralischer Bildung mit großer Offenheit und Wohlwollen begegnet sind und die mich mit ihren hilfreichen Kommentaren und Anregungen bereits in einer frühen Phase dazu ermuntert haben, weiter daran zu arbeiten. Ein ganz besonderer Dank gilt neben Bettina Bussmann auch Markus Tiedemann und Franziska Remeika, die dieses Buch in der vorliegenden Form überhaupt erst möglich gemacht und das gesamte Projekt von Anfang bis Ende begleitet haben. Maike Albertzart, Anne Burkard, Philipp Dragic, Leonard Dung, Tim Henning, Christoph Klafki sowie den Teilnehmenden des Göttinger Kolloquiums für Philosophiedidaktik, des Mainzer Kolloquiums für Praktische Philosophie und des Mainzer Kolloquiums für Philosophiedidaktik danke ich für die aufmerksame Lektüre einzelner Entwürfe und Kapitel, die konstruktive Diskussion sowie die vielen daraus entstandenen Überlegungen und Hinweise, die die weitere Arbeit entscheidend vorangebracht haben. Lilo Roloff danke ich für die tatkräftige Unterstützung bei der formalen Finalisierung des Manuskripts.

Mainz   Dominik Balg
im August 2024

Inhaltsverzeichnis

1 Einleitung 1

2 Die Wissensvermittlungskonzeption im Kontext 9
  2.1 Nicht-direktive Ansätze moralischer Bildung 12
    2.1.1 Der fähigkeitsbasierte Ansatz 13
    2.1.2 Der emotionsbasierte Ansatz 17
    2.1.3 Der charakterbasierte Ansatz 22
  2.2 Direktive Ansätze moralischer Bildung 27
    2.2.1 Der transzendentale Ansatz 29
    2.2.2 Der pragmatische Ansatz 32
    2.2.3 Der epistemische Ansatz 37
  2.3 Zwischenfazit 48

3 Einwände gegen die Wissensvermittlungskonzeption 51
  3.1 Philosophische Einwände 52
    3.1.1 Der Einwand des fehlenden Wissens 53
    3.1.2 Der Einwand der fehlenden Expertise 58
    3.1.3 Der Einwand der Meinungsverschiedenheiten 67
    3.1.4 Zwischenfazit 78
  3.2 Pädagogische Einwände 80
    3.2.1 Der Einwand des Kontroversitätsgebots 81
    3.2.2 Der Einwand der Indoktrination 88
    3.2.3 Der Einwand der Mündigkeit 96
    3.2.4 Zwischenfazit 102
  3.3 Didaktische Einwände 104
    3.3.1 Der Einwand der Schülerorientierung 105
    3.3.2 Der Einwand der Kompetenzorientierung 109
    3.3.3 Der Einwand der Problemorientierung 116
    3.3.4 Zwischenfazit 122

4 Unterrichtspraktische Umsetzung 125
  4.1 Die moralische Beurteilung von Schwangerschaftsabbrüchen 127
    4.1.1 Vorüberlegungen 127
    4.1.2 Eine Unterrichtsskizze 129

    4.2   Tierethik   139
          4.2.1   Vorüberlegungen   139
          4.2.2   Eine Unterrichtsskizze   141
    4.3   Ethischer Egoismus   148
          4.3.1   Vorüberlegungen   148
          4.3.2   Eine Unterrichtsskizze   151
    4.4   Zwischenfazit   157

5   Fazit und Ausblick   161

Literatur   167

Einleitung

Ein Buch mit der einleitenden Bemerkung zu beginnen, dass wir gegenwärtig in krisenhaften Zeiten leben, die durch eine Vielzahl schwerwiegender Herausforderungen geprägt sind, hat mittlerweile beinahe floskelhaften Charakter. Das bedeutet natürlich wiederum nicht, dass die hier zum Ausdruck kommende Beobachtung falsch wäre. Und so ist es angesichts eines Buches über moralische Bildung in Zeiten wie diesen auch durchaus naheliegend, zunächst an die grundlegenden moralischen Probleme zu denken, mit denen wir aktuell konfrontiert sind: Wie sollten wir auf die drohende Klimakrise reagieren? Wie gehen wir mit Künstlicher Intelligenz um? Und welche Konsequenzen ergeben sich aus den jüngsten geopolitischen Verwerfungen?

Dass Kinder und Jugendliche dazu befähigt werden müssen, mit den hier angedeuteten und vielen weiteren gesellschaftlichen Herausforderungen umzugehen, ist unstrittig. Dass angesichts dessen grundsätzliche Fragen nach den Grenzen und Möglichkeiten moralischer Bildung eine ausführliche Betrachtung verdienen, ist naheliegend. Gleichzeitig bedarf es aber gar nicht dieses gegenwärtig so oft beanspruchten Verweises auf die großen Krisen unserer Zeit, um eine genauere Beschäftigung mit dem Projekt moralischer Bildung zu motivieren. Denn auch auf einer rein individuellen Ebene gilt wohl für die überwältigende Mehrheit der Menschen, dass sie zumindest ein moralisch vertretbares, besser noch ein moralisch gutes Leben führen möchten. In vielen Situationen und in vielerlei Hinsicht ist es jedoch alles andere als klar, was es überhaupt bedeutet, sein Leben nach moralischen Maßstäben auszurichten. Kann, darf und soll moralische Bildung hier Orientierung bieten? Und welche Rolle kommt dabei der Philosophie zu? Diese Fragen sind nicht neu, und sie stellen sich ganz unabhängig von aktuellen gesellschaftlichen Problemlagen. Gleichzeitig sind sie nach wie vor von großer Bedeutung und Gegenstand lebhafter Kontroversen.

Dieses Buch möchte einen konkreten Beitrag zur Beantwortung dieser Fragen leisten, indem es sich einer wesentlich spezifischeren Frage widmet: Wie sollte

D. Balg, *Wissen, was gut ist,* Philosophische Bildung in Schule und Hochschule, https://doi.org/10.1007/978-3-662-70271-0_1

moralische Bildung im Rahmen des schulischen Philosophie- und Ethikunterrichts verwirklicht werden? Auf den ersten Blick mag auch diese spezifischere Frage noch einigermaßen vage wirken. Was ist mit moralischer Bildung überhaupt gemeint? Geht es darum, die Befolgung basaler Normen des zwischenmenschlichen Miteinanders sicherzustellen? Eine bestimmte Gesinnung auszubilden oder einen bestimmten Charakter zu prägen? Eine differenzierte Beschäftigung mit moralischen Problemen anzuregen? Oder Kenntnisse über ethische Positionen zu vermitteln? In diesem Buch werde ich keinen Versuch unternehmen, diese grundsätzlichen Fragen zu beantworten. Anstatt eine eigenständige Definition moralischer Bildung zu entwickeln, werde ich mich lediglich an einer breit geteilten und prominenten Erwartung orientieren, die de facto an den schulischen Philosophie- und Ethikunterricht gestellt und von Philipp Richter folgendermaßen zusammengefasst wird (Richter 2021, 158 f.):

> Es wird vorausgesetzt, dass das Denken und Handeln der Schülerinnen und Schüler unter den empirischen Bedingungen des Unterrichts [...] unter Anleitung der Lehrkräfte [...] zum Besseren verändert werden kann.

Der schulische Philosophie- und Ethikunterricht sieht sich also mit der Forderung konfrontiert, das Denken und Handeln von Kindern und Jugendlichen zu verbessern. Und tatsächlich ist hiermit in der Regel eine *moralische* Verbesserung gemeint (Meyer 2011, 224) – die Erwartung ist, dass der Philosophie- und Ethikunterricht „die Welt ein Stück weit zum Besseren [...] verändern" (Tichy 1998, 23) und in diesem starken Sinne einen substantiellen Beitrag zu erfolgreicher moralischer Bildung leisten kann. Wichtig ist, dass es sich hierbei nicht primär um eine von Seiten der Fachdidaktik formulierte Erwartung handelt, sondern vielmehr um eine Erwartung, die von Seiten der Gesellschaft und der Politik an den Philosophie- und Ethikunterricht herangetragen wird (Meyer 2011, 226; Tichy 1998, Abschn. 1.1).[1] Und in gewisser Weise scheint diese Erwartung auf den ersten Blick auch durchaus nachvollziehbar: Schließlich gehört die systematische Beschäftigung mit grundsätzlichen moralischen Fragestellungen zum Kerngeschäft der Philosophie. Sollte man nicht davon ausgehen, dass hier im Laufe der Jahrtausende einige Ergebnisse erzielt worden sind – Ergebnisse, die auch für die breitere Öffentlichkeit von direktem Interesse sind und die effektive Orientierung mit Blick auf die persönliche Lebensführung und Entscheidungsfindung bieten können?

Kontrastiert wird die scheinbare Selbstverständlichkeit dieser Forderung jedoch durch das auffällige Maß an Zurückhaltung, Vorsicht und Differenzierung, mit dem ihr von Seiten der fachdidaktischen Forschung begegnet wird. Ohne die

---

[1] Diese Beobachtung ist unter anderem insofern wichtig, als dass es sich somit um eine Erwartung handelt, die unabhängig von irgendwelchen spezifischen in der fachdidaktischen Literatur diskutierten Modellen des Philosophie- und Ethikunterrichts an die philosophische Fächergruppe herangetragen wird (für eine Übersicht siehe etwa Martens 1994).

obige Erwartung gänzlich zurückweisen zu wollen, sind viele Autor:innen dennoch sichtlich bemüht, zu große Hoffnungen von Vornherein zu dämpfen. Ob, in welchem Sinne und mit welchen Mitteln der schulische Philosophie- und Ethikunterricht tatsächlich zu einer moralischen Verbesserung des Denkens und Handelns von Kindern und Jugendlichen beitragen kann, so die einhellige Meinung, ist eine schwierige Frage, die nicht ohne Weiteres beantwortet werden kann.

Dabei sollte klar sein, dass es sich hierbei primär um eine philosophische bzw. philosophiedidaktische Frage handelt, die dementsprechend auch einer philosophischen bzw. philosophiedidaktischen Beantwortung bedarf. Zwar könnte man vielleicht auf den ersten Blick versucht sein, die Frage nach Grenzen und Möglichkeiten moralischer Bildung im Philosophie- und Ethikunterricht schlichtweg mit einem Verweis auf entsprechende rechtliche Vorgaben zu beantworten – so heißt es etwa in den *Einheitlichen Prüfungsanforderungen in der Abiturprüfung Ethik* (KMK 2006, 5):

> Ziel des Ethikunterrichts ist es, die Schülerinnen und Schüler [...] zur selbständigen ethischen Urteilsbildung sowie zum ethisch reflektierten Handeln zu befähigen. [...] Der Ethikunterricht trägt damit zur Persönlichkeitsbildung bei und will zur aktiven, mündigen Teilnahme an den relevanten Fragen des öffentlichen Lebens befähigen. Wertbasis des Fachs selbst sind die Grundwerte, wie sie in den Verfassungen der Länder und im Grundgesetz der Bundesrepublik Deutschland zum Ausdruck kommen. Dazu gehören insbesondere Menschenwürde, Freiheit, Toleranz und Gerechtigkeit.

In dieser Passage scheint folgende Antwort auf die obige Fragestellung nahegelegt: Der schulische Philosophie- und Ethikunterricht soll zu einer moralischen Verbesserung des Denkens und Handelns beitragen, indem er die in den Verfassungen von Bund und Ländern verankerten Grundwerte wie Menschenwürde, Freiheit, Toleranz oder Gerechtigkeit vermittelt. Diese Antwort ist jedoch aus verschiedenen Gründen wenig zufriedenstellend. So gibt sie einerseits keinen Aufschluss darüber, worin der *spezifische* Beitrag der philosophischen Fächergruppe zur moralischen Bildung von Kindern und Jugendlichen besteht – schließlich handelt es sich bei der Vermittlung demokratischer Grundwerte um einen fächerübergreifenden Auftrag schulischer Bildung, der in den Schulgesetzen der einzelnen Länder allgemein formuliert wird. Und andererseits könnte es sich herausstellen, dass diese Antwort den Besonderheiten genuin philosophischer Bildungsprozesse, so wie sie für den Philosophie- und Ethikunterricht charakteristisch sind, überhaupt nicht gerecht wird – so wurde in der philosophiedidaktischen Literatur etwa explizit darauf hingewiesen, dass es im Rahmen solcher Bildungsprozesse vielmehr um die *kritische Reflexion* und *ergebnisoffene Diskussion*, nicht aber um die bloße *Vermittlung* demokratischer Grundwerte gehen sollte (siehe etwa Höffe 1979, Tiedemann 2016a). Zwar könnte es sein, dass aufgrund des verbindlichen Status rechtlicher Vorgaben eine solche Vermittlung letztendlich entgegen fachspezifischer Bedenken durchgesetzt werden müsste. In diesem Fall wäre jedoch immer noch unklar, welchen Beitrag der Philosophie- und Ethikunterricht *aufgrund seines besonderen fachlichen und didaktischen Profils* zur moralischen Bildung von Kindern und Jugendlichen leisten kann. Geklärt wäre lediglich, was der

Philosophie- und Ethikunterricht *aufgrund seines rechtlichen Status als ordentliches Schulfach* zu tun hat.

Die Frage, um die es im Folgenden gehen soll, lässt sich also genauer so formulieren: Wie kann der Philosophie- und Ethikunterricht *aufgrund seines besonderen fachlichen und didaktischen Profils* einen *spezifischen* Beitrag zur moralischen Verbesserung des Denkens und Handelns von Kindern und Jugendlichen leisten? Das wesentliche Ziel dieses Buches ist es, eine konkrete Antwort auf diese Frage vorzustellen und zu diskutieren. Genauer gesagt soll eine spezifische und in der fachdidaktischen Forschung nicht hinreichend berücksichtigte Möglichkeit der Verwirklichung moralischer Bildung im soeben skizzierten Sinne entwickelt und im Lichte kritischer Einwände verteidigt werden. In gewisser Hinsicht handelt es sich hierbei um ein durchaus bescheidenes Projekt: Denn zum einen entfalten sich die im Folgenden vorgestellten Überlegungen vor dem Hintergrund einer vergleichsweise engen Orientierung an bestehenden Erwartungen, didaktischen Vorgaben und unterrichtlichen Rahmenbedingungen, denen sie versuchen, weitgehend gerecht zu werden. In diesem Sinne handelt es sich bei dem vorliegenden Buch um einen Beitrag zu dem, was in der philosophiedidaktischen Forschung in Anlehnung an John Rawls auch als *nicht-ideale* Theoriebildung bezeichnet wird (Burkard 2024, 31 f.). Die Frage ist nicht, was moralische Bildung auf einer grundsätzlichen Ebene bedeuten sollte und welche Rolle der Philosophie in diesem Zusammenhang unter idealen Bedingungen zukommen könnte. Stattdessen ist die Frage, welche Möglichkeiten es gibt, den an die philosophische Fächergruppe herangetragenen Forderungen nach einem spezifischen Beitrag zu moralischen Bildungsprozessen vor dem Hintergrund institutioneller Rahmenbedingungen fachlich und didaktisch angemessen gerecht zu werden. Zum anderen handelt es sich auch insofern um ein bescheidenes Projekt, als dass die im Folgenden vertretene Konzeption nicht als die einzige oder die bedeutendste Möglichkeit der Umsetzung moralischer Bildungsprozesse verteidigt werden soll. Der Anspruch ist lediglich, eine bisher zu wenig beachtete Möglichkeit genauer zu untersuchen, die zwar einen wichtigen Beitrag zu erfolgreicher moralischer Bildung im schulischen Philosophie- und Ethikunterricht zu leisten vermag, dabei aber klarerweise der Ergänzung und Unterstützung durch weitere Ansätze bedarf.

Dass das vorliegende Buch in anderer Hinsicht ein durchaus ambitioniertes, und dementsprechend kontroverses Projekt darstellt, wird allerdings deutlich, wenn wir einen ersten Blick auf seinen inhaltlichen Grundgedanken werfen: Im Folgenden möchte ich eine spezifische Konzeption moralischer Bildung entwickeln, die ich als *Wissensvermittlungskonzeption moralischer Bildung* bezeichnen werde. Die zentrale Idee dieser Konzeption ist, dass moralische Bildungsprozesse im Rahmen des Philosophie- und Ethikunterrichts auch durch die gezielte Vermittlung spezifischer moralischer Wissensbestände realisiert werden sollten, wobei mit moralischem Wissen nicht lediglich Wissen über verschiedene moralphilosophische Begrifflichkeiten, Positionen oder Argumente gemeint ist, sondern tatsächlich Wissen darüber, was moralisch richtig und was moralisch falsch ist. Hierbei handelt es sich aus mehreren Gründen um eine offensichtlich kontroverse Konzeption.

So besteht erstens in der fachdidaktischen Forschung ein grundsätzliches Misstrauen gegenüber Forderungen nach expliziten Wertevermittlungen. Im Philosophie- und Ethikunterricht, so die weit verbreitete Auffassung, sollen Lernende zur eigenständigen und ergebnisoffenen Reflexion moralischer Problemfragen befähigt werden. Eine explizite Vermittlung spezifischer Wertvorstellungen scheint hierzu in einem direkten Widerspruch zu stehen. Auf gesellschaftlich-politischer Ebene wird diese Skepsis insofern gespiegelt, als dass auch hier in jüngster Zeit – wenngleich vermutlich aus anderen Gründen und insbesondere von (rechts-) konservativen Stimmen – vermehrt Bedenken hinsichtlich einer unzureichenden Wertneutralität in schulischen Kontexten geäußert wurden, was unter vielen Lehrkräften zu einer gewissen Verunsicherung und erhöhter Vorsicht geführt hat (Kim 2021).

Zwar könnte man an dieser Stelle noch darauf hinweisen, dass die grundsätzliche Notwendigkeit einer expliziten Vermittlung spezifischer Wertansichten auch mit Blick auf den Philosophie- und Ethikunterrichts nur schwer zu bestreiten ist – oder de facto kaum bestritten wird. Zumindest in der schulischen Praxis scheint weitgehende Einigkeit zu bestehen, dass die Vermittlung allgemeiner Werte fächerübergreifend ein selbstverständlicher und weitgehend unproblematischer Aspekt schulischer Bildung ist: So gaben etwa im Rahmen einer im Auftrag des *Verbandes Bildung und Erziehung* (VBE) durchgeführten Studie zur „Werteorientierung und Werteerziehung" jeweils über 90 % der befragten Eltern und Lehrkräfte an, die unterrichtliche Vermittlung von Grundwerten für wichtig zu halten (forsa 2018). Warum sollte die philosophische Fächergruppe hier eine Ausnahme bilden?

Doch selbst wenn man zugesteht, dass auch im Rahmen des Philosophie- und Ethikunterrichts, für den ja gerade eine kritische Reflexion und ein stetes Hinterfragen gegebener Wertvorstellungen charakteristisch zu sein scheint, eine explizite Vermittlung spezifischer moralischer Ansichten angestrebt werden sollte, scheint die Wissensvermittlungskonzeption zweitens auch höchst kontroverse Annahmen darüber zu implizieren, *welche* konkreten Ansichten letztendlich vermittelt werden sollten. Wie wir gesehen haben, ist die zentrale Idee hinter dieser Konzeption, dass moralische *Wissensbestände* in unterrichtlichen Kontexten vermittelt werden sollen. Doch um welche Wissensbestände soll es sich hierbei handeln? Gibt es überhaupt so etwas wie moralisches Wissen? Und wer soll im Besitz dieses Wissens sein? Während der Gedanke, dass spezifische moralische Ansichten explizit vermittelt werden sollten, insofern sie als Grundwerte das gesellschaftliche Zusammenleben in liberalen Demokratien prägen und für das Fortbestehen derselben unabdingbar sind, oder insofern sie von Kindern und Jugendlichen verinnerlicht werden müssen, um ihnen einen möglichst friedlichen und konfliktarmen Lebensweg zu ermöglichen, noch auf einige Zustimmung treffen dürfte, wirkt der Gedanke, dass wir moralische Ansichten vermitteln sollten, insofern sie *wahr* sind, auf den ersten Blick einigermaßen exzentrisch. Die Wissensvermittlungskonzeption, so ein naheliegender Verdacht, scheint sowohl die spezifischen Besonderheiten des Philosophierens als auch die spezifischen Besonderheiten moralischer Fragestellungen zu verkennen, indem sie naiverweise davon ausgeht, dass

Wissen über Moral ebenso existiert und ebenso einfach lehrbar sei wie Wissen über Hauptstädte, Tierarten oder literarische Gattungen.

Angesichts dieser erwartbaren Kontroversität ist ein Großteil des Buches der kritischen Diskussion von Einwänden gewidmet. Da hierzu offensichtlich ein genaueres Verständnis dessen, was überhaupt zur Diskussion steht, erforderlich ist, werde ich in Kap. 2 die Wissensvermittlungskonzeption zunächst vor dem Hintergrund einer einführenden Übersicht über prominente Alternativtheorien moralischer Bildung genauer erläutern und motivieren. Die in diesem Zusammenhang entwickelte Taxonomie bietet nicht nur ein detaillierteres Verständnis der Wissensvermittlungskonzeption, sondern bereitet auch die darauffolgende kritische Diskussion insofern vor, als dass sie eine bessere Beurteilung der Spezifität der dort erwogenen Einwände ermöglicht – wie wir sehen werden, handelt es sich bei einigen naheliegenden Einwänden nämlich überhaupt nicht um spezifische Argumente gegen die Wissensvermittlungskonzeption, sondern um wesentlich allgemeinere Bedenken, von denen tatsächlich auch alternative Positionen betroffen sind, die auf den ersten Blick weitaus weniger kontrovers wirken.

Kap. 3 ist dann der Entwicklung und Bewertung verschiedener Einwände gewidmet. Um nicht die Übersicht zu verlieren, und um der Diskussion ein angemessenes Maß an Struktur zu geben, werde ich in diesem Zusammenhang zwischen drei verschiedenen Kategorien von Einwänden unterscheiden. Die gemeinsame Idee hinter der ersten Kategorie der *philosophischen* Einwände ist, dass die Wissensvermittlungskonzeption schon allein daran scheitert, dass sie von unplausiblen (meta-)ethischen Annahmen über die Möglichkeit, die Verteilung und den Umfang moralischer Wissensbestände ausgeht. Das Problem der Wissensvermittlungskonzeption, so die grundsätzliche Überlegung dieser Einwände, besteht darin, dass sie die Vermittlung von etwas fordert, was es in der dafür erforderlichen Form überhaupt nicht gibt. Die gemeinsame Idee hinter der zweiten Kategorie der *pädagogischen* Einwände ist, dass die im Rahmen der Wissensvermittlungskonzeption geforderte Vermittlung spezifischer moralischer Ansichten, wenngleich aus (meta-)ethischer Sicht vielleicht möglich, aus pädagogischer Sicht jedoch dennoch nicht vertretbar ist. Im Hintergrund der hier diskutierten Einwände stehen jeweils spezifische pädagogische und bildungstheoretische Prinzipien, die auf den ersten Blick eindeutig gegen die explizite Vermittlung spezifischer moralischer Ansichten zu sprechen scheinen: Der Grundsatz, dass gesellschaftliche Kontroversen in unterrichtlichen Kontexten abgebildet werden müssen, das Indoktrinationsverbot und die Forderung, Lernende zur Bildung mündiger Werturteile zu befähigen. Die gemeinsame Idee hinter der dritten Kategorie der *didaktischen* Einwände ist schließlich, dass die im Rahmen der Wissensvermittlungskonzeption geforderte Vermittlung spezifischer moralischer Ansichten, wenngleich vielleicht aus (meta-)ethischer Sicht möglich und aus pädagogischer Sicht grundsätzlich vertretbar, letzten Endes im Rahmen unterrichtlicher Lehr-Lernprozesse, so wie sie im schulischen Philosophie- und Ethikunterricht herkömmlicherweise durchgeführt werden, schlichtweg nicht umsetzbar ist. Im Hintergrund der hier diskutierten Einwände stehen einschlägige didaktische Prinzipien, wie sie die unterrichtliche Praxis im Allgemeinen und die philosophische Fächergruppe im Besonderen prägen: Das Prinzip der Kompetenzorientierung, das Prinzip der Schülerorientierung und das Prinzip der Problemorientierung.

Das wesentliche Ergebnis der Diskussion in Kap. 3 wird sein, dass die Wissensvermittlungskonzeption insgesamt wesentlich harmloser – und dementsprechend auch plausibler – ist, als man auf den ersten Blick vermuten könnte. Während insbesondere die philosophischen Einwände größtenteils von Annahmen ausgehen, die letztendlich viel zu allgemein sind, um spezifische Probleme für die Wissensvermittlungskonzeption aufzuzeigen, lassen sich die pädagogischen und didaktischen Einwände weitgehend zurückweisen. Gleichzeitig ist es dennoch so, dass die diskutierten Einwände insgesamt wichtige Grenzen und zu berücksichtigende Desiderate der praktischen Umsetzung der Wissensvermittlungskonzeption deutlich werden lassen. Angesichts dessen stellt sich die Frage danach, wie genau eine solche Umsetzung konkret aussehen würde. Um nicht in der rein theoretischen Reflexion zu verharren und in diesem Zusammenhang klare Umsetzungsmöglichkeiten aufzuzeigen, werden in Kap. 4 schließlich exemplarisch drei konkrete Unterrichtsvorhaben vorgestellt, die jeweils verschiedene Implikationen der Wissensvermittlungskonzeption für die unterrichtliche Praxis veranschaulichen.

Den Abschluss bildet Kap. 5, wo die Ergebnisse der vorangegangenen Überlegungen resümiert und kritisch eingeordnet werden. Hier möchte ich zum einen aufzeigen, dass die zentrale Idee der Wissensvermittlungskonzeption zumindest in Teilen als konsequente Auslegung breit akzeptierter fachdidaktischer Prinzipien und Annahmen angesehen werden kann und dementsprechend letztlich weitaus weniger exzentrisch ist, als man auf den ersten Blick meinen könnte. Zum anderen möchte ich hier abschließend die breiteren didaktischen Implikationen der Wissensvermittlungskonzeption über den engen Fokus moralischer Bildungsprozesse hinaus diskutieren.

Die Wissensvermittlungskonzeption im Kontext

2

In diesem Kapitel möchte ich die zentrale These dieses Buches, dass die eingangs skizzierte Forderung einer moralischen Verbesserung des Denkens und Handelns, die an den schulischen Philosophie- und Ethikunterricht herangetragen wird, (auch) durch die gezielte Vermittlung spezifischer moralischer Wissensbestände umgesetzt werden sollte, als eigenständige Konzeption moralischer Bildung einführen und konzeptuell ausschärfen. Dies soll jedoch nicht im luftleeren Raum, sondern mit Blick auf und in Abgrenzung zu alternativen Konzeptionen geschehen. Dementsprechend werde ich im Folgenden zunächst fünf verschiedene Ansätze moralischer Bildung vorstellen und mit Blick auf ihre Bedeutung für moralische Bildungsprozesse im schulischen Philosophie- und Ethikunterricht diskutieren: Den fähigkeitsbasierten, den emotionsbasierten, den charakterbasierten, den transzendentalen und den pragmatischen Ansatz. Vor diesem Hintergrund werde ich dann die Wissensvermittlungskonzeption als spezifische Ausformulierung eines epistemischen Ansatzes einordnen und im Detail erläutern. Diese einführende Übersicht verschiedener Ansätze soll ein besseres Verständnis der Wissensvermittlungskonzeption ermöglichen und darüber hinaus die kritische Diskussion im nächsten Kapitel vorbereiten, wo die verschiedenen Einwände auch immer wieder mit Blick auf ihre Implikationen bezüglich der hier vorgestellten Alternativen beleuchtet werden.

Bevor ich mit der Darstellung der Ansätze beginne, möchte ich jedoch noch einige terminologische Bemerkungen vorwegschicken. Der Begriff des „Ansatzes" ist in der Forschungsliteratur zwar regelmäßig anzutreffen, jedoch weder klar umrissen noch einheitlich verwendet. In diesem Sinne ist die im Folgenden entwickelte Taxonomie an vereinzelten Unterscheidungen und Bezeichnungen aus der Literatur orientiert bzw. durch diese inspiriert, letztendlich handelt es sich aber um einen neuen und eigenständigen Vorschlag der Systematisierung. Unter einem *Ansatz* verstehe ich dabei eine lose Kategorie spezifischer Theorien und Konzeptionen moralischer Bildung, die jeweils durch einen gemeinsamen oder zumindest

D. Balg, *Wissen, was gut ist,* Philosophische Bildung in Schule und Hochschule, https://doi.org/10.1007/978-3-662-70271-0_2

ähnlichen Grundgedanken geprägt sind. Manche dieser Theorien und Konzeptionen wurden bereits direkt mit Blick auf den schulischen Philosophie- und Ethikunterricht im Rahmen genuin fachdidaktischer Diskurse entwickelt, andere entstammen allgemeiner angelegten (bildungs-)philosophischen Kontexten. Die Zuordnung eines konkreten Beitrags zu einem Ansatz ist dabei in manchen Fällen weder eindeutig noch unstrittig und setzt regelmäßig bereits eine bestimmte Interpretation dieses Beitrags voraus. Einige prominente Beiträge greifen vielfältige Aspekte und Perspektiven moralischer Bildung auf und setzen diese zueinander in Beziehung, sodass sie je nach Lesart oder Schwerpunktsetzung verschiedenen Ansätzen zuzuordnen sind. In diesem Sinne schließen sich die im Folgenden vorgestellten Ansätze auch nicht gegenseitig aus, sondern ergänzen sich vielmehr und – wie wir in der weiteren Diskussion noch sehen werden – bedingen sich teilweise gegenseitig.

Bei der Auswahl der im Folgenden vorgestellten Ansätze standen folgende zwei Fragestellungen im Mittelpunkt:

1. Ermöglicht dieser Ansatz ein besseres Verständnis davon, warum bzw. wie erfolgreiche moralische Bildungsprozesse zu einer moralischen Verbesserung des Denkens und Handelns von Kindern und Jugendlichen führen können?
2. Zeigt dieser Ansatz eine Möglichkeit der moralischen Verbesserung auf, die zumindest prinzipiell auch im Rahmen institutionalisierter Bildungsprozesse und konkret im Rahmen des schulischen Philosophie- und Ethikunterrichts realisiert werden kann?

Nur Ansätze, die die hier formulierten Bedingungen erfüllen, sind im Folgenden berücksichtigt. Denn letztendlich können auch nur solche Ansätze als echte Alternativen zur im Rahmen dieses Buches entwickelten Wissensvermittlungskonzeption angesehen werden: Wie wir in der Einleitung gesehen haben, soll die Wissensvermittlungskonzeption im Kern eine Antwort auf die Frage liefern, wie der an die philosophische Fächergruppe herangetragenen Forderung nach einer moralischen Verbesserung des Denkens und Handelns von Kindern und Jugendlichen vor dem Hintergrund institutioneller Rahmenbedingungen fachlich und didaktisch angemessen Rechnung getragen werden kann. Die im Folgenden vorgestellten Ansätze bieten dementsprechend alternative Antworten auf genau diese Frage an.

Das bedeutet wiederum, dass diese Ansätze ihre Unterschiede auf der Grundlage eines gemeinsamen Konsenses hinsichtlich einiger grundsätzlicher Annahmen entwickeln, die bereits alles andere als unkontrovers sind. So gehen erstens alle hier vorgestellten Ansätze von der Annahme aus, dass moralische Bildung nicht nur *möglich*, sondern auch *nötig* ist: Fähigkeiten und Bereitschaften des moralischen Urteilens, Entscheidens und Handelns entwickeln sich nicht von alleine, sondern müssen gezielt ausgebildet und befördert werden. In diesem Sinne beziehen die folgenden Ansätze eindeutig Stellung gegen eine skeptische Position, die in der Literatur zu moralischer Bildung auch als „moralpädagogische Abstinenz" (Oser 2001, 65) bezeichnet wird und der zufolge jegliche Form der moralischen Beeinflussung von Kindern und Jugendlichen abzulehnen ist. Zweitens gehen die folgenden Ansätze von der Annahme aus, dass erfolgreiche moralische Bildung ein Moment der *moralischen Formung* beinhaltet, sodass es bei moralischer Bildung nicht lediglich darum gehen kann, bereits vorhandene oder zumindest angelegte Fähigkeiten und Bereitschaften zu kultivieren. In diesem Sinne haben wir es mit Gegenentwürfen zu einer in der gegenwärtigen Forschung als „Wertklärungsansatz" (Oser 2001, 68) bzw. „romantische[r] Ansatz" (Rösch 2021, 262 f.) bezeichneten Position zu tun, die auf so berühmte Vordenker:innen wie Jean-Jacques Rousseau oder Maria Montessori zurückgeführt werden kann. Gemäß dieser Position sollten moralische Bildungsprozesse lediglich eine Bewusstwerdung subjektiver Wertvorstellungen ermöglichen.[1] Eine dritte gemeinsame Annahme ist schließlich, dass erfolgreiche moralische Bildung grundsätzlich im Rahmen herkömmlicher institutionalisierter Bildungskontexte realisiert werden kann. Somit sind die folgenden Ansätze ebenfalls von einer Position abzugrenzen, die als Modell des „öffentlichen Wertklimas" (Oser 2001, 65) bezeichnet wird und die moralische Bildung primär als etwas ansieht, dass sich in Vereinen, familiären Kontexten, Dorfgemeinschaften oder größeren gesellschaftlichen Zusammenhängen vollzieht.

Bei der Systematisierung der im Folgenden vorgestellten Ansätze moralischer Bildung werde ich mich an einer grundlegenden Unterscheidung orientieren, die die bildungsphilosophische Debatte zu diesem Thema maßgeblich geprägt hat. So wird in der Forschungsliteratur herkömmlicherweise zwischen *direktiven* und *nicht-direktiven* Ansätzen unterschieden.[2] Michael Hand charakterisiert diese Unterscheidung folgendermaßen (Hand 2014, 526):

> [Moral education] […] is directive when a teacher has the aim of persuading children that [some] […] moral standards […] are, or are not, justified. It is nondirective when teaching about moral standards is deliberately noncommittal, when the teacher refrains from promoting or endorsing a view on their justificatory status.

Im Kern besteht diese spezifische Unterscheidung lediglich in einer Anwendung der allgemeineren Unterscheidung zwischen direktiven und nicht-direktiven

---

[1] Siehe hierzu etwa auch Raths, Harmin und Simon 1976.

[2] Eine verwandte, insbesondere in der deutschsprachigen Fachdidaktik regelmäßig bemühte Unterscheidung ist die zwischen *materialer* und *formaler* Wertebildung. Anita Rösch erläutert diese Unterscheidung wie folgt (Rösch 2021, 262): „Die materiale Wertvermittlung zielt auf das inhaltliche Vermitteln, Erlernen und Einüben von Werten und an Werten orientierten Handlungen. Die formale Wertbildung dagegen will die Entscheidungsfähigkeit und die moralische Urteilsfähigkeit fördern." Während diese Unterscheidung eine gewisse Nähe zu der in diesem Buch zugrunde gelegten Unterscheidung zwischen direktiven und nicht-direktiven Ansätzen aufweist, engt sie dennoch den Raum der zuordenbaren Positionen auf eine für unsere vorliegenden Zwecke ungünstige Weise vorschnell ein. So werden wir etwa noch sehen, dass es beispielsweise durchaus auch nicht-direktive Ansätze gibt, die auf der Ebene moralischer Handlungen ansetzen, während es gleichzeitig ebenso direktive Ansätze gibt, die auf eine Verbesserung der Entscheidungs- und Urteilsfähigkeit abzielen.

Unterrichtsformen auf den konkreten Kontext moralischer Bildungsprozesse (siehe etwa Giesinger 2021, 19 f.; Hand 2020a, 14): Moralische Bildungsprozesse sind – genauso wie andere Bildungsprozesse – direktiv, insofern sie auf die Ausbildung spezifischer Ansichten abzielen, und nicht-direktiv, insofern sie keine solche Absicht verfolgen und in diesem Sinne genuin ergebnisoffen sind. Das Besondere an direktiven moralischen Bildungsprozessen ist in diesem Zusammenhang lediglich, dass sie auf die Ausbildung spezifischer *moralischer* Ansichten abzielen. Mit moralischen Ansichten sind dabei Ansichten darüber gemeint, was moralisch richtig oder falsch ist – und nicht lediglich Kenntnisse über moralphilosophische Theorien oder Argumente, die auch im Rahmen nicht-direktiver Ansätze moralischer Bildung problemlos direktiv vermittelt werden können. Wichtig ist, dass die Unterscheidung zwischen direktiven und nicht-direktiven Unterrichtsformen neutral ist hinsichtlich spezifischer methodischer Entscheidungen der konkreten Unterrichtsplanung. Insbesondere gehen direktive Unterrichtsformen keineswegs notwendigerweise mit lehrkraftzentrierten Unterrichtsarrangements einher, in denen Lernenden lediglich eine rezeptiv-passive Rolle zukommt (Hand 2018, 38).[3] Wenn in der oben zitierten Passage von „persuading" die Rede ist, sind hiermit also keineswegs autoritäre Formen des Überredens gemeint.

Im Folgenden werde ich zunächst einige prominente nicht-direktive Ansätze und im Anschluss daran einige prominente direktive Ansätze moralischer Bildung vorstellen. Dabei werde ich exemplarisch auch auf einige wichtige Einwände eingehen, mit denen diese Ansätze jeweils konfrontiert sind. In diesem Zusammenhang wird es jedoch weder darum gehen, eine vollständige Darstellung der jeweils einschlägigen Probleme und Lösungsansätze zu leisten, noch um eine abschließende Bewertung. Vielmehr sollen die skizzierten Einwände lediglich ein vertieftes Verständnis der hier vorgestellten Ansätze und ihrer dialektischen Zusammenhänge sowie einen groben Einblick in die entsprechenden Forschungsdiskussionen ermöglichen.

2.1   Nicht-direktive Ansätze moralischer Bildung

Entsprechend der soeben eingeführten Unterscheidung zwischen direktiven und nicht-direktiven Unterrichtsformen besteht die entscheidende Gemeinsamkeit nicht-direktiver Ansätze moralischer Bildung darin, dass sie die Ausbildung spezifischer moralischer Ansichten *nicht* als zentrales Ziel moralischer Bildung konzeptualisieren. Diese Charakterisierung ist zunächst freilich rein negativ – welche positiven Ziele sollten denn stattdessen im Rahmen moralischer Bildungsprozesse verfolgt werden? Verschiedene nicht-direktive Ansätze geben auf diese Frage jeweils unterschiedliche Antworten.

---

[3] Siehe hierzu insbesondere auch die Diskussion in Abschn. 3.3.

2.1.1 Der fähigkeitsbasierte Ansatz

Der zentrale Gedanke hinter dem fähigkeitsbasierten Ansatz ist, dass es bei moralischer Bildung um die Ausbildung spezifischer kognitiver Fähigkeiten gehen sollte, wobei insbesondere argumentative Fähigkeiten und Fähigkeiten des kritischen Denkens in den Mittelpunkt gerückt werden. Nennenswerte Vertreter:innen eines solchen Ansatzes in der gegenwärtigen deutschsprachigen Fachdidaktik wären etwa Anne Burkard (Burkard 2020), Kirsten Meyer (Meyer 2011, 2023) oder Markus Tiedemann (Tiedemann 2016a, 2020).[4] Dass es sich hierbei um einen in philosophiedidaktischen Kontexten sehr beliebten Ansatz handelt, ist wenig überraschend. So besteht eine offensichtliche Auffälligkeit des fähigkeitsbasierten Ansatzes darin, dass er eine nahtlose Einbettung moralischer Bildungsprozesse in breiter angelegte philosophische Bildungsprozesse, so wie sie für den schulischen Philosophie- und Ethikunterricht typisch sind, unmittelbar nahelegt: Genauso wie es bei philosophischen Bildungsprozessen im Allgemeinen um die Ausbildung basaler Fähigkeiten der rationalen Argumentation und der kritischen Urteilsbildung geht, geht es auch bei moralischer Bildung um die Ausbildung solcher Fähigkeiten – wobei das Besondere an moralischen Bildungsprozessen eben darin besteht, dass hier die entsprechenden Fähigkeiten anhand der Beschäftigung mit *ethischen* Fragestellungen und somit im Rahmen genuin *normativer* Deliberationsprozesse erworben werden.[5]

Einige Vertreter:innen des fähigkeitsbasierten Ansatzes betonen dabei explizit, dass Lernenden im Rahmen solcher Deliberationsprozesse keine inhaltlichen, sondern lediglich formale bzw. methodische Vorgaben gemacht werden sollen. So schreibt etwa Markus Tiedemann in diesem Zusammenhang (2016a, 18):

> *„15 Punkte, Sie Scheusal!"* Einen Kommentar wie diesen muss jede Philosophielehrerin unter eine Klausur schreiben können, sofern die formalen Kriterien stringenten und kohärenten Argumentierens erfüllt sind.

Wenngleich solch eine kompromisslose Festlegung auf inhaltliche Ergebnisoffenheit keineswegs zwingend ist – wie wir noch sehen werden, ist der fähigkeitsbasierte Ansatz prinzipiell auch mit direktiven Ansätzen kompatibel –, sollte klar sein, dass die Ausbildung von Reflexions- und Argumentationsfähigkeiten für sich genommen zunächst keinerlei inhaltliche Festlegungen auf spezifische moralische Ansichten voraussetzt. Die entscheidende Frage ist hier nicht, *welche* Ansichten Lernende ausbilden, sondern vielmehr, *wie* Lernende Ansichten bilden.

---

[4] Für eine Verteidigung des fähigkeitsbasierten Ansatzes im Rahmen der internationalen bildungsphilosophischen Debatte siehe etwa Musschenga 2009.

[5] In der fachdidaktischen Literatur ist in diesem Zusammenhang bisweilen auch die Rede von „Ethischem Argumentieren" als spezifische Form der argumentativen Auseinandersetzung (siehe etwa Raters 2024).

Doch inwiefern führt eine Förderung solcher kognitiver Fähigkeiten zu einer moralischen Verbesserung? Eine naheliegende Antwort lautet, dass die hier ausgebildeten Fähigkeiten die Handlungen der Lernenden moralisch verbessern, indem sie die Qualität der diesen Handlungen zugrunde liegenden moralischen Urteile erhöhen. Moralische Urteile, die auf der Grundlage rationaler Argumentation und kritischer Reflexion gebildet wurden, so die Überlegung, sind eben schlichtweg höherwertiger als moralische Urteile, für die dies nicht gilt. Eine besonders wirkmächtige Ausformulierung dieser Antwort, die auch in der fachdidaktischen Literatur breit rezipiert worden ist, ergibt sich vor dem Hintergrund der sogenannten *kognitiv-entwicklungsorientierten Theorie des Moralerwerbs* von Lawrence Kohlberg. Hierbei handelt es sich um eine moralpsychologische, zunächst rein deskriptive Theorie über die Entwicklung moralischer Fähigkeiten, die Kohlberg unter Rückgriff auf Arbeiten von Jean Piaget und vor dem Hintergrund jahrzehntelanger empirischer Längsschnittstudien entwickelt hat. Dabei geht Kohlberg von der auch für den fähigkeitsbasierten Ansatz moralischer Bildung charakteristischen Grundannahme aus, dass ein enger Zusammenhang zwischen der Moralentwicklung und der Ausbildung rationaler Reflexions- und Argumentationskompetenzen besteht (Kohlberg 1976, 124):

> Da moralisches Denken natürlich auch Denken ist, hängt ein fortgeschrittenes moralisches Denken von einem fortgeschrittenen logischen Denken ab. Es besteht eine Parallelität zwischen der logischen Stufe eines Individuums und seiner Moralstufe.

Ausgehend von dieser Grundannahme beschreibt Kohlberg nun insgesamt sechs Stufen des moralischen Urteilens, die Individuen im Laufe ihrer Moralentwicklung durchlaufen und die ihrerseits jeweils drei sogenannten „Denkebenen" zugeordnet werden, die wiederum den Erwerb spezifischer kognitiver Fähigkeiten unmittelbar voraussetzen (siehe zum Folgenden etwa Kohlberg 1976, 126 ff.): Auf der *präkonventionellen Ebene* (Stufen 1 und 2) bilden Individuen ihre moralischen Urteile aus einer konkret-individuellen Perspektive, für die eine egozentrische Orientierung an der Erlangung persönlicher Vorteile und der Vermeidung persönlicher Nachteile charakteristisch ist. Auf der *konventionellen Ebene* (Stufen 3 und 4) urteilen Individuen aus einer sozialen Perspektive, die durch eine Verinnerlichung und Anwendung gesellschaftlicher Normen und Vereinbarungen gekennzeichnet ist. Auf der *postkonventionellen Ebene* (Stufen 5 und 6), die laut Kohlberg nur von wenigen Menschen erreicht wird, urteilen Individuen aus einer abstrakten Perspektive und orientieren sich dabei an universellen moralischen Prinzipien – und zwar auch dann, wenn diese im Konflikt mit gesellschaftlichen Regeln und anerkannten Gesetzen stehen.[6]

---

[6] Kohlbergs Modell der Moralentwicklung ist bekanntermaßen nicht ohne Kritik geblieben. Eine kritische Perspektive, die von der Kohlberg-Schülerin Carol Gilligan entwickelt worden ist und die in der weiteren Debatte ein besonderes Maß an Aufmerksamkeit erfahren hat, bezieht sich dabei auf die Frage, inwieweit das Kohlbergsche Modell eine genderübergreifende Gültigkeit für sich beanspruchen kann (siehe etwa Gilligan 1993). Diese Kritik ist jedoch in ihrer empirischen

Vor dem Hintergrund einer solchen Theorie des Moralerwerbs liegt es durchaus nahe, im Sinne des fähigkeitsbasierten Ansatzes die gezielte Förderung und Ausbildung der spezifischen kognitiven Kompetenzen, die einen Übergang zu höheren Stufen der Moralentwicklung bedingen, als direkte Möglichkeit einer unterrichtlich umsetzbaren moralischen Verbesserung zu identifizieren. Eine konkrete Ausarbeitung dieses Gedankens, die sich sehr nah an Kohlberg orientiert und im deutschsprachigen Raum einige Aufmerksamkeit erfahren hat, wurde von Georg Lind auf der Grundlage von seinem sogenannten ›Moralisches Urteil‹-Test (MUT) entwickelt (vgl. zum Folgenden Lind 2003). Im Rahmen dieses Tests werden Proband:innen mit fiktiven moralischen Konfliktsituationen konfrontiert, zu denen sie zunächst Stellung nehmen sollen, um auf dieser Grundlage dann eine Reihe vorgegebener Argumente zu beurteilen, die jeweils repräsentativ für spezifische Denkweisen einzelner Stufen des moralischen Urteilens nach Kohlberg sind. Anhand dessen wird den Proband:innen dann ein umso höheres Maß an moralischer Urteilsfähigkeit zugesprochen, je mehr ihre Beurteilung an der Kohlbergschen Ebenenhierarchie – im Gegensatz zur bloßen Übereinstimmung mit der eigenen initialen Stellungnahme – orientiert ist. Angelehnt an dieses Vorgehen hat Lind die *Moralische Dilemmadiskussion* als Methode der gezielten Entwicklung der im MUT gemessenen Fähigkeiten vorgeschlagen, in deren Rahmen Lernende nach einem klar strukturierten Ablaufplan selbständig Argumente zu fiktiven Dilemmasituationen formulieren und bewerten sollen. Diese Methode gilt im schulischen Philosophie- und Ethikunterricht als Standardmethode (siehe bspw. Blesenkemper 2017).

Somit haben wir mit dem fähigkeitsbasierten Ansatz eine erste konkrete Antwort auf die Frage kennengelernt, wie der an die philosophische Fächergruppe herangetragenen Forderung nach einer moralischen Verbesserung des Denkens und Handelns von Kindern und Jugendlichen im Rahmen des schulischen Philosophie- und Ethikunterrichts Rechnung getragen werden kann. Haben wir es darüber hinaus auch mit einer plausiblen Antwort zu tun? Tatsächlich wurde in jüngerer Zeit die Annahme, dass die Ausbildung spezifischer kognitiver Kompetenzen zu einer Verbesserung der moralischen Urteilsfähigkeit führt, durch empirische Befunde aus dem Bereich der Moralpsychologie ein Stück weit in Frage gestellt. Eine wichtige Rolle spielen dabei insbesondere Untersuchungen zur moralischen Urteilsfähigkeit von Expert:innen – so gibt es etwa Studien, die die Vermutung nahelegen, dass professionelle (Moral-)Philosoph:innen in ihren moralischen Urteilen genauso stark wie Lai:innen von moralisch irrelevanten Faktoren wie etwa der Art und Weise der Präsentation moralischer Probleme beeinflusst werden (siehe etwa Schwitzgebel und Cushman 2012, 2015). Solche Befunde können insofern als Argument gegen eine Verbesserung der moralischen Urteilsfähigkeit durch die Ausbildung kognitiver Kompetenzen des Argumentierens und

---

Tragfähigkeit zumindest kontrovers (für eine Diskussion siehe etwa Dürr und Prätsch-Koppenhöfer 2019, 506 ff.).

Reflektierens interpretiert werden, als dass davon auszugehen ist, dass professionelle (Moral-)Philosoph:innen diese Kompetenzen bereits im höchsten Maße ausgebildet haben (vgl. hierzu und für eine weitergehende Diskussion Meyer 2023).[7]

Wie genau solche Befunde letztendlich zu bewerten sind, soll in Abschn. 3.1.2 noch näher diskutiert werden. In jedem Fall wäre es wohl vorschnell, davon auszugehen, dass die Ausbildung entsprechender kognitiver Fähigkeiten *überhaupt keine* Verbesserung der moralischen Urteilsfähigkeit ermöglichen kann. Dennoch könnte sich leicht herausstellen, dass der hier postulierte Zusammenhang weitaus komplexer und mittelbarer ist, als man auf den ersten Blick meinen könnte. Dementsprechend haben Vertreter:innen eines fähigkeitsbasierten Ansatzes auch versucht zu zeigen, dass die Ausbildung argumentativer und reflexiver Fähigkeiten ganz unabhängig von ihrem direkten Einfluss auf die individuelle moralische Urteilsbildung zu einer Verbesserung moralischen Denkens und Handelns führen kann (vgl. hierzu und zum Folgenden Meyer 2011, 2023). So wurde etwa darauf verwiesen, dass die entsprechenden Fähigkeiten eine kritische Reflexion handlungsleitender Emotionen und Voreinstellungen und einen verantwortungsvollen Umgang mit den Ansichten anderer Personen ermöglichen. Dadurch, so die weitere Überlegung, beugen sie sowohl einer unhinterfragten Validierung einzelner emotionaler Impulse als auch der manipulativen Einflussnahme vermeintlicher Autoritäten vor und führen somit direkt zu einem wünschenswerten Zuwachs an persönlicher Autonomie. Darüber hinaus wurde darauf verwiesen, dass Fähigkeiten des Argumentierens und des kritischen Denkens die Qualität interpersonaler moralischer Diskurse und somit die Qualität kollektiver Entscheidungen, etwa im Rahmen demokratischer Deliberationsprozesse, erhöhen. Markus Tiedemann spricht in diesem Zusammenhang von Mindeststandards, die für das Gelingen ziviler Aushandlungsprozesse unabdingbar sind (Tiedemann 2020, 3). Um diese Mindeststandards zu erfüllen, so die weitere Überlegung, müssen Lernende dazu befähigt werden, in öffentlichen Diskursen ihre Positionen mit kohärenten und intersubjektiv verbindlichen Argumenten auf der Grundlage eines offenen Einbezugs alternativer Sichtweisen zu begründen. Eine solche Befähigung würde nun

---

[7] Für eine genauere Diskussion dieses Einwandes siehe auch Abschn. 3.1.2. Die hier angedeutete Argumentation stellt in erster Linie eine Herausforderung für den fähigkeitsbasierten Ansatz moralischer Bildung dar, für den ein starker Fokus auf die Ausbildung rationaler Reflexions- und Argumentationskompetenzen charakteristisch ist. Inwiefern wir es darüber hinaus mit einer Herausforderung für Kohlbergs spezifische Theorie der Moralentwicklung zu tun haben, kann an dieser Stelle nicht abschließend diskutiert werden. Zwar ist, wie wir gesehen haben, auch für diese Theorie ein Fokus auf Fähigkeiten der Argumentation und Reflexion durchaus charakteristisch – andererseits hat aber schon Kohlberg selbst auch explizit auf die Bedeutung weiterer Fähigkeiten hingewiesen. Er schreibt (Kohlberg 1976, 124 f.): „Die logische Entwicklung ist eine notwendige Bedingung für Moralentwicklung, sie ist aber keine hinreichende Voraussetzung. Viele Individuen haben eine höhere logische, aber noch nicht die parallele moralische Stufe erreicht [...]. Nach den Stufen der logischen Entwicklung sind jene der sozialen Wahrnehmung oder sozialen Perspektiven- bzw. Rollenübernahme [...] zu beachten. Wenn wir die Moralstufen definieren, ist darin eine teilweise Beschreibung dieser Stufen der Rollenübernahme enthalten."

die Ausbildung basaler Kompetenzen der Argumentation und Reflexion wiederum unmittelbar voraussetzen.

Tatsächlich stehen aber auch diese Überlegungen angesichts empirischer Befunde aus der lernpsychologischen Forschung unter einem gewissen Rechtfertigungsdruck. So scheint auf einer grundsätzlicheren Ebene die zentrale Annahme hinter dem fähigkeitsbasierten Ansatz zu sein, dass Lernende anhand der Beschäftigung mit spezifischen moralischen Problemen und Fragestellungen eine Reihe nützlicher Fähigkeiten erwerben, die sie dann in außerunterrichtlichen Situationen gewinnbringend einsetzen können. Leider dürften die Ergebnisse jahrzehntelanger lernpsychologischer Forschung zu Grenzen und Möglichkeiten von Transferleistungen in diesem Zusammenhang aber eher pessimistisch stimmen: Der ernüchternde Konsens dieser Forschung scheint zu sein, dass insbesondere Fähigkeiten des kritischen Denkens nicht nur grundsätzlich äußerst selten erfolgreich in außerunterrichtlichen Situationen angewandt werden, sondern dass sich die hierfür notwendigen Transferleistungen auch kaum verbessern lassen (siehe etwa Barnett und Ceci 2002, Detterman und Sternberg 1993, Singley und Anderson 1989; mit Blick auf spezifisch philosophische Kontexte siehe in diesem Zusammenhang auch Prinzing und Vazquez 2024). Unabhängig von der letztendlichen Schlagkraft der hier skizzierten Herausforderungen und der Plausibilität möglicher Entgegnungen dürfte jedoch in jedem Fall der Kerngedanke des fähigkeitsbasierten Ansatzes deutlich geworden sein: Durch die Vermittlung spezifischer kognitiver Kompetenzen des Argumentierens und des kritischen Denkens kann der schulische Philosophie- und Ethikunterricht Kinder und Jugendliche zu einer verbesserten moralischen Urteilsbildung befähigen und einen wünschenswerten Zuwachs an Autonomie sowie eine Verbesserung interpersonaler moralischer Diskurse ermöglichen. Und in diesem Sinne, so die weitere Überlegung, kann der schulische Philosophie- und Ethikunterricht auch der an ihn gerichteten Forderung Rechnung tragen, einen wichtigen Beitrag zur moralischen Bildung zu leisten.

2.1.2 Der emotionsbasierte Ansatz

Die grundlegende Idee hinter dem emotionsbasierten Ansatz ist, dass es bei moralischer Bildung um die Ausbildung spezifischer emotionaler Dispositionen gehen sollte, wobei insbesondere der Aspekt der Empathie eine prominente Rolle spielt. Aus bildungsphilosophischer Sicht mag es auf den ersten Blick befremdlich erscheinen, den emotionsbasierten Ansatz als eigenständigen Ansatz moralischer Bildung anzusehen. Schließlich, so die naheliegende Vermutung, geht es im Rahmen dieses Ansatzes nicht darum, einfach bestimmte *Gefühlslagen* bei Lernenden hervorzurufen, sondern vielmehr darum, spezifische *emotionale Kompetenzen* auszubilden. So wird es etwa auch bei einer Bildung zu mehr Empathie im Kern darum gehen, die Empathie*fähigkeit* von Lernenden zu schulen, also ihre Fähigkeit, unter spezifischen Umständen eine angemessene empathische Reaktion zu zeigen – und nicht darum, einfach die ganze Zeit Empathie zu empfinden. In

diesem Sinne scheint sich ein emotionsbasierter Ansatz jedoch nahtlos in einen
fähigkeitsbasierten Ansatz übersetzen zu lassen, insofern ja auch im Rahmen eines
solchen Ansatzes lediglich die Förderung von (in einem weiteren Sinne) kognitiven Fähigkeiten gefordert wird.

Eine solche Engführung des fähigkeitsbasierten und des emotionsbasierten
Ansatzes ist nicht ganz ungerechtfertigt. Viele Vertreter:innen eines fähigkeitsbasierten Ansatzes akzeptieren bereitwillig die Bedeutung emotionaler Fähigkeiten für erfolgreiche moralische Bildungsprozesse (siehe etwa Meyer 2011,
2023) – und tatsächlich hat der emotionsbasierte Ansatz ähnlich wie der fähigkeitsbasierte Ansatz im Rahmen von dem Paradigma der Kompetenzorientierung
verpflichteten Bildungssystemen auch zunächst problemlos Anklang gefunden und
dementsprechend in der fachdidaktischen Diskussion einigen Einfluss gewonnen.
So entwickelt etwa Anita Rösch, die Empathie als „entscheidende motivationale Basis für moralisches Handeln" bezeichnet (Rösch 2012, 190), ein eigenes
Kompetenzraster mit differenzierten Niveaustufen und exemplarischen Indikatoren
zum übergeordneten Konstrukt der Empathiefähigkeit, die sie als die Fähigkeit de-
finiert, sich „in die Situation und das Erleben anderer versetzen und ihre Handlungen, Gefühle und Entscheidungen nachvollziehen" zu können (Rösch 2012,
197).[8]

Angesichts dieser offensichtlichen Nähe gibt es in der gegenwärtigen Literatur auch explizite Versuche einer theoretischen Zusammenführung des fähigkeitsbasierten und des emotionsbasierten Ansatzes. Beispielhaft hierfür wäre etwa das
egalitäre Modell des ethischen Urteilens von Klaus Goergen, dem eine ganzheit-
liche Sichtweise auf die für eine angemessene moralische Urteilsfähigkeit auszu-
bildenden Kompetenzen zugrunde liegt. Goergen schreibt (Goergen 2009, 177):

> Die moralische Urteilsbildung zwischen Vernunft und Gefühl erweist sich als Prozess, an
> dem verschiedene mentale Tätigkeiten mit je unterschiedlichem Mischungsverhältnis von
> Vernunft und Gefühl beteiligt sind – und da alle Anteile kognitive und affektive Elemente
> enthalten, erscheint die übliche Dichotomie von Vernunft- und Gefühlsethik, fragt man
> nach Anteilen am moralischen Urteil, hier obsolet.

Für unsere vorliegenden Zwecke erscheint es mir jedoch aus verschiedenen Gründen sinnvoll, den emotionsbasierten Ansatz klar von einem fähigkeitsbasierten
Ansatz abzugrenzen. Ein erster Grund ergibt sich daraus, dass nicht ohne Weiteres klar ist, ob bzw. wie sich emotionale Fähigkeiten wie die Empathiefähigkeit
ebenso wie Fähigkeiten des Argumentierens und kritischen Denkens ohne Weiteres im spezifischen Rahmen des schulischen Philosophie- und Ethikunterrichts
befördern lassen. Denn abgesehen davon, dass bereits auf einer grundsätzlichen
didaktischen Ebene strittig ist, inwiefern es sich bei solchen emotionalen Fähigkeiten überhaupt um *erlernbare* und *überprüfbare* Kompetenzen handelt (Rösch

---

[8] Für eine Verteidigung des emotionsbasierten Ansatzes im Rahmen der internationalen bildungsphilosophischen Debatte siehe etwa Nussbaum 2003 oder Slote 2009.

2012, 194), dürften sich Bildungsprozesse, die auf die Ausbildung dieser Fähigkeiten abzielen, in ihrer didaktischen Umsetzung vermutlich von Bildungsprozessen, wie sie für den schulischen Philosophie- und Ethikunterricht typisch sind und die durch einen Fokus auf eher abstrakte kognitive Operationen geprägt sind, ein Stück weit unterscheiden.

Dementsprechend ist es auch nicht weiter verwunderlich, dass der emotionsbasierte Ansatz in der philosophiedidaktischen Literatur bei aller Prominenz letztendlich doch wesentlich kontroverser diskutiert wird als der fähigkeitsbasierte Ansatz. Denn wie darf man sich die gezielte unterrichtliche Förderung emotionaler Fähigkeiten im Rahmen augenscheinlich „kopflastiger" Fächer wie Philosophie und Ethik überhaupt vorstellen? Ein konkreter Vorschlag wurde in diesem Zusammenhang von Irina Spiegel unterbreitet. Spiegel entwickelt auf der Grundlage des in den USA etablierten Konzepts des *Cognitively-Based Compassion Training* (CBCT) ein methodisches Programm, das neben spezifischen Entspannungs- und Achtsamkeitsübungen auch kontemplative Meditationstechniken und körperliche Übungen, die dem Yoga oder Chi-Gong entnommen sind, beinhaltet (Spiegel 2017). Dass dieses Programm nun ausgerechnet im Rahmen des Philosophie- und Ethikunterrichts zum Einsatz kommen sollte, begründet Spiegel einerseits, indem sie die hierdurch vermittelten Fähigkeiten unter Verweis auf Arbeiten von Immanuel Kant und Hannah Arendt zur „Bedingung der Möglichkeit der (vollständigen) Urteilskraft" (Spiegel 2017, 245) erklärt und andererseits durch eine Charakterisierung des Ethikunterrichts als „Metafach" (Ebd.). Tatsächlich kommt Spiegel auf Grundlage dieser Überlegungen zu dem Urteil, dass es „kein geeigneteres Fach in der Schule als den Ethikunterricht [gibt], um empathische Fähigkeiten bei Heranwachsenden explizit zu fördern" (Spiegel 2017, 245).

Wenig überraschend wurden diese Überlegungen in der philosophiedidaktischen Literatur durchaus kritisch rezipiert. So wurde etwa dafür argumentiert, dass eine solche Förderung emotionaler Fähigkeiten – abhängig vom jeweils zugrunde gelegten Philosophieverständnis – entweder gänzlich aus dem Aufgabenbereich des Philosophie- und Ethikunterrichts herausgenommen werden sollte oder aber mit einem deutlichen Schwerpunkt auf deren metareflexive und genuin kognitive Aspekte verbunden werden müsste (Bussmann, Haase und Pühringer 2021). Dass in diesem Sinne zumindest eine teilweise Integration der Förderung emotionaler Fähigkeiten in herkömmliche Konzepte des schulischen Philosophie- und Ethikunterrichts tatsächlich problemlos möglich sein sollte, wird deutlich, wenn man den Blick auf die weniger exzentrisch wirkenden methodischen Vorschläge von Spiegel wirft. So sieht das von Spiegel vorgestellte Programm etwa auch Module vor, die sich mit der Lektüre literarischer Texte oder der Besprechung von Fallvignetten unterrichtlicher Methoden und Techniken bedienen, die für den schulischen Philosophie- und Ethikunterricht ohnehin bereits einschlägig sind.

Doch selbst wenn man zugesteht, dass sich die Förderung emotionaler Fähigkeiten grundsätzlich ebenso wie die Förderung argumentativer Fähigkeiten im Rahmen herkömmlicher schulischer Bildungsprozesse, so wie sie für den Philosophie- und Ethikunterricht typisch sind, umsetzen lässt, stellt sich darüber hinaus immer noch die Frage, welchen spezifischen Beitrag eine solche Förderung eigentlich zur moralischen Verbesserung des Denkens und Handelns von Kindern und Jugendlichen zu leisten vermag. Und tatsächlich ergibt sich hier ein weiterer Grund für eine klare Abgrenzung des emotionsbasierten vom fähigkeitsbasierten Ansatz, da Vertreter:innen von Forderungen nach Empathieförderung häufig explizit für sich reklamieren, mit ihrem Fokus auf emotionale Aspekte moralischer Bildungsprozesse spezifische Probleme lösen zu können, die charakteristisch für klassische fähigkeitsbasierte Ansätze mit ihrem starken Fokus auf kognitiv-rationale Aspekte sind.

Worin liegen diese behaupteten Vorteile einer stärkeren Fokussierung auf emotionale Aspekte? Welchen spezifischen Beitrag kann die Förderung von Empathie zur moralischen Bildung leisten? Um diese Frage zufriedenstellend zu beantworten, müsste zunächst geklärt werden, was genau unter Empathie überhaupt zu verstehen ist. Und tatsächlich wurde in der entsprechenden Forschungsliteratur kritisch angemerkt, dass der Empathiebegriff oftmals auffällig vage verwendet und letztendlich schlichtweg mit allem Möglichen gleichgesetzt wird, was zu erfolgreicher moralischer Bildung beitragen kann (Bloom 2016; Bussmann, Haase und Pühringer 2021). Anstatt nun aber Empathie von Vornherein so zu definieren, dass bereits auf einer rein begrifflichen Ebene klar ist, dass es sich hierbei um einen wichtigen Bestandteil erfolgreicher moralischer Bildungsprozesse handeln muss, sollte vielmehr zunächst eine neutrale Definition von Empathie formuliert werden, um auf dieser Grundlage dann verständlich zu machen, ob und inwiefern die Förderung von Empathie zu einer moralischen Verbesserung führen kann. Gleichzeitig handelt es sich hierbei um keine einfache Aufgabe, da der Empathiebegriff in verschiedenen wissenschaftlichen Diskursen höchst unterschiedlich verwendet wird. Um den schwierigen Begriff der Empathie für genuin philosophiedidaktische Kontexte auszuschärfen, haben Bettina Bussmann, Volker Haase und Angela Pühringer unter Rückgriff auf Arbeiten von Susanne Schmetkamp die Orientierung an einem konzeptuellen Minimalkonsens vorgeschlagen, nach dem Empathie in jedem Fall (i) die Wahrnehmung und (ii) den Nachvollzug eines fremden situationalen Zustandes bei (iii) gleichzeitig klarer Abgrenzung zwischen einfühlendem und eingefühltem Subjekt beinhaltet (Ebd., Schmetkamp 2019). Vor dem Hintergrund dieser Minimaldefinition können nun verschiedene Argumentationslinien voneinander unterschieden werden, mit Hilfe derer die Bedeutung der Empathieförderung für moralische Bildungsprozesse plausibilisiert werden kann (zum Folgenden siehe auch Bussmann, Haase und Pühringer 2021).

Eine erste, offensichtliche Argumentationslinie verläuft weitgehend parallel zu der Argumentationslinie, auf die wir schon im Zusammenhang des fähigkeitsbasierten Ansatzes gestoßen sind. Wenn die Ausbildung von Empathiefähigkeit eine entscheidende Voraussetzung moralischer Entwicklung ist – und wie wir gesehen haben, weist zumindest Kohlberg Kompetenzen der Rollen- und Perspektivübernahme, die vor dem Hintergrund der obigen Minimaldefinition eindeutig als *empathische* Kompetenzen zu bewerten sind, einige Bedeutung zu -, dann scheint der Beitrag einer gezielten Förderung dieser Fähigkeit für gelungene moralische Bildung geradezu offensichtlich. Doch genauso wie im Kontext der Begründung des fähigkeitsbasierten Ansatzes könnte auch diese Argumentationslinie vor dem Hintergrund empirischer Erkenntnisse aus dem Bereich der Moralpsychologie unter Druck geraten. Eine wichtige Rolle spielen dabei Untersuchungen mit autistischen und psychopathischen Personen, die einen zwingenden Zusammenhang zwischen Empathie- und Moralentwicklung zumindest infrage stellen. So sind beispielsweise Autist:innen durchaus in der Lage, moralische Normen zu verstehen und zuverlässig von rein konventionellen Normen abzugrenzen (siehe etwa Leslie, Mallon und DiCorcia 2006; Zalla et al. 2011) – wenngleich sie tatsächlich Schwierigkeiten damit haben, moralische Normen von anderen autoritätsunabhängigen Normen abzugrenzen (siehe etwa Nichols 2004). Diese Ergebnisse wurden in der philosophischen Literatur etwa so interpretiert, dass autistische Personen problemlos vermittelte moralische Normen anwenden und in ihren Entscheidungen und Handlungen befolgen können, dass sie aber gleichzeitig aufgrund ihrer mangenden empathischen Fähigkeiten Probleme damit haben, die normative Grundierung moralischer Normen zu erfassen und dementsprechend in solchen Situationen angemessen zu entscheiden, in denen entweder keine vermittelten moralischen Normen greifen, oder diese Normen miteinander konfligieren (Kauppinen 2017). Angesichts der hier angedeuteten Diskussion liegt die Vermutung nahe, dass eine genauere Einschätzung des Zusammenhangs von Empathie- und Moralentwicklung letztendlich auch von den Spezifika des jeweils zugrunde gelegten Verständnisses moralischer Urteilsfähigkeit abhängen wird.

Eine zweite, weniger ambitionierte Argumentation für die Bedeutung von Empathieförderung für moralische Bildungsprozesse könnte daran festhalten, dass selbst wenn die Entwicklung von Empathiefähigkeit keine *zwingende Voraussetzung* einer angemessenen Moralentwicklung darstellt, sie die moralische Urteilsfähigkeit immer noch *positiv beeinflussen* und *sinnvoll bereichern* kann. Tatsächlich steht jedoch auch diese schwächere Argumentationslinie im Lichte moralpsychologischer Erkenntnisse unter Druck. So gibt es etwa Studien, die nahelegen, dass empathische Reaktionen von (nach verbreiteter Auffassung) moralisch irrelevanten Faktoren wie Attraktivität, räumlicher oder zeitlicher Nähe oder Ähnlichkeit beeinflusst werden (für eine Übersicht siehe etwa Prinz 2011a, 2011b). Zusätzlich sind empathische Reaktionen notorisch instabil: Wenn Personen zu der Einschätzung kommen, dass sie einer anderen Person nicht helfen können, dann verringert das ihre Empathie gegenüber weiteren Personen – und zwar auch dann, wenn diesen weiteren Personen durchaus geholfen werden könnte (Västfjäll et al. 2015).

Eine weitere prominente Argumentationslinie für einen emotionsbasierten Ansatz verlagert den Schwerpunkt vom Aspekt der moralischen Urteilsbildung auf den Aspekt des moralischen Handelns und setzt bei David Humes berühmter Formulierung des Problems moralischer Motivation an (Hume 2002 [1751], 90 f.):

> Unterdrücke alle herzlichen Gefühle und alle tugendhaften Neigungen, wie auch allen Ekel und jeden Abscheu vor dem Laster; mache die Menschen völlig gleichgültig gegen diese Unterschiede – und moralische Gesinnung ist nicht mehr Gegenstand eines

praktischen Anliegens und tendiert auch nicht mehr dazu, unser Leben und Handeln zu bestimmen.

Die hier angedeutete Argumentationslinie ist insofern von besonderer Bedeutung, als dass sie im Erfolgsfall nicht nur erklären würde, worin der Beitrag einer Förderung von Empathiefähigkeit zu moralischer Bildung besteht, sondern darüber hinaus auch zeigen könnte, dass ein emotionsbasierter Ansatz *spezifische* Vorteile gegenüber einem fähigkeitsbasierten Ansatz hat: Denn selbst wenn die Ausbildung von Argumentations- und Reflexionskompetenzen die Qualität moralischer Urteile verbessern sollte, wäre hiermit noch nicht gezeigt, dass diese Urteile auch handlungswirksam sind. Um sicherzustellen, dass moralische Bildungsprozesse zu einer praktischen Handlungsänderung führen, müssten diese Prozesse eben an den entscheidenden handlungswirksamen Motiven der Lernenden und somit an ihren emotionalen Einstellungen ansetzen. Und empathische Fähigkeiten, so die weitere Überlegung, haben aufgrund der für sie konstitutiven Komponente des *Nachvollzugs* fremder situationaler Zustände das Potential, die hier zutage tretende Lücke zu schließen.

Das Problem mit dieser Argumentationslinie besteht jedoch darin, dass das Hume'sche Diktum einer fehlenden motivationalen Kraft abstrakter Deliberationen einigermaßen kontrovers ist. Diese Sichtweise hat zwar nach wie vor viele Befürworter:innen in der philosophischen Forschung, wurde jedoch auch von etlichen prominenten Autor:innen dezidiert zurückgewiesen (siehe etwa Nagel 1979, McDowell 1979, Platts 1980, McNaughton 1988, Dancy 1993, Scanlon 1998 oder Shafer-Landau 2003). Angesichts dieser Kontroverse sollte die Frage nach der motivationalen Bedeutung emotionaler Einstellungen ein Stück weit als genuin offen gelten.

Unabhängig von der letztendlichen Beantwortung dieser Frage, und den Erfolgsaussichten der zuvor charakterisierten Argumentationslinien dürfte jedoch zumindest deutlich geworden sein, welche Überlegungen dem emotionsbasierten Ansatz überhaupt zugrunde liegen. Die grundsätzliche Idee hinter diesem Ansatz ist schlicht, dass die Förderung empathischer Fähigkeiten die moralische Urteilsfähigkeit verbessert, darüber hinaus die Bereitschaft zur praktischen Umsetzung moralischer Urteile erhöht und in diesem Sinne einen unverzichtbaren Beitrag zu moralischen Bildungsprozessen im Rahmen des schulischen Philosophie- und Ethikunterrichts zu leisten vermag.

2.1.3   Der charakterbasierte Ansatz

Dieser in der deutschsprachigen Fachdidaktik bislang nur sporadisch berücksichtigte, in der englischsprachigen Diskussion jedoch äußerst prominente Ansatz identifiziert die moralische Verbesserung des Charakters von Lernenden als entscheidenden Bestandteil erfolgreicher moralischer Bildung. Dieser Grundgedanke provoziert natürlich unmittelbar die Frage danach, was einen moralisch guten Charakter überhaupt ausmachen soll. Christian Miller, ein wichtiger

Vertreter des charakterbasierten Ansatzes in der internationalen bildungsphilosophischen Debatte, unterscheidet in diesem Zusammenhang vier verschiedene Konzeptionen (vgl. zum Folgenden Miller 2022). Einer ersten, besonders häufig vertretenen Konzeption zufolge ist ein moralisch guter Charakter nichts anderes als ein *tugendhafter* Charakter (siehe etwa Arthur 2014, 53, 57; Arthur et al. 2017; Kristjánsson 2015, 2, 20; Lickona 2004, xxv, 7; Ryan und Bohlin 1999, 190 oder Vozzola 2014, 112). Einer zweiten Konzeption zufolge ist ein Charakter moralisch gut, insofern er *moralisch gute Handlungen* vollzieht (siehe etwa Lockwood 1997, 179; Vozzola 2014, 111). Einer dritten Konzeption zufolge zeichnen sich Personen mit einem moralisch guten Charakter dadurch aus, dass sie moralisch Gutes, also etwa die Vermehrung von Glück und die Verminderung von Leid *bewirken* (Davidson 2005, 224). Und einer letzten Konzeption zufolge handelt es sich bei einem Charakter um einen moralisch guten Charakter, insofern dieser möglichst wenige lasterhafte Eigenschaften aufweist.[9] Angesichts dieser kurzen Skizze wird bereits deutlich, dass eine Entscheidung zwischen diesen Konzeptionen letztendlich auch von der jeweils präferierten Theorie normativer Ethik abhängt.

Im Folgenden werde ich mich ausschließlich auf die erste Konzeption konzentrieren, der zufolge ein moralisch guter Charakter ein tugendhafter Charakter ist. Für diese Entscheidung gibt es zwei Gründe: Erstens handelt es sich, wie bereits erwähnt, bei dieser Konzeption um die prominenteste und wirkmächtigste Ausformulierung der grundlegenden Idee, dass moralische Bildung auf eine gezielte Charakterformung ausgerichtet sein sollte. Zweitens bietet diese Konzeption eine offensichtliche und vor allem möglichst anschlussfähige Erklärung dafür an, *warum* eine gezielte Charakterformung einen wichtigen Beitrag zu erfolgreichen moralischen Bildungsprozessen zu leisten vermag. Denn selbst wenn man nicht davon ausgeht, dass moralisch gutes Handeln einfach *dasselbe* ist wie tugendhaftes Handeln, scheint es immer noch naheliegend, davon auszugehen, dass tugendhafte Personen nur wenige Laster aufweisen und darüber hinaus auch tendenziell eher solche Handlungen ausführen, die wir prima facie als gut oder richtig bewerten bzw. die de facto gute Konsequenzen haben. Dementsprechend ist es unabhängig von spezifischen Ansichten zu Fragen der normativen Ethik ein Stück weit plausibel davon auszugehen, dass die Ausbildung von Tugenden die moralische Qualität von Entscheidungen und Handlungen signifikant verbessern kann.[10]

Doch kann eine solche Ausbildung von Tugenden auch im spezifischen Kontext des schulischen Philosophie- und Ethikunterrichts realisiert werden – und wenn ja, wie? Tatsächlich ergeben sich mit Blick auf die praktische Umsetzung einer gezielten Beförderung und Ausbildung von Tugenden unmittelbar einige Fragen, die nicht ohne Weiteres zu beantworten sind. So wäre etwa in einem ersten Schritt

---

[9] Für eine Diskussion der Frage, ob es sich hierbei um eine eigenständige Konzeption handelt oder lediglich um eine Umformulierung der erstgenannten Konzeption, siehe Miller 2022 (Fußnote 8).

[10] Insofern scheint eine Bezeichnung dieser Konzeption als ‚tugendethischer Ansatz‘, wie sie etwa Kirsten Meyer vorgeschlagen hat (Meyer 2011, 236), ein Stück weit irreführend.

zu fragen, um welche Art von Tugenden es überhaupt gehen soll (Miller 2022, 74). Zwei offensichtliche Kandidaten in diesem Zusammenhang sind moralische Tugenden wie Ehrlichkeit oder Barmherzigkeit auf der einen Seite und intellektuelle Tugenden wie epistemische Bescheidenheit oder Aufgeschlossenheit auf der anderen Seite. Mit Blick auf intellektuelle Tugenden gibt es – wiederum insbesondere im englischsprachigen Raum – eine ganze Reihe ausgearbeiteter Konzepte zu konkreten Möglichkeiten der praktischen Umsetzung. Exemplarisch sei in diesem Zusammenhang etwa auf das vom Philosophen Jason Baehr initiierte Projekt „Educating for Intellectual Virtues" hingewiesen, in dessen Kontext mit der „Intellectual Virtues Academy of Long Beach" im Jahr 2013 eine öffentliche Bildungsinstitution ins Leben gerufen wurde, die explizit auf die gezielte Ausbildung und Förderung intellektueller Tugenden ausgerichtet ist. Als Begründung für den spezifischen Fokus auf intellektuelle Tugenden wird dabei im Rahmen dieses Projekts auch explizit auf die Bedeutung solcher Tugenden für moralische Bildungsprozesse hingewiesen. So heißt es etwa auf der Website des Projekts mit Blick auf die Frage „Why educate for intellectual virtues?":[11]

> In order for a democracy to flourish, its citizens must inform themselves and draw conclusions about complex political issues. Doing so requires identifying reliable sources of information, sifting through arguments and evidence, listening openly to alternative points of view, not leaping to conclusions, and much more. […] Similarly, a person's ability to make wise and morally responsible decisions in all areas of life depends in part on the quality of the beliefs that guide these decisions. Intellectual virtues have a significant impact on the quality of our beliefs and in doing so make an important contribution to the moral status of our actions. […] In short, to live well, we need to believe well, and intellectual virtues put us in a position to do just that […].

In dieser Passage wird die Nähe einer auf die Ausbildung intellektueller Tugenden fokussierten Konzeption moralischer Bildung zum fähigkeitsbasierten Ansatz unmittelbar deutlich. Dementsprechend ist es auch nicht weiter verwunderlich, dass Fragen nach Möglichkeiten einer unterrichtlichen Beförderung intellektueller Tugenden auch in der deutschsprachigen Philosophiedidaktik mittlerweile einige Aufmerksamkeit und Fürsprache erfahren haben (siehe etwa Lanius 2022, Platz 2022) – schmiegt sich eine solche Beförderung doch unmittelbar an in diesem Kontext bereits etablierte Konzepte der Ausbildung von Argumentations- und Reflexionskompetenzen an. Konzentriert man sich also eher auf intellektuelle Tugenden, scheint eine Realisierung des charakterbasierten Ansatzes im Rahmen des schulischen Philosophie- und Ethikunterrichts zunächst weitgehend unproblematisch.

Gleichzeitig dürfte ein Fokus auf moralische Tugenden im vorliegenden Zusammenhang zunächst intuitiver sein – ist es nicht naheliegend, dass Forderungen nach der Ausbildung von Tugenden im Kontext *moralischer* Bildung auf die Beförderung *moralischer* Tugenden abzielen? Doch wie lässt sich eine solche

---

[11] Intellectualvirtues.org.

Beförderung in unterrichtlichen Kontexten konkret umsetzen? Auch hier stößt man im englischsprachigen Raum schnell auf vollständig ausgearbeitete Konzepte. Exemplarisch sei diesbezüglich etwa auf das an der University of Birmingham entwickelte „Jubilee Centre Framework for Character Education in Schools" verwiesen, das neben intellektuellen Tugenden auch explizit moralische sowie bürgerschaftliche[12] und sogenannte leistungsbezogene[13] Tugenden berücksichtigt und das im Rahmen des Projektes „Framework in Action" an fünf verschiedenen Schulen in England implementiert worden ist.[14] Ein Blick auf die im Rahmen dieses Programms entwickelten Methoden ermöglicht bereits eine genauere Einschätzung, ob bzw. inwiefern eine gezielte Förderung moralischer Tugenden auch im spezifischen Rahmen des Philosophie- und Ethikunterricht umsetzbar wäre (vgl. zum Folgenden Arthur et al. 2022, 9).

So werden als konkrete Methoden insbesondere die Lektüre literarischer Texte (Arthur et al. 2014), die Diskussion moralischer Dilemmata (Harrison, Arthur and Burn 2016), die Beschäftigung mit moralischen Vorbildern (Han et al. 2017) sowie der Einsatz theatraler und weiterer künstlerischer Techniken (Arthur and Harrison 2014) angeführt. Angesichts dieser Auflistung ergibt sich mit Blick auf den Philosophie- und Ethikunterricht ein gemischtes Bild. Während einige der genannten Methoden offensichtlich eher für eine Umsetzung in anderen Fächern sprechen, werden andere Methoden auch explizit im Rahmen fähigkeits- und emotionsbasierter Ansätze gefordert. Diese Beobachtung spricht grundsätzlich dafür, dass auch im Rahmen des schulischen Philosophie- und Ethikunterrichts eine gezielte Beförderung moralischer Tugenden prinzipiell umsetzbar wäre. Dementsprechend scheint eine genauere fachdidaktische Diskussion der Grenzen und Möglichkeiten einer solchen Beförderung durchaus wünschenswert.

Unabhängig davon, ob und in welchem Sinne eine unterrichtliche Umsetzung des charakterbasierten Ansatzes in der philosophischen Fächergruppe letztendlich möglich und wünschenswert wäre, sieht sich dieser Ansatz jedoch auch auf einer tieferliegenden Ebene einer Reihe von Problemen ausgesetzt, die abschließend kurz skizziert werden sollen. So besteht ein erstes Problem in der konkreten Auswahl der spezifischen Tugenden, deren Ausbildung in unterrichtlichen Kontexten letztendlich befördert werden soll (Kristjánsson 2015, Miller 2021). Denn sowohl mit Blick auf moralische Tugenden als auch mit Blick auf intellektuelle Tugenden wird kontrovers diskutiert, welche spezifischen Charaktereigenschaften über-

---

[12] Als Beispiele für bürgerschaftliche Tugenden werden in diesem Zusammenhang Höflichkeit (engl. *civility*), Gemeinschaftlichkeit (engl. *community*), Sensibilität (engl. *awareness*), Nachbarschaftlichkeit (engl. *neighbourliness*), Dienstbereitschaft (engl. *service*) und Freiwilligkeit (engl. *volunteering*) genannt.

[13] Als Beispiele für leistungsbezogene Tugenden werden in diesem Zusammenhang Selbstvertrauen (engl. *confidence*), Entschlossenheit (engl. *determination*), Motivation (engl. *motivation*), Beharrlichkeit (engl. *perseverance*), Widerstandsfähigkeit (engl. *resilience*), Führungsqualität (engl. *leadership*) und Teamfähigkeit (engl. *teamwork*) genannt.

[14] Für nähere Informationen siehe jubileecentre.ac.uk.

haupt als relevante Tugenden zu gelten haben, wie die verschiedenen Tugenden
miteinander zusammenhängen und welche Hierarchieverhältnisse hier plausiblerweise vorliegen. Diese Beobachtung ist insofern relevant, als dass sich somit jede
konkrete Forderung nach der Beförderung einzelner Charaktereigenschaften dem
Vorwurf der Arbitrarität ausgesetzt sieht: Solange es strittig ist, welchen spezifischen solcher Eigenschaften überhaupt der Status einer Tugend zukommt, sollte
man nicht einfach willkürlich seine persönlichen Favoriten auswählen und in
unterrichtlichen Kontexten befördern.

Eine noch grundlegendere Schwierigkeit ergibt wiederum vor dem Hintergrund empirischer Befunde aus der Moralpsychologie, die bereits seit Mitte des
20. Jahrhunderts unter dem Label des *Situationismus* diskutiert werden. Im Kern
geht es hierbei um Studien, die die Vermutung nahelegen, dass es so etwas wie
stabile Charakterdispositionen – und mithin so etwas wie Tugenden oder Laster
– überhaupt nicht gibt bzw. dass solche Charakterdispositionen keinen nennenswerten Einfluss auf unser Handeln haben. In diesen Studien wird das Verhalten
von Personen durch irrelevante situationale Faktoren beeinflusst. So waren Pro-
band:innen etwa eher geneigt, anderen Personen zu helfen, wenn sie kurz vorher
statt an einem Bekleidungsgeschäft an einem Süßwarengeschäft vorbeigegangen
waren (Baron 1997). In ähnlicher Weise wurde in einer Studie, in der Proband:in-
nen angewiesen waren, möglichst ehrlich über das Ergebnis von Münzwürfen zu
berichten, die Wahrhaftigkeit der Ergebnisberichte signifikant durch geringfügige
Änderungen in der Wortwahl der Anweisung beeinflusst (Bryan, Adams und
Monin 2013). Eine mögliche Interpretation solcher Befunde ist nun, dass es anscheinend nicht von stabilen Charakterdispositionen wie etwa der Hilfsbereitschaft
oder Ehrlichkeit einer Person, sondern lediglich von externen Faktoren abhängt,
wie sich diese Person in einer konkreten Situation verhält. Da Tugenden nichts anderes als stabile Charakterdispositionen sind, würde hieraus folgen, dass Tugenden
entweder überhaupt nicht existieren oder aber irrelevant für unser tatsächliches
Verhalten sind.

Vertreter:innen eines charakterbasierten Ansatzes können dieser Schwierigkeit
auf unterschiedliche Weisen begegnen (für eine weitergehende Diskussion und
zum Folgenden siehe etwa Miller 2022). So besteht eine Möglichkeit in dem Hinweis auf die graduelle Natur von Charakterdispositionen im Allgemeinen und von
Tugenden im Besonderen: So würde beispielsweise nur eine Person, die die Tugend der Ehrlichkeit im höchstmöglichen und vollkommenen Maße ausgebildet
hat, in allen Situationen immer ehrlich sein – was aber wiederum in keiner Weise
bedeutet, dass eine Person, die sich in manchen Situationen zu einer Lüge hin-
reißen lässt, überhaupt kein Maß an Ehrlichkeit aufweist oder nicht in vielen anderen Situationen durch ihre Ehrlichkeit in ihrem Handeln geprägt ist. Eine weitere
Möglichkeit zeichnet sich schließlich vor dem Hintergrund einer genaueren Analyse der metaphysischen Beschaffenheit von Tugenden ab: Insofern es sich nämlich bei Tugenden um charakterliche Eigenschaften handelt, die im Kern durch
strukturierte Cluster spezifischer Verhaltensdispositionen konstituiert sind, ist es
überhaupt nicht weiter verwunderlich, dass sich Tugenden immer nur unter der

Voraussetzung bestimmter externer Stimuli manifestieren und in diesem Sinne auch bei voller Ausprägung nur situationsspezifisch zu beobachten sind.

Unabhängig von der letztendlichen Schlagkraft der dargestellten Probleme und der Plausibilität der soeben skizzierten Lösungsansätze dürfte in jedem Fall der Grundgedanke des charakterbasierten Ansatzes deutlich geworden sein: Wenn wir davon ausgehen, dass Entscheidungen und Handlungen maßgeblich durch die zugrunde liegenden Charaktermerkmale der entscheidenden und handelnden Person beeinflusst werden, scheint die direkte Formung dieser Charaktermerkmale ein potentiell vielversprechender Ansatzpunkt für moralische Bildungsprozesse zu sein.

2.2 Direktive Ansätze moralischer Bildung

Nachdem im vorangegangenen Abschnitt mit dem fähigkeitsbasierten, dem emotionsbasierten und dem charakterbasierten Ansatz verschiedene nicht-direktive Sichtweisen auf moralische Bildungsprozesse vorgestellt wurden, soll es in diesem Abschnitt um direktive Ansätze moralischer Bildung gehen. Wie wir gesehen haben, besteht die entscheidende Gemeinsamkeit nicht-direktiver Ansätze darin, dass sie die Ausbildung spezifischer moralischer Ansichten nicht als Ziel moralischer Bildung konzeptualisieren. Moralische Bildungsprozesse, so die positive Überlegung hinter diesen Ansätzen, sollten sich lediglich auf die Förderung einer eigenständigen und handlungswirksamen moralischen Urteilsbildung beschränken. Verschiedene nicht-direktive Ansätze moralischer Bildung unterscheiden sich nun im Wesentlichen darin, dass sie jeweils unterschiedliche Voraussetzungen identifizieren, die Lernende (hauptsächlich) benötigen und somit vermittelt bekommen müssen, um auf eine angemessene Weise eigenständige moralische Urteile fällen zu können und dann auch danach zu handeln.

Je nach identifizierter Voraussetzung weisen verschiedene nicht-direktive Ansätze dabei eine je unterschiedliche Nähe zu direktiven Ansätzen auf. So beinhalten moralische Bildungsprozesse vor dem Hintergrund eines rein fähigkeitsbasierten Ansatzes für sich genommen keinerlei moralisch direktive Aspekte – vermittelt werden sollen zunächst lediglich Fähigkeiten der Argumentation und des kritischen Denkens, mit Hilfe derer Lernende dann eigene moralische Ansichten ausbilden können.[15] Anders verhielte es sich etwa bei einem charakterbasierten Ansatz moralischer Bildung, der auf die Förderung moralischer Tugenden abzielt. Insofern nämlich die Entwicklung moralischer Tugenden mit der Ausbildung spezifischer moralischer Ansichten verknüpft ist, weist die pädagogische Beförderung moralischer Tugenden eindeutig ein direktives Moment auf: Beispielsweise dürfte es einigermaßen schwerfallen, sich eine Person vorzustellen, die die Tugend der Ehrlichkeit im höchsten Maße ausgebildet hat und gleichzeitig

---

[15] Das bedeutet wie gesagt nicht, dass der fähigkeitsbasierte Ansatz nicht grundsätzlich kompatibel mit direktiven Ansätzen ist.

die moralische Ansicht vertritt, dass Lügen nicht per se moralisch problematisch sind. Dementsprechend ist auch davon auszugehen, dass eine pädagogische Beförderung der Tugend der Ehrlichkeit direkt zu der Ausbildung spezifischer moralischer Ansichten über den moralischen Status von Lügen führt. Bei dieser Ausbildung mag es sich zwar nicht um das eigentlich beabsichtigte Ziel des zugrunde liegenden Bildungsprozesses handeln, entscheidend ist jedoch, dass es sich hierbei immer noch um eine vorhersehbare Auswirkung dieses Bildungsprozesses handelt. In diesem Sinne scheinen tugendbasierte Konzeptionen tatsächlich eine größere Nähe zu direktiven Ansätzen moralischer Bildung aufzuweisen als Konzeptionen, die lediglich auf die Ausbildung argumentativer Kompetenzen abzielen.

Wie wir in diesem Abschnitt sehen werden, gilt in umgekehrter Richtung auch für verschiedene direktive Ansätze, dass sie anhand ihrer jeweiligen Nähe zu nicht-direktiven Ansätzen moralischer Bildung unterschieden werden können. Dementsprechend können – zumindest im Sinne einer idealisierenden Veranschaulichung – die in diesem Kapitel vorgestellten Ansätze auf einem Spektrum entlang ihres jeweiligen Maßes an Direktivität angeordnet werden:

fähigkeitsbasierter Ansatz	emotionsbasierter Ansatz	charakterbasierter Ansatz	transzendentaler Ansatz	pragmatischer Ansatz	epistemischer Ansatz

nicht-direktiv					direktiv

Die je unterschiedlichen Maße an Direktivität der als direktiv klassifizierten Ansätze ergeben sich dabei vor dem Hintergrund des jeweiligen Kriteriums, das diese Ansätze für die Selektion der zu vermittelnden moralischen Ansichten formulieren. Je liberaler dieses Kriterium formuliert wird, desto mehr Ansichten sind in unterrichtlichen Kontexten (potentiell) zu vermitteln und desto höher dementsprechend auch das jeweilige Maß an Direktivität.[16]

Was die praktische Umsetzung direktiver Ansätze im Rahmen des schulischen Philosophie- und Ethikunterrichts angeht, werde ich im Folgenden zunächst eine weitgehende Realisierbarkeit voraussetzen – die in diesem Zusammenhang auftretenden Probleme und Fragen werden in Abschn. 3.3 noch ausführlich diskutiert. An dieser Stelle möchte ich mich zunächst auf die Frage konzentrieren, welche konkreten moralischen Ansichten überhaupt in unterrichtlichen Kontexten vermittelt werden sollten und worin der spezifische Beitrag einer Vermittlung dieser Ansichten zur Verbesserung des moralischen Denkens und Handelns von Kindern

---

[16]Wenn im Folgenden von *mehr* oder *weniger* bzw. von *stärker* oder *schwächer* direktiven Ansätzen die Rede ist, dann liegt dieser Redeweise entsprechend ein rein quantitatives Kriterium zugrunde. Die hier vorgeschlagene Unterscheidung steht somit auch quer zu einer in der bildungsphilosophischen Literatur bisweilen angedeuteten Unterscheidung zwischen *weichen* und *harten* direktiven Unterrichtsformen (siehe etwa Warnick und Smith 2014), die auf einer rein methodischen Ebene entlang verschiedener Grade der Einflussnahme durch die Lehrkraft verläuft.

und Jugendlichen besteht. Verschiedene direktive Ansätze geben hierauf jeweils
unterschiedliche Antworten.

2.2.1   Der transzendentale Ansatz

Wie der Name bereits andeutet, zielt der transzendentale Ansatz auf *Bedingungen
von Möglichkeit* ab – doch um welche Möglichkeit geht es hier konkret? Die
grundlegende Idee hinter diesem Ansatz ist, dass moralische Bildungsprozesse
im Rahmen moderner, pluralistischer Gesellschaften nicht darauf abzielen dürfen,
den für diese Gesellschaften charakteristischen Spielraum unterschiedlicher Wert-
orientierungen vorschnell einzuengen. Stattdessen sollte Lernenden vielmehr die
Möglichkeit gegeben werden, sich je individuell in einem solchen Pluralismus verschiedener Weltsichten, Lebensentwürfe und Moralvorstellungen zu orientieren.
Das zentrale Ziel moralischer Bildung besteht dementsprechend darin, die notwendigen Vorbedingungen dieser Möglichkeit zur individuellen Wertorientierung
bereitzustellen. Verteidigungen und Variationen eines solchen Ansatzes finden sich
in der deutschsprachigen fachdidaktischen und bildungsphilosophischen Literatur
etwa bei Otfried Höffe (Höffe 1979), Peter Schaber (Schaber 2010) oder Philipp
Richter (Richter 2021).[17]

Auf den ersten Blick scheint diese grundsätzliche Idee eindeutig eine nicht-
direktive Sichtweise auf moralische Bildungsprozesse zum Ausdruck zu bringen.
Und tatsächlich ist der transzendentale Ansatz insofern schwierig auf dem Spektrum der Direktivität einzuordnen, als dass spezifische *Fähigkeiten* klarerweise
auch zu den Voraussetzungen der Möglichkeit einer individuellen Wertorientierung zu zählen sind: Um verantwortungsvoll zwischen konfligierenden Norm-
systemen abwägen zu können, müssen Lernende eben spezifische Kompetenzen
der kritischen Reflexion und Analyse entwickeln. Dies wird von Vertreter:innen
eines transzendentalen Ansatzes in der Regel auch nicht bestritten, sondern vielmehr ausdrücklich bejaht, sodass nicht nur eine unmittelbare Nähe zu, sondern
vielmehr eine direkte Überschneidung mit dem fähigkeitsbasierten Ansatz nicht
von der Hand zu weisen ist (siehe hierzu etwa auch die Formulierung in Pfeifer
2013, 23). Meine Klassifikation des transzendentalen Ansatzes als eigenständigen,
direktiven Ansatz rührt jedoch daher, dass Vertreter:innen dieses Ansatzes neben
spezifischen Fähigkeiten auch spezifische moralische Wertvorstellungen als entscheidende Voraussetzung der Möglichkeit einer individuellen Orientierung in
pluralistischen Kontexten identifizieren und somit neben der Vermittlung entsprechender Argumentationskompetenzen auch die Ausbildung spezifischer moralischer Ansichten zum Ziel moralischer Bildungsprozesse erklären.

Otfried Höffe, der in diesem Zusammenhang von „elementaren Verbindlichkeiten" spricht, drückt diese Überlegung folgendermaßen aus (Höffe 1979, 472):

---

[17] Ein wichtiger Vertreter des transzendentalen Ansatzes in der internationalen bildungsphilosophischen Debatte wäre etwa Paul Hirst (Hirst 1974).

Obwohl eine aufgeklärte Gesellschaft weder einen zeitlos gültigen Moralkodex akzeptiert noch irgendeiner persönlichen, politischen, religiösen oder intellektuellen Instanz eo ipso Infallibilität zuerkennt, macht jede Gesellschaft als Kommunikations- und Interaktionszusammenhang wenigstens einige allgemein verbindliche Normen notwendig. Das sind elementare Regeln, Prinzipien oder Kriterien, die nicht bloß für einzelne Gruppen gültig sind, die deshalb dem Widerstreit partikulärer Bekenntnisse und Daseinsentwürfe enthoben sein müssen. [...] Um der Alternative von Indoktrination und Relativismus zu entgehen, muß man zwischen der im Prinzip einen Ethik elementarer Verbindlichkeiten und der Pluralität von Ethiken eines optimalen Lebens [...] strikt unterscheiden.

Um es in Höffes Terminologie auszudrücken: Damit ein Pluralismus verschiedener Moralkodizes überhaupt erst ermöglicht werden kann, müssen in einer Gesellschaft elementare Verbindlichkeiten universell akzeptiert werden. Daraus folgt, dass institutionalisierte Bildungsprozesse im Rahmen pluraler Gesellschaften nachfolgenden Generationen nicht nur die nötigen Werkzeuge und Fähigkeiten zu vermitteln haben, die diese für eine mündige Wertorientierung vor dem Hintergrund pluraler Normensysteme brauchen, sondern darüber hinaus auch die Prinzipien und Regeln vermitteln sollten, die eine solche Pluralität eben erst möglich machen.

Doch welche Prinzipien und Regeln sollten das konkret sein? Höffe identifiziert hier drei verschiedene Kategorien, die er jeweils durch einige Beispiele veranschaulicht (vgl. zum Folgenden Höffe 1979, 473 ff.). Eine erste Kategorie betrifft diejenigen Prinzipien und Regeln, die notwendige Voraussetzung jedweder Kommunikation sind. Hierzu zählt Höffe neben einem Tötungs- und Vergewaltigungsverbot auch ein Verbot von Lüge und Betrug. Eine zweite Kategorie ergibt sich vor dem Hintergrund der Überlegung, dass ein Pluralismus konfligierender Wertvorstellungen nur unter der Bedingung eines grundsätzlichen gesellschaftlichen Zusammenhalts existieren kann. Als in diesem Zusammenhang relevante Werte nennt Höffe Toleranz und grundlegende Rechte der Selbstbestimmung. Eine letzte Kategorie umfasst schließlich Prinzipien der Konfliktbewältigung, zu denen Höffe neben Kooperations- und Verständigungsbereitschaft auch eine Bereitschaft zur Fairness zählt.

Ein offensichtlicher Vorzug des transzendentalen Ansatzes besteht darin, dass er ein prima facie überzeugendes Kriterium für die Auswahl derjenigen Wertvorstellungen anbietet, deren direktive Vermittlung tatsächlich einen substantiellen Beitrag zu moralischen Bildungsprozessen zu leisten vermag. Denn ein grundsätzliches Problem, mit dem sich direktive Ansätze in diesem Zusammenhang konfrontiert sehen, ist das folgende: Der Gedanke, dass die direktive Vermittlung spezifischer moralischer Ansichten einen wertvollen Beitrag zum Erfolg moralischer Bildungsprozesse leistet, scheint bereits eine Entscheidung darüber vorauszusetzen, was moralisch richtig oder falsch ist. In diesem Sinne drohen direktive Ansätze zwangsläufig auf sogenannte „Letztbegründungen" angewiesen zu sein: Jede konkrete Aussage darüber, welche moralischen Ansichten das Denken und Handeln von Lernenden verbessern, muss auf einem Urteil darüber beruhen, was moralisch gut bzw. richtig ist. Der transzendentale Ansatz scheint dieses Problem nun elegant zu umgehen, indem er lediglich die Vermittlung derjenigen Werte fordert, die allein durch die *bloße Möglichkeit* verschiedener Begründungsansätze implizit vorausgesetzt werden müssen.

Prinzipiell könnte man an dieser Stelle zwar immer noch fragen, worin wiederum der Status einer Möglichkeit der eigenständigen Orientierung in pluralen Wertkonstellationen als unhintergehbarem Desiderat moralischer Bildungsprozesse begründet ist. Höffe scheint hier eine Vermeidung von Indoktrination (Höffe 1979, 469), Schaber Grundsätze eines guten Lebens (Schaber 2010, 154) und Hirst die Natur der Moral als einer Praxis des rationalen Begründens von Handlungen (Hirst 1974, 46) im Sinn zu haben. Entscheidend ist jedoch, dass sich mit Blick auf moralische Bildungsprozesse im schulischen Philosophie- und Ethikunterricht diese Frage insofern erübrigt, als dass von diesen Prozessen ja de facto eine Verbesserung des moralischen Urteilens von Kindern und Jugendlichen explizit erwartet wird. Zumindest vor dem Hintergrund dieser Erwartung sollte klar sein, warum die Vermittlung derjenigen Werte, die als Bedingung der Möglichkeit einer moralischen Urteilsbildung zu gelten haben, ein unverzichtbarer Bestandteil moralischer Bildungsprozesse sein muss.

Ein grundsätzliches Problem besteht nun jedoch darin, diese Werte exakt zu bestimmen. Welche spezifischen Werte sollen denn letztendlich im Rahmen eines transzendentalen Ansatzes vermittelt werden? Otfried Höffe scheint hinsichtlich einer zufriedenstellenden Beantwortung dieser Frage zwar einigermaßen optimistisch zu sein, wenn er schreibt (Höffe 1979, 472):

> In der Regel braucht man die elementare [sic] Verbindlichkeiten nicht lang zu suchen und schon gar nicht eigens zu erfinden. Aufgrund der Kommunikations- und Interaktionsbezüge, die wir täglich realisieren, aufgrund unserer naturwüchsigen Urteile und nicht zuletzt durch die Tradition der Ethik selbst haben wir alle schon ein mehr oder minder reiches Vorwissen.

Während zwar einige Werte – man denke hier etwa nur an das von Höffe genannte Tötungsverbot – vermutlich tatsächlich relativ einfach als elementare Verbindlichkeiten identifiziert werden können, legt ein näherer Blick jedoch nahe, dass es mit Blick auf die Details durchaus substantielle philosophische Schwierigkeiten zu bewältigen geben könnte. Dies sei exemplarisch nur anhand des Wertes der Toleranz skizziert, den Höffe ebenfalls als elementare Verbindlichkeit identifiziert. Ein erstes Problem besteht hier bereits darin, dass der Toleranzbegriff keine klar umrissene Haltung herausgreift, sondern vielmehr ein Clusterbegriff für eine ganze Reihe je unterschiedlich gelagerter Haltungen ist, für die jeweils verschiedene Gegenstandsbereiche und normative Bezugssysteme einschlägig sind (Balg 2020a, 8 f.; Forst 2003, 30 f.). Da vermutlich nicht alle dieser Haltungen in einem relevanten Zusammenhang mit einem Pluralismus konfligierender Wertvorstellungen stehen werden, scheint die pauschale Bewertung einer toleranten Haltung als entscheidende Bedingung für die Möglichkeit eines solchen Pluralismus einiger Präzisierung zu bedürfen. Darüber hinaus ist die spezifische Form von Toleranz, die hier nun plausiblerweise ein naheliegender Kandidat wäre, nämlich Toleranz als *intellektuelle Haltung gegenüber als falsch erachteten Wertvorstellungen*, in der jüngeren erkenntnistheoretischen Forschung durchaus kritisch betrachtet worden. In diesem Zusammenhang wurde insbesondere die Sorge diskutiert, dass es sich hierbei bereits auf einer rein strukturellen Ebene – also ganz unabhängig davon, *was* letztendlich toleriert wird – um eine inhärent irrationale Haltung handeln könnte (siehe etwa Feldman 2007, Grundmann 2015). Sollte sich diese Sorge erhärten, wäre dies schon insofern ein Problem, als dass eine Förderung von Toleranz somit in einer direkten Spannung zur Ausbildung kritischer Argumentationskompetenzen stünde – Kompetenzen, die im Rahmen vieler transzendentaler Konzeptionen ebenfalls als Bedingung der Möglichkeit einer individuellen Wertorientierung angeführt werden.

Angesichts solcher Schwierigkeiten ist es nicht weiter verwunderlich, dass verschiedene Ausformulierungen des transzendentalen Ansatzes zu unterschiedlichen Ergebnissen hinsichtlich der Frage nach den konkreten, in unterrichtlichen Kontexten zu vermittelnden Werten gelangen. So identifiziert beispielsweise Paul Hirst in diesem Zusammenhang – und etwa in teilweiser Abweichung von Höffe – Fairness, Wahrhaftigkeit, Freiheit, gleiche Berücksichtigung von Interessen und Respekt vor Personen als die fünf entscheidenden Prinzipien, die im Rahmen moralischer Bildungsprozesse vermittelt werden sollten (Hirst 1974, 46). Hierbei beruft sich Hirst explizit auf Überlegungen von Richard Stanley Peters, die ihrerseits jedoch ebenfalls durchaus kritisch in der bildungsphilosophischen Literatur diskutiert worden sind (siehe etwa White 1973; Kleinig 1973, 1982; Downie et al. 1974; Hand 2009; Cuypers 2012). Somit sollte klar sein, dass die transzendentale Begründung spezifischer zu vermittelnder Werte wesentlich schwieriger und kontroverser sein dürfte, als Höffes optimistische Einschätzung nahelegt.

In jedem Fall sollte klar geworden sein, inwiefern wir es beim transzendentalen Ansatz mit einem ersten Kandidaten für einen direktiven Ansatz zu tun haben, der für moralische Bildungsprozesse im schulischen Philosophie- und Ethikunterricht von einiger Bedeutung sein könnte: Insofern wir akzeptieren, dass schon alleine die bloße Möglichkeit einer individuellen Orientierung im Rahmen pluralistischer Wertangebote von einer Basis geteilter Grundwerte abhängt, sollten diese Werte auch direktiv in institutionalisierten Bildungskontexten vermittelt werden, von denen eine Verbesserung des moralischen Urteilsvermögens explizit gefordert wird.

2.2.2 Der pragmatische Ansatz

Charakteristisch für den pragmatischen Ansatz ist eine direktive Sichtweise auf moralische Bildungsprozesse, die zwar eine gewisse Nähe zum transzendentalen Ansatz aufweist, letztendlich aber in der deutschsprachigen Debatte bisher keine große Beachtung finden konnte und dementsprechend auch für die unterrichtliche Praxis in Deutschland keine große Bedeutung hat. Für eine Berücksichtigung dieses Ansatzes im Rahmen der hier vorgenommenen Übersicht sprechen jedoch mindestens zwei verschiedene Überlegungen: Zum einen handelt es sich hierbei um einen Ansatz, der in der englischsprachigen bildungsphilosophischen Debatte in jüngster Zeit einige Aufmerksamkeit erhalten hat (für eine Übersicht siehe Hand 2020b). Zum anderen handelt es sich um einen Ansatz, der – wie wir noch sehen werden – auf den ersten Blick auch eine große Nähe zum epistemischen Ansatz aufweist. Somit stellt er eine geeignete Kontrastfolie dar, vor deren Hintergrund dann im Folgenden die philosophischen und didaktischen Besonderheiten der Wissensvermittlungskonzeption als Ausformulierung eines genuin epistemischen Ansatzes klar und präzise herausgearbeitet werden können.

Woher die Bezeichnung dieses Ansatzes als ‚pragmatisch‘ rührt, wird deutlich, wenn man sich die Idee dieses Ansatzes in ihren Einzelheiten vor Augen führt. Zu diesem Zweck möchte ich im Folgenden näher auf die spezifische Konzeption moralischer Bildung von Michael Hand eingehen, bei der es sich um die am weitesten ausgearbeitete und in der gegenwärtigen Bildungsphilosophie prominenteste Ausformulierung des pragmatischen Ansatzes handelt. Michael Hand entwickelt seine Konzeption vor dem Hintergrund einiger spezifischer Begrifflichkeiten und eines spezifischen Moralverständnisses. Moral, so Hand, hat zumindest aus einer alltäglichen Perspektive in erster Linie etwas mit der Orientierung an bzw. der Einhaltung von spezifischen Standards zu tun (Hand 2014, 525). Gleichzeitig gibt es klarerweise eine ganze Reihe von Standards, an denen wir uns orientieren und die wir befolgen, die aber keine *moralischen* Standards sind – man denke hier etwa nur an epistemische und ästhetische Standards, an Normen der Höflichkeit und Etikette oder an Spielregeln im Sport. Was ist also das Besondere an moralischen Standards? Hand identifiziert hier zwei verschiedene Charakteristika (Ebd., 523): Zum einen handelt es sich bei moralischen Standards um Standards, an denen wir uns nicht nur selbst orientieren, sondern von denen wir erwarten, dass sich auch alle anderen Personen an ihnen orientieren – Hand spricht in diesem Zusammenhang davon, dass unsere Orientierung an moralischen Standards *universell beanspruchend* (engl. *universally-enlisting*) ist. Zum anderen handelt es sich bei moralischen Standards um Standards, deren Nichtbefolgung spezifische Formen der Bestrafung, etwa in Form von Vorwürfen und Anschuldigungen, rechtfertigt – hier spricht Hand davon, dass unsere Orientierung an moralischen Standards *strafbilligend* (engl. *penalty-endorsing*) ist.

Ausgehend von diesem Moralverständnis formuliert Hand nun als zentrales Desiderat moralischer Bildungsprozesse, dass auch diese Prozesse im Wesentlichen auf moralische Standards bezogen bzw. an diesen orientiert sein sollten. Was bedeutet das konkret? An dieser Stelle führt Hand mit dem Ausdruck der *vollständigen moralischen Verpflichtung* (engl. *full moral commitment*) eine neue Begrifflichkeit ein: Moralische Bildungsprozesse, so die Idee, sollen darauf abzielen, Lernende zu einer vollständigen moralischen Verpflichtung zu erziehen. Das bedeutet nun wiederum zweierlei: Zum einen soll moralische Bildung dafür sorgen, dass sich Kinder und Jugendlich in ihren Entscheidungen und Handlungen auch tatsächlich an moralischen Standards orientieren. Dieser Aspekt moralischer Bildung, den Hand als *moralische Formung* (engl. *moral formation*) bezeichnet, beinhaltet explizit auch pädagogische Maßnahmen wie gezielte Konditionierung, Habitualisierung und Training. Zum anderen soll moralische Bildung dafür sorgen, dass Kinder und Jugendliche davon überzeugt sind, dass es sich bei den moralischen Standards, an denen sie sich orientieren, auch tatsächlich um gut gerechtfertigte Standards handelt. Diesen Aspekt moralischer Bildung bezeichnet Hand als *direktive moralische Prüfung* (engl. *directive moral inquiry*).

Doch welche Standards sind überhaupt gut gerechtfertigt und dementsprechend so beschaffen, dass sich moralisch gebildete Menschen in ihren Entscheidungen und Handlungen an ihnen orientieren? Bei der Beantwortung dieser Frage handelt es sich um die zentrale Herausforderung für Hands Konzeption. Auf der Suche nach einer geeigneten Lösung beginnt Hand zunächst mit der Beobachtung, dass es grundsätzlich ganz verschiedene Arten von Rechtfertigungen für Standards geben kann. Er schreibt (Hand 2018, 17):

> It always makes sense to ask of a standard to which one subscribes, or to which one is thinking about subscribing, whether subscription is justified. What counts as an adequate justification will be different for standards of different kinds. Where a standard is an arbitrary convention the function of which is to coordinate behaviour in a social group, for example, what justifies subscription to it is precisely the fact that it has currency in the group in question. I subscribe to the standard 'drive on the left' for the very good reason that everyone else in my country of residence subscribes to that standard too. By contrast, I subscribe to the standard 'plant spring-flowering bulbs in the autumn' because I know that spring-flowering bulbs require a sustained dormant period of cold temperatures to stimulate root development. Whether this horticultural standard happens to be current in a social group is quite irrelevant to the justification for subscribing to it.

Welche Art der Rechtfertigung ist nun für moralische Standards einschlägig? Auch hier möchte sich Hand nicht festlegen. Vielmehr vertritt er explizit einen Pluralismus hinsichtlich möglicher Rechtfertigungen moralischer Standards (Hand 2018, 69). Entscheidend für didaktische Zusammenhänge ist laut Hand jedoch, dass es in diesem Zusammenhang eine spezifische Rechtfertigungsmöglichkeit gibt, die zumindest mit Blick auf einige moralische Standards mehr oder weniger unkontrovers ist. Diese Beobachtung ist insofern von großer Bedeutung, als dass eine offensichtliche Schwierigkeit für Hands Konzeption moralischer Bildung darin besteht, dass es eben oftmals kontrovers ist, welche moralischen Standards gerechtfertigt sind und welche nicht. Und mit Blick auf Standards, deren Rechtfertigungsstatus kontrovers ist, scheint eine Erziehung zu vollständiger moralischer Verpflichtung nichts anderes als illegitime Indoktrination zu sein. Dementsprechend sollen nur solche Standards in pädagogischen Kontexten vermittelt werden, für die es zumindest eine spezifische Rechtfertigungsmöglichkeit gibt, die universell akzeptiert wird.

Um was für eine Art der Rechtfertigung handelt es sich hier? An dieser Stelle wird nun deutlich, warum Hand als Vertreter eines pragmatischen Ansatzes bezeichnet werden kann – denn die Art der Rechtfertigung, die Hand als für didaktische Kontexte entscheidend ansieht, ist letztendlich eine rein pragmatische. Sie entfaltet sich vor dem Hintergrund eines spezifischen Problems, das der Philosoph David Copp als das ‚Problem der Sozialität' bezeichnet hat (Copp 2009). Im Kern besteht dieses Problem darin, dass angesichts spezifischer menschlicher Eigenschaften und externer Faktoren wie Ressourcenknappheit, Egoismus und fehlender

Empathie ein ständiges Risiko besteht, dass sich einzelne Individuen unkooperativ verhalten, Konflikte entstehen und somit letztendlich die Stabilität menschlicher Gesellschaften grundsätzlich gefährdet ist. Um dieses Risiko zu minimieren, ist es gerechtfertigt, spezifische Standards des Zusammenlebens zu etablieren, an die sich alle zu halten haben und deren Nichtbeachtung Sanktionen legitimiert. Dies ist genau die Art von Rechtfertigung, die laut Hand für moralische Bildungsprozesse die entscheidende ist. Er schreibt (Hand 2014, 529):

> All of us who live in social groups have an interest in averting breakdowns of cooperation and outbreaks of conflict, so we all have an interest in holding ourselves and each other to rules of conduct that sustain cooperation and peace. To help children understand this is to supply them with good reasons for subscribing to at least a subset of the moral standards current in society. It follows that directive moral education can be fully rational, insofar as it is restricted to endorsement of the problem-of-sociality justification for cooperation-sustaining and conflict-averting moral standards. Children can be educated for full moral commitment without recourse to indoctrination.

Somit ergibt sich ein vollständiges Bild der Konzeption moralischer Bildung von Hand. Die grundlegende Idee hinter dieser Konzeption ist, dass moralische Bildung darauf abzielen sollte, Kinder und Jugendliche in die Lage zu versetzen, ein Kerngerüst zentraler moralischer Standards als gerechtfertigt zu akzeptieren und sich in realen Handlungs- und Entscheidungssituationen auch tatsächlich an diesen Standards zu orientieren. Diese Idee wirft unmittelbar die Frage auf, welche Standards denn überhaupt dieses Kerngerüst konstituieren sollen – ist es nicht viel zu kontrovers, welche moralischen Standards gerechtfertigt sind und welche nicht? Beantwortet wird diese Frage durch einen Rückgriff auf rein pragmatische Überlegungen: Anstatt sich in mühsame – und womöglich wenig erfolgsversprechende – Diskussionen darüber einzulassen, welche moralischen Standards wahr sind, ob es überhaupt so etwas wie wahre moralische Standards gibt oder wie sich die Wahrheit solcher Standards herausfinden lässt, genügt es, einfach darauf hinzuweisen, dass einige Standards schlichtweg unverzichtbar für ein funktionierendes gesellschaftliches Miteinander sind und dass wir dementsprechend auf einer rein pragmatischen Ebene exzellente Gründe dafür haben, diese Standards in pädagogischen Kontexten zu vermitteln. Genau das ist der Kerngedanke des pragmatischen Ansatzes.

An dieser Stelle wird auch deutlich, worin die entscheidenden Gemeinsamkeiten und Unterschiede zwischen dem pragmatischen Ansatz und dem transzendentalen Ansatz liegen. Beide Ansätze ähneln sich darin, dass sie die direktive Vermittlung spezifischer moralischer Ansichten ermöglichen wollen, ohne dafür eine inhaltliche Begründung für die Wahrheit der zu vermittelnden Wertvorstellungen leisten zu müssen. Während im Rahmen des transzendentalen Ansatzes nun nur solche Wertvorstellungen vermittelt werden sollen, die für die Möglichkeit einer freien Urteilsbildung unverzichtbar sind, schlägt der pragmatische Ansatz ein wesentlich liberaleres Kriterium vor: Vermittelt werden darf hier alles, was, um die obige Formulierung Hands aufzugreifen, im pragmatischen Interesse aller ist, indem es zur Stabilität des gesellschaftlichen Miteinanders beiträgt – was wiederum vermutlich über die bloße Möglichkeit einer freien Urteilsbildung deutlich hinausgehen dürfte.

Was ist von dieser Idee zu halten? Konzentriert man sich zunächst auf die spezifische Ausformulierung des pragmatischen Ansatzes, die Hand anbietet, fallen unmittelbar die teilweise recht idiosynkratischen Begrifflichkeiten und theoretischen Voraussetzungen ins Auge, von denen ausgehend er seine Konzeption entwickelt. Hat Moral tatsächlich in erster Linie etwas mit der Orientierung an moralischen Standards zu tun? Und ist es wirklich so, dass unsere Orientierung an moralischen Standards universell beanspruchend und strafbilligend ist? Mit seiner klaren Positionierung hinsichtlich dieser Fragen scheint sich Hand auf eine Reihe kontroverser metaethischer Annahmen, etwa hinsichtlich der Angemessenheit moralischer Kritik oder der Plausibilität generalistischer Ansätze zu berufen, die zumindest einer genaueren Diskussion und Rechtfertigung bedürften.[18]

Unabhängig von diesen Details der konkreten Konzeption Hands stellt sich mit Blick auf den grundlegenden Gedanken des pragmatischen Ansatzes die Frage, welchen spezifischen Beitrag zu moralischen Bildungsprozessen die Vermittlung von Standards leisten soll, die als einem funktionierenden gesellschaftlichen Miteinander zuträglich identifiziert wurden. Eine naheliegende Antwort an dieser Stelle wäre der Hinweis darauf, dass ein funktionierendes gesellschaftliches Miteinander eine notwendige Voraussetzung dafür ist, überhaupt individuelles moralisches Urteilen und Handeln zu ermöglichen. Das würde zunächst bedeuten, dass vor dem Hintergrund dieser Antwort der pragmatische Ansatz einfach mit dem transzendentalen Ansatz zusammenfällt. Gleichzeitig wird jedoch – wie bereits erwähnt – das, was zu einem funktionierenden gesellschaftlichen Miteinander beiträgt, vermutlich weit über das hinausgehen, was für eine selbständige moralische Urteilsbildung unverzichtbar ist. Ob aber diese zusätzlichen, spezifisch im Rahmen des pragmatischen Ansatzes geforderten Standards tatsächlich zu einer moralischen Verbesserung des Denkens und Handelns von Kindern und Jugendlichen beitragen können, hängt eben davon ab, wie diese Standards letztendlich aus moralischer Perspektive zu bewerten sind. Die alleinige Tatsache, dass eine Befolgung dieser Standards im pragmatischen Interesse aller ist, zeigt jedenfalls noch nicht, dass es sich hierbei um moralisch korrekte Standards handelt.

Letztendlich müsste man sich an dieser Stelle also auf einer konkreten Ebene anschauen, welche spezifischen Standards im Rahmen des pragmatischen Ansatzes gefordert werden, um diese dann einer moralischen Bewertung zu unterziehen. Hand selbst bleibt an dieser Stelle jedoch erstaunlich vage und beschränkt sich lediglich auf einige Beispiele: Als zu vermittelnde Verbote nennt er Stehlen, Betrügen und die Verursachung von Schaden, als zu vermittelnde Gebote Fairness, Hilfsbereitschaft und das Einhalten von Versprechen (Hand 2014, 528). Inwiefern es sich hierbei um überzeugende moralische Standards handelt, ist jedoch

---

[18] Für die Frage nach der Angemessenheit moralischer Kritik siehe etwa Zheng 2021 oder Weber-Guskar 2021, für die Frage nach der Plausibilität generalistischer Ansätze siehe etwa Ridge und McKeever 2023.

zumindest fraglich. Ob das Einhalten von Versprechen stets moralisch geboten oder die Verursachung von Schaden notwendig moralisch verurteilenswert ist, wird in der akademischen Philosophie kontrovers diskutiert und sollte vermutlich auch im Philosophie- und Ethikunterricht kontrovers diskutiert werden.

2.2.3 Der epistemische Ansatz

Die grundsätzliche Idee des epistemischen Ansatzes ist, dass im Rahmen moralischer Bildungsprozesse genau die moralischen Ansichten vermittelt werden sollten, die eine hinreichende epistemische Güte aufweisen. Die in diesem Buch vertretene Wissensvermittlungskonzeption stellt eine spezifische Ausformulierung dieses Ansatzes dar. Bevor wir uns dieser Konzeption im Detail widmen, ist es jedoch wichtig, den epistemischen Ansatz zunächst klar von den bereits vorgestellten direktiven Ansätzen abzugrenzen. Eine solche Abgrenzung ist auch insofern wichtig, als dass insbesondere Michael Hands Ausformulierung des pragmatischen Ansatzes bisweilen explizit als ‚epistemisch' bezeichnet wird (siehe etwa Giesinger 2021, 20) – und auf den ersten Blick legen tatsächlich einige Formulierungen Hands eine solche Lesart unmittelbar nahe. So fordert er etwa, dass Lernende anhand *überzeugender Argumente rational nachvollziehen* sollen, warum die ihnen vermittelten Standards gerechtfertigt sind (siehe etwa Hand 2014, 529). Dementsprechend sollen Lernende scheinbar auch im Rahmen dieser Konzeption zu spezifischen Ansichten gelangen, die *rational* sind und dementsprechend genuin *epistemischen* Gütekriterien entsprechen.

An dieser Stelle ist es jedoch wichtig, zwischen Fragen der *Auswahl* der zu vermittelnden Ansichten und Fragen der *Art und Weise* der Vermittlung spezifischer Ansichten zu unterscheiden. Im Rahmen von Hands Konzeption soll anhand eines pragmatischen Kriteriums entschieden werden, welche Ansichten in unterrichtlichen Kontexten vermittelt werden sollten – um diese dann auf rationale Art und Weise, also auf der Grundlage einer angemessenen argumentativen Auseinandersetzung, zu vermitteln. Das bedeutet allerdings nicht, dass diese Konzeption deswegen dem epistemischen Ansatz zuzuordnen wäre, da ja für diesen Ansatz gerade die *Auswahl* der zu vermittelnden Ansichten anhand rein epistemischer Kriterien charakteristisch ist. Dementsprechend können – und werden vermutlich auch – im Rahmen des epistemischen Ansatzes letztendlich andere moralische Ansichten als im Rahmen eines pragmatischen oder transzendentalen Ansatzes vermittelt werden.

Im Folgenden möchte ich nun die Wissensvermittlungskonzeption als spezifische Spielart des epistemischen Ansatzes in größerer Detailschärfe entwickeln. Grundsätzlich sind verschiedene Ausformulierungen des epistemischen Ansatzes denkbar, die sich hinsichtlich der jeweiligen Konkretisierung des zugrunde gelegten epistemischen Kriteriums unterscheiden. Die Wissensvermittlungskonzeption trifft in diesem Zusammenhang eine recht naheliegende Auswahl, indem sie den epistemischen Wert des *Wissens* als entscheidendes Kriterium identifiziert. Somit lässt sich die zentrale These dieses Buches, die im Weiteren detailliert erläutert und diskutiert werden soll, in folgender Formulierung auf den Punkt bringen:

[**Wissensvermittlungskonzeption moralischer Bildung**] Die Vermittlung moralischen Wissens sollte ein wichtiger Bestandteil moralischer Bildungsprozesse sein.

Eine offensichtliche Besonderheit dieser Konzeption moralischer Bildung besteht in einer direkten Engführung moralischer und nicht-moralischer Bildungsprozesse: In nicht-moralischen Domänen wie Naturwissenschaften, Mathematik oder Geschichtswissenschaft scheint es eine Selbstverständlichkeit zu sein, von entsprechenden fachbezogenen Bildungsprozessen eine Vermittlung domänenspezifischen Wissens, also etwa zentraler naturwissenschaftlicher, mathematischer oder geschichtswissenschaftlicher Erkenntnisse, zu fordern.[19] Tatsächlich ist diese Forderung auch nicht allzu überraschend – handelt es sich bei der Vermittlung von Wissen doch um ein grundlegendes, bildungsphilosophisch breit akzeptiertes Bildungsziel (siehe etwa Goldman 2006).

Im spezifischen Kontext des deutschen Schulsystems steht das allgemeine Bildungsziel der Wissensvermittlung in einem engen Zusammenhang mit dem grundlegenden didaktischen Prinzip der Wissenschaftsorientierung. Dieses Prinzip wird in der einschlägigen Formulierung des Deutschen Bildungsrates folgendermaßen charakterisiert (im Folgenden zitiert nach Klafki 2007, 162):

Wissenschaftsorientierung der Bildung bedeutet, daß die Bildungsgegenstände, gleich ob sie dem Bereich der Natur, der Technik, der Sprache, der Politik, der Religion, der Kunst oder der Wirtschaft angehören, in ihrer Bedingtheit und Bestimmtheit durch die Wissenschaften erkannt und entsprechend vermittelt werden.

Versteht man nun im Sinne der entsprechenden Definition des Bundesverfassungsgerichts Wissenschaft als „Tätigkeit, die nach Inhalt und Form als ernsthafter und planmäßiger Versuch der Wahrheitsermittlung anzusehen ist",[20] wird deutlich, dass hier unmittelbar ein entsprechendes epistemisches Kriterium der Auswahl unterrichtlich zu vermittelnder Inhalte zum Ausdruck gebracht wird: In unterrichtlichen Kontexten sollen substantielle Wissensbestände vermittelt werden, die von der Wissenschaft als institutionell verankertem System der strukturierten Wahrheitssuche bereitgestellt werden. Der Kerngedanke der Wissensvermittlungskonzeption ist nun, dass sich dieses allgemeine Bildungsziel auch auf den spezifischen Kontext moralischer Bildungsprozesse anwenden lässt: Genauso wie andere domänenspezifische Bildungsprozesse sollten auch moralische Bildungsprozesse auf die Vermittlung domänenspezifischen Wissens abzielen, das von entsprechenden wissenschaftlichen Bezugsdisziplinen bereitgestellt wird.

---

[19] Im Folgenden werde ich die Begriffe der Erkenntnis und des Wissens synonym verwenden.

[20] BVerfGE 35, 79 <113>.

Ganz im Sinne dieses Gedankens wurde in der jüngeren fachdidaktischen Forschung – entscheidend vorangetrieben durch den von Bettina Bussmann entwickelten Ansatz der lebensweltlich-wissenschaftsbasierten Philosophiedidaktik (Bussmann 2014) – bereits „eine stärkere Fokussierung auf die Ergebnisse der Einzelwissenschaften" (Bussmann 2017, 128) im Rahmen des schulischen Philosophie- und Ethikunterrichts explizit gefordert. Mit Blick auf die Beschäftigung mit ethischen Fragestellungen fordert Bussmann dabei etwa insbesondere die Berücksichtigung aktueller Erkenntnisse aus der Emotions- und Kognitionsforschung (ebd., 129).[21] Grundsätzlich ist solchen Forderungen vorbehaltlos zuzustimmen: Moralische Probleme entfalten sich in der Regel nicht im luftleeren Raum, sondern vor dem Hintergrund spezifischer lebensweltlicher Gegebenheiten, deren Verständnis eine Kenntnis entsprechender empirischer Forschungsergebnisse voraussetzt. Dass jedoch auch die akademische (Moral-)Philosophie als Ort der wissenschaftlichen Auseinandersetzung mit den genuin normativen Aspekten moralischer Problemfragen und als nach wie vor primäre Bezugsdisziplin des schulischen Philosophie- und Ethikunterrichts selbst eine wichtige Quelle von zu vermittelnden Erkenntnissen – nämlich Erkenntnissen über den moralischen Status spezifischer Handlungen – darstellen könnte, wurde in diesem Zusammenhang noch nicht hinreichend berücksichtigt. Genau hier liegt der Ansatzpunkt der Wissensvermittlungskonzeption.

An dieser Stelle wird bereits deutlich, inwiefern wir es bei dieser Konzeption mit einer im Vergleich sehr direktiven Sichtweise auf moralische Bildungsprozesse zu tun haben. Ziehen wir zunächst Hands spezifische Ausformulierung des pragmatischen Ansatzes zum Vergleich heran: Es ist leicht zu sehen, dass sich moralisches Wissen nicht unbedingt auf moralische Standards beziehen muss. Auch in einer Situation, in der Unklarheit hinsichtlich der maßgeblichen moralischen Standards herrscht, kann man etwa immer noch auf einer spezifischeren Ebene von konkreten Handlungen wissen, wie diese moralisch zu bewerten sind. Dementsprechend umgeht die Wissensvermittlungskonzeption auch von Vornherein partikularistische Einwände, wie sie bisweilen gegen direktive Konzeptionen moralischer Bildung formuliert wurden (siehe etwa Meyer 2011, 228 f.).

Doch auch abgesehen von der für Hands Konzeption spezifischen Fokussierung auf moralische Standards ist auf einer grundlegenden Ebene davon auszugehen, dass sich – sofern wir akzeptieren, dass es überhaupt so etwas wie moralisches Wissen gibt – die Möglichkeit solchen Wissens nicht auf Fragen beschränken wird, die (im Sinne des transzendentalen Ansatzes) für die Möglichkeit einer autonomen Urteilsbildung oder (im Sinne des pragmatischen Ansatzes) für die Stabilität des gesellschaftlichen Zusammenlebens von unmittelbarer Bedeutung

---

[21] Leitend ist dabei die Überlegung, dass solche Erkenntnisse nötig sind, um Handlungen vor ihrer normativen Bewertung zunächst zu verstehen (Bussmann 2017, 129). Das bedeutet wiederum natürlich nicht, dass Ergebnisse der empirischen Einzelwissenschaften nicht auch unmittelbar für die Bewertung von Handlungen relevant sein können – siehe hierzu etwa die beispielhaften Diskussionen in 4.1 und 4.2.

sind. Zwar sind solche Fragen ein wichtiger Gegenstand moralphilosophischer Erkenntnisbemühungen, gleichzeitig gehen diese Bemühungen aber auch eindeutig darüber hinaus. Nehmen wir etwa – um nur ein Beispiel zu nennen – die in der gegenwärtigen Moralphilosophie kontrovers diskutierte Frage nach unseren moralischen Pflichten gegenüber Wildtieren (für einen Überblick siehe etwa Faria 2022, Johannsen 2021): Sollte die auf diese Frage gerichtete Forschung irgendwann zu dem Ergebnis kommen, dass wir tatsächlich substantielle moralische Hilfspflichten gegenüber Wildtieren haben, dann wäre diese Erkenntnis vor dem Hintergrund der Wissensvermittlungskonzeption moralischer Bildung vermutlich auch in institutionalisierten Bildungskontexten zu vermitteln. Vor dem Hintergrund des transzendentalen und des pragmatischen Ansatzes wäre dies jedoch nicht der Fall, da es sich hierbei um keine Erkenntnis handelt, die für die Möglichkeit einer individuellen Urteilsbildung oder für die Stabilität unseres gesellschaftlichen Zusammenlebens von unmittelbarer Bedeutung wäre. Die für den epistemischen Ansatz charakteristische Fokussierung auf rein epistemische Kriterien macht diesen Ansatz also zumindest auf einer prinzipiellen Ebene weitaus liberaler als alternative direktive Ansätze, sodass der Skopus der potentiell zu vermittelnden moralischen Ansichten im Rahmen dieses Ansatzes entsprechend weiter ist. Und in genau diesem Sinne haben wir es auch mit dem potentiell direktivsten der hier vorgestellten Ansätze zu tun.

Es gibt jedoch andere Hinsichten, in denen die Wissensvermittlungskonzeption moralischer Bildung wesentlich weniger ambitioniert ist als alternative Ansätze. So spielt etwa der für Hands Konzeption charakteristische Aspekt der moralischen Formung im Rahmen dieser Konzeption keine Rolle: Gefordert wird nur, dass Lernende spezifische moralische Ansichten ausbilden – zusätzliche pädagogische Maßnahmen, die sicherstellen, dass Lernende in konkreten Situationen auch tatsächlich auf der Basis dieser Ansichten entscheiden und handeln, sind zunächst nicht vorgesehen. Zwar könnte sich durchaus herausstellen, dass Lernende auch mit spezifischen kognitiven und emotionalen Fähigkeiten ausgestattet werden müssen, um das ihnen vermittelte moralische Wissen in realen lebensweltlichen Situationen tatsächlich handlungswirksam anwenden zu können, was unmittelbar für eine Ergänzung der Wissensvermittlungskonzeption durch fähigkeits- und emotionsbasierte Ansätze sprechen würde (wie bereits zu Beginn betont, sind die verschiedenen Ansätze moralischer Bildung nicht exklusiv). Für sich genommen ist diese Konzeption jedoch tatsächlich zunächst auf die bloße Vermittlung spezifischer Ansichten beschränkt. Darüber hinaus verzichtet die Wissensvermittlungskonzeption moralischer Bildung auch auf einige kontroverse metaethische Annahmen, wie sie etwa für Hands Ausformulierung des pragmatischen Ansatzes einschlägig sind. So ist diese Konzeption insbesondere neutral gegenüber der Frage, ob es überhaupt so etwas wie moralische Standards gibt oder was die Besonderheiten moralischer Standards sind.[22]

---

[22] Gleichzeitig setzt die Wissensvermittlungskonzeption offenbar ihrerseits spezifische metaethische Annahmen voraus, die als durchaus kontrovers gelten dürften – insbesondere die

Bevor wir uns der entscheidenden Frage widmen, worin genau der besondere Beitrag einer solchen Vermittlung moralischen Wissens zur moralischen Verbesserung des Denkens und Handelns von Kindern und Jugendlichen und mithin die Bedeutung für den Erfolg moralischer Bildungsprozesse bestehen soll, möchte ich zunächst – noch vor der ausführlichen Diskussion von spezifischen Einwänden im nächsten Kapitel – an dieser Stelle bereits zwei ganz grundsätzliche Bedenken diskutieren, die sich mit Blick auf die Rede von unterrichtlichen Wissensvermittlungen ergeben mögen. Das erste Bedenken ist primär erkenntnis- bzw. wissenschaftstheoretischer Natur: Wie wir gesehen haben, ist die zentrale Idee hinter der Wissensvermittlungskonzeption, dass moralische Bildungsprozesse ebenso wie andere domänenspezifische Bildungsprozesse auf die Vermittlung konkreter Wissensbestände abzielen sollten, die von entsprechenden wissenschaftlichen Bezugsdisziplinen bereitgestellt werden. Gleichzeitig könnte man jedoch mit guten Gründen – und ganz unabhängig von etwaigen Besonderheiten moralischer Fragestellungen, die im folgenden Kapitel noch ausführlich diskutiert werden sollen – bestreiten, dass Wissenschaften überhaupt so etwas wie substantielle Wissensbestände bereitstellen. Wissenschaftliche Forschungsergebnisse, so die Überlegung hinter diesem ersten Bedenken, stellen lediglich so etwas wie vorläufige Zwischenstände dar, die sich prinzipiell als falsch erweisen können und wohl regelmäßig auch als falsch erweisen werden. Wenn überhaupt, so der weitere Gedanke, handelt es sich bei wissenschaftlichem Wissen also um ein Ideal, das zwar angestrebt werden sollte, letztendlich aber noch nicht erreicht ist.

Einerseits ist dem hier zutage tretenden Bedenken in gewisser Hinsicht zuzustimmen. Alles, was in unterrichtlichen Kontexten aus epistemologischer Sicht realistischerweise vermittelt werden kann, sind aktuelle – und somit vorläufige – wissenschaftliche Konsense, die sich in Zukunft prinzipiell als falsch erweisen können. Gleichzeitig spricht diese prinzipielle Vorläufigkeit wissenschaftlicher Forschungsergebnisse für sich genommen in keiner Weise gegen deren unterrichtliche Vermittlung: Selbst wenn sich vieles von dem, was heutzutage in Schulen gelehrt wird, in einigen Jahrhunderten als falsch herausgestellt haben sollte, würde dies nicht im Nachhinein unsere heutige unterrichtliche Praxis delegitimieren. Wissenschaftliche Forschungsergebnisse können und sollten nicht erst dann in Bildungskontexten vermittelt werden, wenn sie sich endgültig als unumstößliche Wahrheiten erwiesen haben – wäre dies die Messlatte, könnten wir vermutlich lange warten, bis überhaupt irgendwelche Inhalte unterrichtlich vermittelt werden dürften. Dass im 18. Jahrhundert andere Theorien im Chemieunterricht gelehrt wurden als heute, ist ebenso erwartbar wie unproblematisch. Darüber hinaus sprechen das Zugeständnis einer prinzipiellen Fehlbarkeit wissenschaftlicher Erkenntnisbemühungen und die Antizipation zukünftigen wissenschaftlichen Fortschritts auch nicht grundsätzlich gegen die Möglichkeit und Angemessenheit von

---

Annahme, dass es überhaupt so etwas wie moralisches Wissen gibt. Für eine detaillierte Diskussion der hier zutage tretenden metaethischen Voraussetzungen siehe Abschn. 3.1.

*Wissens*zuschreibungen: Wissen ist nicht gleichbedeutend mit Gewissheit, und aus der Tatsache, dass sich manches von dem, was wir heutzutage als Wissen bezeichnen, in Zukunft als Scheinwissen entpuppen wird, folgt nicht, dass wir nicht auch heute schon viele wissenschaftliche Ergebnisse berechtigterweise als genuine Erkenntnisse betrachten.

Dementsprechend ist es nicht weiter verwunderlich, dass etwa in den Fachdidaktiken der Naturwissenschaften wie selbstverständlich von unterrichtlichen Wissensvermittlungen gesprochen wird (siehe bspw. Reiners 2022, Schönborn und Bögeholz 2009). Aus rein epistemologischer Sicht mag diese Redeweise im Lichte der obigen Überlegungen zwar etwas unsauber wirken – im Rahmen der so bezeichneten Vermittlungsprozesse wird eben streng genommen nicht (nur) Wissen, sondern vielmehr das, *was zu einem gegebenen Zeitpunkt aus guten Gründen für Wissen gehalten wird*, vermittelt. Auf der Sachebene spricht dieses Zugeständnis letztendlich jedoch keineswegs gegen das grundsätzliche Vorhaben, in unterrichtlichen Kontexten aktuelle wissenschaftliche Erkenntnisstände zu vermitteln. Gleichzeitig dürfte somit auch klar sein, dass wissenschaftliche Forschungsergebnisse in unterrichtlichen Kontexten nicht als unumstößliche Wahrheiten präsentiert werden sollten, sondern als das, was sie sind: Gut gesicherte Hypothesen und Modelle, die prinzipiell widerlegbar sind.

Dasselbe gilt nun selbstverständlich auch für unterrichtliche Vermittlungen moralischen Wissens: Wenn im Folgenden die Rede von der Vermittlung moralischen Wissens ist, dann ist hiermit nicht die Vermittlung moralischer Gewissheiten oder unumstößlicher moralischer Wahrheiten, sondern die Vermittlung aktueller moralischer Forschungsstände gemeint, die prinzipiell revidierbar sind. Das erkenntnistheoretische Bild, das somit im Hintergrund der in anderen Fachdidaktiken weit verbreiteten und auch im Rahmen der Wissensvermittlungskonzeption vorausgesetzten Redeweise von unterrichtlichen Wissensvermittlungen steht, lässt sich letztendlich vermutlich treffend in den Worten des Wissenschaftstheoretikers Wolfgang Schwarz auf den Punkt bringen (Schwarz 2009, 13 f.):[23]

> Wir haben zwar keine Garantie, dass unsere besten Theorien wahr sind – wir können nicht einmal beweisen, dass die Welt nicht erst vor fünf Minuten entstand –, aber solange wir keine konkreten Verdachtsmomente gegen sie haben, sollte uns das nicht davon abhalten, unseren Theorien zu vertrauen und zu glauben, dass sie die Welt in etwa, wenn auch sicher nicht ganz, korrekt erfassen. Woran sollten wir sonst glauben, wenn nicht an unsere besten Theorien: an schlechtere Theorien? Oder an gar nichts?

In diesem Sinne lässt sich auch direkt einer grundsätzlichen Sorge zuvorkommen, die mit Blick auf eine in der philosophiedidaktischen Literatur als „Werte-Vermittlungs-Dilemma" (siehe etwa Tiedemann 2017a, 27) diskutierte Problematik an dieser Stelle naheliegen mag. Diese Problematik besteht im Kern darin, dass einerseits vom schulischen Philosophie- und Ethikunterricht erwartet wird, Kinder und

---

[23] In der zitierten Passage bringt Schwarz nicht seine eigene erkenntnistheoretische Sichtweise, sondern die des Philosophen David Lewis zum Ausdruck.

Jugendliche zur Entwicklung moralisch wertvoller Grundsätze anzuleiten, während andererseits ein wesentliches Charakteristikum der Philosophie gerade die kritische, prinzipiell nicht abschließbare und ergebnisoffene Reflexion darstellt. Angesichts dieser Spannung laufen moralische Bildungsprozesse im Philosophie- und Ethikunterricht stets Gefahr, entweder die an sie gerichteten Erwartungen zu frustrieren oder die eigene fachliche Integrität zu unterminieren, wobei insbesondere vor der letztgenannten Gefahr in der philosophiedidaktischen Literatur regelmäßig und nachdrücklich gewarnt worden ist (siehe etwa Richter 2016, 2021; Thein 2021; Tiedemann 2016a).

Dass die Wissensvermittlungskonzeption dieser Gefahr jedoch problemlos entgehen kann, ist vor dem Hintergrund der obigen Überlegungen schnell ersichtlich: So ist zunächst darauf hinzuweisen, dass es sich bei der kritischen Haltung des steten und ergebnisoffenen Hinterfragens nicht um ein Alleinstellungsmerkmal der Philosophie, sondern um ein allgemeines Charakteristikum wissenschaftlichen Denkens handelt. Auch wenn für die Philosophie ein besonders kompromissloser Skopus der zu hinterfragenden Ansichten charakteristisch sein mag,[24] wäre es dennoch vermessen davon auszugehen, dass nur in der Philosophie aktuelle Forschungsergebnisse und gegenwärtige Konsense fortlaufender Gegenstand der weiteren kritischen Reflexion sind (für eine genauere Diskussion siehe etwa Priest 2006, 200 ff.). Dementsprechend sind auch etwa die Naturwissenschaften weit davon entfernt, konservative Repositorien dogmatischer Glaubenssätze darzustellen. Dies spricht jedoch wiederum in keiner Weise gegen die Möglichkeit unterrichtlicher Vermittlungen naturwissenschaftlicher Wissensbestände – solange hiermit im Sinne der obigen Überlegungen eben eine Vermittlung spezifischer Ansichten als gut gesicherte und epistemisch ausgezeichnete, jedoch prinzipiell vorläufige Ergebnisse wissenschaftlicher Forschung gemeint ist, die der fortwährenden Überprüfung und Reflexion bedürfen.

Ein zweites grundsätzliches Bedenken hinsichtlich des Bildungsziels der Wissensvermittlung ist eher didaktischer Natur. So könnte man nämlich befürchten, dass sich eine Forderung nach unterrichtlichen Wissensvermittlungen direkt gegen einen etablierten lernpsychologischen Konsens richtet, der unter dem Schlagwort des *Konstruktivismus* spätestens seit den 1990er Jahren auch im deutschsprachigen Raum die bildungstheoretische Debatte dominiert. Die zentrale Idee hinter konstruktivistischen Sichtweisen auf unterrichtliche Bildungsprozesse wird oftmals mit einem Verweis auf das berühmte Zitat von Ernst von Glasersfeld, einem entscheidenden Wegbereiter des pädagogischen Konstruktivismus, zusammengefasst (Glasersfeld 1997, 30):

> Die Kunst des Lehrens hat wenig mit der Übertragung von Wissen zu tun, ihr grundlegendes Ziel muss darin bestehen, die Kunst des Lernens auszubilden.

---

[24] Konkret scheint eine Besonderheit der Philosophie in dem konsequenten Hinterfragen von grundlegenden methodologischen Annahmen, des eigenen Fachverständnisses und der Ergebnisse anderer Wissenschaften zu bestehen.

Zunächst scheint eine solche Sichtweise direkt gegen jedwede Forderung nach unterrichtlichen Wissensvermittlungen zu sprechen. Ob dem tatsächlich so ist, hängt allerdings davon ab, wie dieser konstruktivistische Kerngedanke letztendlich ausbuchstabiert wird. In der lernpsychologischen Literatur wird herkömmlicherweise zwischen einer radikalen und einer gemäßigten Spielart des Konstruktivismus unterschieden (siehe etwa Mietzel 2017, 33 f.). Vor dem Hintergrund der radikalen Spielart ist das obige Zitat von Glasersfeld *epistemologisch* zu verstehen: Lehren kann nicht in der Vermittlung von Wissen bestehen, da Individuen ihre eigene Wirklichkeit und somit auch ihre eigenen Wahrheiten aktiv konstruieren und es dementsprechend so etwas wie subjektunabhängige Erkenntnisse, die einfach von Person zu Person übertragen werden können, überhaupt nicht gibt. Glasersfeld selbst ist dieser radikalen Auslegung des konstruktivistischen Grundgedankens zuzuordnen, jedoch handelt es sich hierbei um eine extrem kontroverse Sichtweise, die in der lernpsychologischen und bildungstheoretischen Debatte in keiner Weise als Konsens gelten kann (Huwendiek 2019, 61) und erst recht in der philosophischen Forschung hochumstritten ist (siehe etwa Boghossian 2006).

Vor dem Hintergrund der gemäßigten Spielart ist das Zitat von Glasersfeld lediglich in einem *kognitionspsychologischen* Sinne zu verstehen: Lehren kann nicht in der Vermittlung von Wissen bestehen, insofern mit Wissensvermittlung die direkte Übertragung spezifischer kognitiver Zustände gemeint ist. Denn der Erwerb von Wissen, so die Idee des gemäßigten Konstruktivismus, ist ein aktiver kognitiver Prozess, der von den spezifischen mentalen Voraussetzungen eines Individuums abhängig ist, das sich vor dem Hintergrund seiner eigenen Voreinstellungen und Erfahrungen die Welt aktiv aneignet. Eine unterrichtliche Vermittlung von Wissen ist im Rahmen einer solchen Sichtweise nur möglich, insofern hiermit gemeint ist, Lernenden vor dem Hintergrund gezielt gestalteter Lernarrangements die Möglichkeit zu geben, sich in einem eigenständigen und aktiven Prozess spezifische Erkenntnisse selbst anzueignen und diese in ihrem von je individuellen Kenntnissen und Vorerfahrungen gekennzeichneten kognitiven System zu verankern. Eine solche Sichtweise auf unterrichtliche Lehr-Lern-Prozesse wird bisweilen als Konsens in der gegenwärtigen Lernpsychologie bezeichnet (Huwendiek 2019, 60 f.).

Während sich der radikale Konstruktivismus also auf die *epistemischen* Merkmale von Wissensbeständen bezieht, bezieht sich der gemäßigte Konstruktivismus auf die *mentalen* Merkmale solcher Bestände. Entscheidend für den vorliegenden Zusammenhang ist nun, dass die unterrichtliche Vermittlung von Wissensbeständen vollkommen kompatibel mit der gemäßigten Spielart des Konstruktivismus ist. Denn diese bestreitet die Möglichkeit einer solchen Vermittlung nicht auf einer grundsätzlichen Ebene, sondern sagt vielmehr etwas darüber aus, wie genau entsprechende Vermittlungsprozesse aus psychologischer Sicht zu verstehen und in praktischer Hinsicht erfolgreich zu gestalten sind. Wenn im Folgenden von der Vermittlung moralischen Wissens die Rede ist, dann ist diese Redeweise also rein epistemologisch zu verstehen: Die Idee ist nicht, dass Lernende passiv spezifische kognitive Zustände eingeflößt bekommen sollen, sondern vielmehr, dass Lernenden die Möglichkeit gegeben werden soll, im Rahmen aktiv gestalteter

Lernprozesse gezielt genau die moralischen Ansichten selbständig auszubilden, die gegenwärtigen moralischen Erkenntnisständen entsprechen.[25]

Prinzipiell dürfte der Gedanke unterrichtlicher Wissensvermittlungen also sowohl aus epistemologischer als auch aus lernpsychologischer Sicht weitgehend unverdächtig sein. Dennoch sollte klar sein – oder zumindest an dieser Stelle unmittelbar klargestellt werden –, dass die „gegenwärtigen moralischen Erkenntnisstände", um deren Vermittlung es der Wissensvermittlungskonzeption geht, letztendlich recht begrenzt sein werden. Wie genau die zu vermittelnden moralischen Wissensbestände ausgemacht werden können, und was konkrete Beispiele für mögliche Kandidaten solcher Wissensbestände wären, wird hoffentlich im Laufe der Diskussion der folgenden Kapitel deutlich werden. Gleichzeitig kann bereits an dieser Stelle konstatiert werden, dass unsere moralischen Wissensbestände eindeutig limitiert sind. Moralische Fragestellungen sind notorisch schwierig und kontrovers. Insbesondere ist bekanntermaßen bereits auf einer grundsätzlichen Ebene kontrovers, welche Theorie normativer Ethik korrekt ist. Dementsprechend haben vermutlich auch die meisten der im Philosophie- und Ethikunterricht typischerweise thematisierten Probleme nach wie vor als ungelöst zu gelten, und in diesem Sinne dürfte der Umfang der Wissensbestände, deren Vermittlung die Wissensvermittlungskonzeption fordert, von Vornherein klar begrenzt sein. Angesichts dessen drängt sich die entscheidende Frage auf, welchen besonderen Beitrag die Wissensvermittlungskonzeption überhaupt zum Erfolg moralischer Bildungsprozesse leisten kann. Inwiefern kann die Vermittlung moralischen Wissens das Denken und Handeln von Kindern und Jugendlichen verbessern?

Im Folgenden würde ich mich zunächst gerne auf den Aspekt des Denkens und danach auf den Aspekt des Handelns konzentrieren und mit Blick auf beide Aspekte jeweils eine grundsätzliche Erklärung dafür anbieten, wie die Vermittlung moralischen Wissens zum Erfolg moralischer Bildungsprozesse beitragen kann. Diese Erklärungen erheben keinen Anspruch auf Vollständigkeit und werden im Laufe der Diskussion der folgenden Kapitel noch weiter vertieft und ergänzt. Dennoch zeichnen sie bereits auf einer grundsätzlichen Ebene ein deutliches Bild des besonderen Potentials moralischer Wissensvermittlungen mit Blick auf die erfolgreiche Gestaltung moralischer Bildung im Philosophie- und Ethikunterricht und legitimieren somit die darauf folgende eingehende Diskussion. Beginnen wir also mit dem Aspekt des moralischen Denkens: Um das moralische Denken von Lernenden zu verbessern, müssen diese nicht nur dazu befähigt werden, ihre moralischen Urteile auf der Grundlage kritischer Reflexion und sorgfältiger Begründung auf rational angemessene Weise zu fällen.[26] Damit Lernende ihre in

---

[25] Für eine Diskussion, wie eine solche Gestaltung von Lernprozessen vor dem Hintergrund fachspezifischer Prinzipien der Unterrichtsplanung genau aussähe, siehe Abschn. 3.3.

[26] Auch wenn dieser Aspekt im Folgenden nicht im Vordergrund steht, gehe ich dennoch davon aus, dass eine gezielte Vermittlung moralischen Wissens nicht nur die Bereitschaft zu, sondern auch die Qualität von kritischen moralischen Urteilsbildungen unmittelbar verbessern kann. Siehe zu diesem Aspekt die nähere Diskussion in Abschn. 3.3.2.

unterrichtlichen Kontexten erworbenen Reflexionskompetenzen auch tatsächlich anwenden und weiter vertiefen, muss ihnen zunächst einmal plausibel gemacht werden, dass eine eingehende Beschäftigung und reflektierte Auseinandersetzung mit moralischen Problemstellungen tatsächlich lohnenswert und fruchtbar ist. Mit anderen Worten: Lernende müssen die Erfahrung machen, dass es etwas bringt, über moralische Fragen nachzudenken.

Hierbei handelt es sich jedoch um ein durchaus schwieriges Unterfangen, das mit einigen notorischen Herausforderungen verknüpft ist. Ein besonders prominentes, in der fachdidaktischen Literatur breit diskutiertes Problem stellt dabei das sogenannte Phänomen des *Schülerrelativismus* dar (für eine Übersicht siehe etwa Pfister 2019). Hierbei handelt es sich um einen vergleichsweise losen Sammelbegriff für verschiedene metaphilosophische Voreinstellungen unter Lernenden, die oftmals als relativistisch, skeptisch oder konstruktivistisch bezeichnet werden und die insbesondere mit Blick auf normative Fragen besonders stark ausgeprägt sind (Balg 2020b, Zinke 2023). Typische Äußerungen solcher Voreinstellungen sind regelmäßig beobachtbare Statements wie *„Wenn es um Moral geht, gibt es kein richtig oder falsch!"*, *„Jede:r hat eine eigene Wahrheit!"* oder *„Das ist lediglich meine persönliche Meinung!"*. Das aus didaktischer Sicht Problematische an den hier zum Ausdruck kommenden Voreinstellungen ist, dass sie eine Bereitschaft zur aktiven Partizipation an moralischen Deliberationsprozessen von Vornherein zu unterminieren drohen. Klaus Draken drückt diese Sorge folgendermaßen aus (Draken 2017, 166):

> Schüler ruhen sich nicht selten auf der Behauptung aus, dass zu philosophischen Fragen jeder seine eigene Meinung habe und wegen der Unmöglichkeit einer objektiven Klärung auch behalten dürfen müsse. [...] Dies ist die Form eines in Schule wenig wünschenswerten [...] Relativismus, der Denkfaulheit als rational begründbar erscheinen lässt.

Die in dieser Passage angedeutete Haltung, die Lernenden hier vor dem Hintergrund relativistisch-skeptischer Voreinstellungen zugeschrieben wird, ist auf den ersten Blick durchaus nachvollziehbar: *Wenn* mit Blick auf moralische Fragen ohnehin keine objektiv wahren oder intersubjektiv gültigen Antworten zu erwarten sind, *dann* – so die naheliegende Schlussfolgerung – scheint eine mühsame Auseinandersetzung mit diesen Fragen von Vornherein wenig sinnvoll und dementsprechend untermotiviert.

Nun ist leicht zu sehen, wie eine gezielte Vermittlung spezifischer Wissensbestände – sofern sie denn möglich wäre – in diesem Zusammenhang eine vielversprechende Gegenmaßnahme darstellen könnte: Wenn Lernenden vermittelt würde, dass zumindest einige moralische Fragestellungen vor dem Hintergrund entsprechender philosophischer Bemühungen zufriedenstellend beantwortet werden konnten, dann könnte somit gezeigt werden, dass es auch in moralischen Fragen durchaus so etwas wie richtig und falsch gibt, dass es darüber hinaus auch prinzipiell möglich ist, Fortschritte beim Nachdenken über moralische Fragestellungen zu machen und im besten Fall tatsächlich herauszufinden, was moralisch richtig oder falsch ist. An dieser Stelle wird bereits deutlich, dass die reine

Menge an moralischem Wissen, das letztendlich vermittelt werden kann, nicht unbedingt entscheidend sein muss: Um den skeptisch-relativistischen Ressentiments von Lernenden entgegenzuwirken, würde es vermutlich bereits ausreichen, anhand einiger weniger, aber dennoch eindrücklicher Beispiele zu verdeutlichen, dass eine ernsthafte und intensive Beschäftigung mit moralischen Fragestellungen zu echten Ergebnissen führen kann. Dies würde Lernende dazu motivieren, sich auch selbst an einer solchen Beschäftigung zu beteiligen. Somit deutet sich bereits an, dass eine unterrichtliche Vermittlung moralischer Wissensbestände nicht nur kompatibel mit anderen Aspekten erfolgreicher moralischer Bildungsprozesse ist, sondern tatsächlich überhaupt erst die Voraussetzungen für diese schaffen könnte. Nehmen wir etwa im Sinne eines fähigkeitsbasierten Ansatzes an, ein wichtiger Bestandteil moralischer Bildung bestünde in der Förderung spezifischer kognitiver Fähigkeiten: Lernende werden insbesondere dann gewillt sein, sich solche Fähigkeiten mühsam anzueignen, wenn sie Grund haben davon auszugehen, dass ein Einsatz dieser Fähigkeiten auch tatsächlich zum gewünschten Erfolg führen kann. Die gezielte Vermittlung spezifischer moralischer Wissensbestände kann hierzu einen wichtigen Beitrag leisten.

Kommen wir nun zum Aspekt des moralischen Handelns. Hier ist es zunächst wichtig, sich zu vergegenwärtigen, welche besondere Bedeutung moralische Ansichten für unsere Handlungs- und Entscheidungsfindung spielen: Den meisten Menschen ist es sehr wichtig, moralisch angemessen zu handeln und ihre Entscheidungen an moralischen Erwägungen auszurichten. Die Vermittlung moralischen Wissens könnte hier unmittelbare Orientierung bieten und direkten Aufschluss darüber geben, was aus moralischer Sicht getan werden sollte. Lernende könnten sich somit in ihren Handlungen unmittelbar an den Ansichten orientieren, die ihnen in unterrichtlichen Kontexten vermittelt wurden. Die Vermittlung moralischen Wissens würde somit einen substantiellen Beitrag zur Erfüllung des Desiderats der Praxisorientierung leisten, demzufolge moralische Bildungsprozesse „Zweifel über das moralisch Richtige in Alltagssituationen zu minimieren [haben]" (Goergen 2015, 52). Darüber hinaus wäre auch klar, dass es sich hierbei um eine moralische *Verbesserung* des Handelns der Lernenden handeln würde – die grundlegende Idee hinter der Wissensvermittlungskonzeption ist es schließlich, die aus epistemischer Sicht *besten* moralischen Ansichten zu vermitteln. Das bedeutet, dass Lernende unmittelbar darin unterstützt werden könnten, das moralisch Richtige zu tun.

Zwar könnte man an dieser Stelle einwenden, dass es de facto wenig plausibel ist davon auszugehen, dass die Vermittlung spezifischer moralischer Ansichten eine signifikante Auswirkung auf die realen Entscheidungen und Handlungen von Lernenden hat. Tatsächlich scheint sich die hier im Hintergrund stehende optimistische Annahme jedoch empirisch erhärten zu lassen. Zwar liegen grundsätzlich nur wenige empirische Studien zu den Auswirkungen direktiver Vermittlungen moralischer Ansichten auf das außerunterrichtliche Verhalten von Lernenden vor, allerdings stellt die spezifische Frage nach den Auswirkungen einer direktiven Vermittlung tierethischer Ansichten in diesem Zusammenhang eine erfreuliche Ausnahme dar. So konnten erst kürzlich diesbezügliche Studienergebnisse repliziert

werden, denen zufolge eine direktive Vermittlung der moralischen Ansicht, dass
der Konsum von Fleisch aus moralischer Sicht nicht gerechtfertigt werden kann,
zu einer tatsächlichen Reduktion des Fleischkonsums von Lernenden führt (Jalil,
Tasoff und Bustamante 2020; Schwitzgebel, Cokelet und Singer 2020, 2023). Ob
eine Vermittlung dieser spezifischen Ansicht aus philosophischer und didaktischer
Sicht letztendlich legitim ist, wird in Abschn. 4.2 noch ausführlich diskutiert. An
dieser Stelle ist zunächst lediglich relevant, dass eine direktive Vermittlung moralischer Ansichten scheinbar durchaus unmittelbare Auswirkungen auf die Entscheidungen und Handlungen von Lernenden haben kann. Auch aus diesem Grund
könnte die Vermittlung moralischen Wissens einen direkten und wichtigen Beitrag
zu erfolgreichen moralischen Bildungsprozessen leisten.

Dass eine Vermittlung moralischen Wissens in diesem Sinne von großer Bedeutung für erfolgreiche moralische Bildung wäre, sollte schlussendlich auch
nicht allzu sehr überraschen. Stellen wir uns etwa vor, wir wüssten tatsächlich,
ob Abtreibungen moralisch unproblematisch, Fleischkonsum moralisch verwerflich oder signifikante Geldspenden moralisch verpflichtend sind und wären darüber hinaus auch in der Lage, die diesbezüglichen Antworten auf pädagogisch und
didaktisch angemessene Weise in unterrichtlichen Kontexten zu vermitteln. Wäre
es unter diesen Umständen nicht offensichtlich fahrlässig, verantwortungslos und
ungerecht, unsere Wissensbestände zukünftigen Generationen vorzuenthalten und
lediglich darauf zu setzen, dass einige Lernende bei ihren eigenständigen Erkenntnisbemühungen ins Schwarze treffen? Dass die Wissensvermittlungskonzeption
moralischer Bildung in der aktuellen Forschungsdebatte kaum Beachtung gefunden hat, scheint letztendlich weniger daran zu liegen, dass Vermittlungen moralischen Wissens für irrelevant gehalten werden – sondern eher daran, dass gewichtige Gründe gegen die philosophische Möglichkeit und pädagogische Angemessenheit solcher Vermittlungen zu sprechen scheinen. Im folgenden Kapitel
sollen diese Gründe genauer analysiert und diskutiert werden. Zuvor sollen jedoch
die wesentlichen Ergebnisse dieses Kapitels abschließend zusammengefasst werden.

2.3   Zwischenfazit

Der schulische Philosophie- und Ethikunterricht sieht sich mit der Erwartung konfrontiert, eine moralische Verbesserung des Denkens und Handelns von Lernenden
zu bewirken und in diesem Sinne einen spezifischen und signifikanten Beitrag zur
moralischen Bildung von Kindern und Jugendlichen zu leisten. Wie wir in diesem
Kapitel gesehen haben, ergeben sich vor dem Hintergrund eines Blickes auf die
philosophiedidaktische und bildungsphilosophische Forschungsliteratur einige
vielversprechende Möglichkeiten, dieser Erwartung im Rahmen herkömmlicher
unterrichtlicher Bildungsprozesse, so wie sie für die philosophische Fächergruppe
charakteristisch sind, ein Stück weit gerecht zu werden. So kann der Philosophie-
und Ethikunterricht zunächst einen Beitrag dazu leisten, dass überhaupt erst die
notwendigen Voraussetzungen für die Möglichkeit moralischen Denkens im Sinne

einer freien moralischen Urteilsbildung gegeben sind. Neben der Ausbildung basaler Fähigkeiten der kritischen Reflexion könnte hierzu auch die Vermittlung einiger spezifischer Grundwerte gehören.

Darüber hinaus kann der Philosophie- und Ethikunterricht aber vermutlich nicht nur zur Möglichkeit einer moralischen Urteilsbildung beitragen, sondern darüber hinaus auch die Qualität einer solchen Urteilsbildung erhöhen. So kann durch die gezielte Beförderung argumentativer und emotionaler Kompetenzen die Entwicklung der moralischen Urteilsfähigkeit befördert werden. Davon abgesehen dürfte auch die gezielte Förderung moralischer und intellektueller Tugenden zur Ausbildung spezifischer Charaktereigenschaften beitragen, die ebenfalls eine verbesserte Urteils- und Entscheidungsfindung ermöglichen – ein Aspekt, der in fachdidaktischen Kontexten bisher ein zu geringes Maß an Beachtung gefunden hat. Letztendlich könnte eine solche Beförderung von tugendhaften Charaktereigenschaften sowie die bereits angesprochen Ausbildung emotionaler Kompetenzen auch zu einer verbesserten Übereinstimmung von moralischem Denken und Handeln führen, indem sie Kinder und Jugendliche dazu befähigt, in lebensweltlichen Situationen auch tatsächlich das zu tun, was sie für moralisch richtig halten.

Während somit auf einer grundsätzlichen Ebene verschiedene konkrete Strategien und Herangehensweisen zur Verfügung stehen, die auf den ersten Blick durchaus vielversprechend wirken, haben wir zugleich gesehen, dass sich die hier skizzierten Vorschläge allesamt mit spezifischen Problemen und Einwänden konfrontiert sehen, deren zufriedenstellende Lösung weitergehende Forschungsbemühungen voraussetzen würde. In diesem Zusammenhang ist insbesondere auch ein genaueres empirisches Verständnis des Einflusses spezifischer Kompetenzentwicklungen auf die tatsächliche Urteils- und Entscheidungsfindung von großer Bedeutung. Letztendlich sollte auch deutlich geworden sein, dass vermutlich keiner der hier vorgestellten Ansätze ein vollständiges Bild erfolgreicher moralischer Bildungsprozesse im Philosophie- und Ethikunterricht zu zeichnen vermag. Vielmehr ist davon auszugehen, dass die in diesem Kapitel vorgestellten Theorien und Konzeptionen auf sinnvolle Weise miteinander kombiniert und zueinander in Beziehung gesetzt werden müssen, um so zu einem besseren Verständnis des vollen Potentials der philosophischen Fächergruppe in diesem Zusammenhang zu gelangen.

Das Kernanliegen dieses Buches ist es, zu einem solchen Verständnis beizutragen. Ausgangspunkt der weiteren Überlegungen ist dabei die Beobachtung, dass direktive Ansätze in der bisherigen fachdidaktischen Diskussion zu Möglichkeiten und Grenzen moralischer Bildung kaum berücksichtigt worden sind. Diese auffällige Zurückhaltung ist zunächst durchaus verständlich: Die Idee, durch die direktive Vermittlung spezifischer moralischer Ansichten einen wertvollen Beitrag zum Erfolg moralischer Bildungsprozesse zu leisten, scheint bereits eine Entscheidung darüber vorauszusetzen, was moralisch richtig oder falsch ist. Doch wie findet man das heraus? Welche spezifischen Ansichten sollten Lernenden vermittelt werden, um sie in ihrem moralischen Denken und Handeln zu unterstützen? Die in diesem Kapitel vorgestellte Wissensvermittlungskonzeption bietet eine klare Antwort auf diese Fragen. Vor dem Hintergrund einer Engführung von moralischen und nicht-moralischen Bildungsprozessen fordert sie eine Vermittlung moralischer Wissensbestände, die durch die akademische (Moral-)Philosophie bereitgestellt werden. Wie wir gesehen haben, hätte eine solche Vermittlung moralischer Wissensbestände – sofern sie möglich wäre – hinsichtlich der erfolgreichen Gestaltung moralischer Bildungsprozesse großes Potential, indem sie unmittelbar zu der geforderten Verbesserung des Denkens und Handelns von Kindern und Jugendlichen beitragen könnte. Gleichzeitig ist der Gedanke einer solchen Vermittlung mit einer ganzen Reihe naheliegender Einwände konfrontiert und dürfte dementsprechend äußerst kontrovers sein. Das nächste Kapitel ist einer ausführlichen Diskussion solcher Einwände gewidmet. Diese Diskussion wird in jedem Fall ein vertieftes Verständnis der Wissensvermittlungskonzeption ermöglichen und im besten Fall auch zu einer Plausibilisierung dieser Konzeption beitragen.

Einwände gegen die Wissensvermittlungskonzeption

3

Dass die Wissensvermittlungskonzeption auf einer Reihe ambitionierter theoretischer Annahmen beruhen und dementsprechend vermutlich sehr kontrovers sein dürfte, scheint mehr oder weniger offensichtlich. Tatsächlich könnte diese Konzeption auf den ersten Blick nicht nur theoretisch ambitioniert, sondern ein Stück weit *naiv* wirken: Selbstverständlich, so eine vielleicht naheliegende Reaktion, wäre es komfortabel, wenn wir einfach wissen würden, was moralisch richtig oder falsch ist und dieses Wissen ohne Weiteres an nachfolgende Generationen weitergeben könnten. Das Problem ist jedoch, dass wir geradezu *offensichtlich* nicht in einer solchen Situation sind. Dementsprechend scheint es sich bei der Wissensvermittlungskonzeption nicht nur aus einer alltäglichen Perspektive, sondern auch aus der Sicht der fachdidaktischen Forschung um eine wenig plausible, wenn nicht sogar offensichtlich fehlgeleitete Konzeption zu handeln. So konstatiert etwa Dagmar Comtesse in aller Deutlichkeit (Comtesse 2021, 53):

> Die Ablehnung der Vermittlung vorgegebener Werte lässt sich sogar als Konsens in der Fachdidaktik beschreiben.

Gleichzeitig ist es allerdings auch so, dass die verschiedenen Überlegungen, die dieser einmütigen Ablehnung zugrunde liegen, durchaus komplex, voraussetzungsreich und auf teilweise ganz unterschiedlichen Ebenen angesiedelt sind. Für eine fundierte Bewertung der Wissensvermittlungskonzeption bedürfte es letztendlich also einer kleinschrittigen und detaillierten Analyse und Diskussion der verschiedenen Probleme und Einwände, die mit Blick auf diese Konzeption naheliegen. Genau das soll in diesem Kapitel geleistet werden. Konkret möchte ich im Folgenden insgesamt neun verschiedene Einwände gegen die Wissensvermittlungskonzeption moralischer Bildung näher diskutieren, um so eine – wenngleich nicht abschließende, so doch zumindest fundierte – Bewertung dieser Konzeption zu ermöglichen. Diese Auswahl erhebt nicht den Anspruch, vollständig zu sein. Dennoch gehe ich davon aus, dass es sich bei den im Folgenden diskutierten

D. Balg, *Wissen, was gut ist,* Philosophische Bildung in Schule und Hochschule, https://doi.org/10.1007/978-3-662-70271-0_3

Einwänden einerseits um vergleichsweise naheliegende und andererseits um potentiell besonders schwerwiegende Argumente handelt.

Die hier zusammengetragenen Argumente lassen sich grob in drei Kategorien einteilen: Die *philosophischen*, die *pädagogischen* und die *didaktischen* Einwände. Die gemeinsame Idee hinter der Kategorie der philosophischen Einwände ist, dass systematische moralische Wissensvermittlungen schlichtweg unmöglich sind, weil sie unplausible (meta-)philosophische Annahmen über die Möglichkeit, die Verteilung und den Umfang moralischen Wissens voraussetzen. Die grundsätzliche Idee hinter der Kategorie der pädagogischen Einwände ist, dass eine Vermittlung moralischen Wissens, wenngleich aus rein philosophischer Sicht vielleicht prinzipiell möglich, aus pädagogischer bzw. bildungstheoretischer Sicht nach wie vor als problematisch zu bewerten ist. Die dieser Kategorie zugeordneten Einwände berufen sich dabei auf spezifische pädagogische Desiderate und Prinzipien wie das Verbot von Indoktrination, das Kontroversitätsgebot oder die Förderung von Autonomie und Mündigkeit. Die gemeinsame Idee hinter der Kategorie der didaktischen Einwände ist, dass selbst dann, wenn sich eine direktive unterrichtliche Vermittlung spezifischer moralischer Ansichten grundsätzlich gegen die skizzierten philosophischen und pädagogischen Einwände verteidigen ließe, eine solche Vermittlung dennoch mit zentralen didaktischen Prinzipien unvereinbar wäre, wie sie für die unterrichtliche Praxis des modernen Philosophie- und Ethikunterrichts einschlägig sind.

Wie diese kurzen Charakterisierungen bereits nahelegen, unterscheiden sich die einzelnen Kategorien auch hinsichtlich der Grundsätzlichkeit der ihnen zuzuordnenden Einwände. Während etwa die philosophischen Einwände zeigen sollen, dass eine Vermittlung moralischen Wissens *per se* kein Teil moralischer Bildungsprozesse sein kann, sollen die didaktischen Einwände lediglich zeigen, dass eine solche Vermittlung zumindest kein Teil moralischer Bildungsprozesse im Rahmen des schulischen Philosophie- und Ethikunterrichts sein kann. Dementsprechend werde ich mich im folgenden Abschnitt zunächst der grundsätzlichsten Kategorie der philosophischen Einwände widmen, um mich dann auf dieser Grundlage spezifischeren Einwänden zuzuwenden.

3.1   Philosophische Einwände

Wie bereits eingangs skizziert, ist der gemeinsame Grundgedanke hinter der Kategorie der philosophischen Einwände, dass die Wissensvermittlungskonzeption moralischer Bildung schon alleine daran scheitert, dass sie auf fragwürdigen (meta-)philosophischen Annahmen über Möglichkeit, Verteilung und Umfang moralischen Wissens beruht. In diesem Abschnitt möchte ich drei konkrete Ausformulierungen dieses gemeinsamen Grundgedankens näher diskutieren: Den Einwand des fehlenden Wissens, den Einwand der fehlenden Expertise und den Einwand der Meinungsverschiedenheiten.

3.1.1 Der Einwand des fehlenden Wissens

Selbst vor dem Hintergrund der einschränkenden und relativierenden Hinweise, die im letzten Kapitel mit Blick auf die Vorläufigkeit und Fehlbarkeit von Wissenszuschreibungen gemacht worden sind, scheint die Wissensvermittlungskonzeption auf kontroversen – und potentiell problematischen – Annahmen über die Möglichkeit moralischen Wissens zu beruhen. Während mit Blick auf Bereiche wie Geographie, Chemie oder Geschichte die Möglichkeit robusten domänenspezifischen Wissens trotz der unleugbaren Limitationen menschlicher Erkenntnisbemühungen vermutlich grundsätzlich zugestanden werden sollte, ist dies mit Blick auf moralische Fragen nicht ohne Weiteres ersichtlich. Dennoch scheint der für die Wissensvermittlungskonzeption zentrale Gedanke, dass moralische Bildungsprozesse auf die Vermittlung moralischen Wissens abzielen sollten, eindeutig vorauszusetzen, dass es so etwas wie robustes, objektiv gültiges und intersubjektiv verbindliches moralisches Wissen tatsächlich gibt bzw. dass ein solches Wissen zumindest möglich ist: Wo etwas vermittelt werden *soll*, muss schließlich auch etwas vorhanden – oder zumindest prinzipiell erreichbar – sein, das vermittelt werden *kann*. Diese Voraussetzung kann aus guten Gründen bestritten werden. Das ist die Grundidee des Einwandes des fehlenden Wissens.

Tatsächlich gibt es direkt eine ganze Reihe metaethischer Ansätze, die scheinbar gegen die Möglichkeit robuster moralischer Wissensbestände sprechen und die an dieser Stelle von Vertreter:innen des Einwandes des fehlenden Wissens mobilisiert werden könnten. So könnte man etwa unter Berufung auf skeptische Annahmen eine epistemische Ausformulierung dieses Einwandes vertreten, wobei verschiedene Spielarten des metaethischen Skeptizismus hierfür gleichermaßen geeignet wären. Am offensichtlichsten ist dies mit Blick auf eine cartesische bzw. akademische Spielart des Wissensskeptizismus bezüglich moralischer Überzeugungen: Diese These besagt, dass wir aufgrund unserer epistemisch defizitären Situation keinen geeigneten Zugang zu moralischen Wahrheiten haben, sodass unsere moralischen Überzeugungen keinen Wissensstatus für sich beanspruchen können.[1] Doch auch eine schwächere, pyrrhonische Spielart des moralischen Wissensskeptizismus würde vermutlich ausreichen, um einen schlagkräftigen Einwand gegen die Wissensvermittlungskonzeption zu formulieren: Zwar *enthalten* sich pyrrhonische Skeptiker:innen im Gegensatz zu cartesischen bzw. akademischen Skeptiker:innen lediglich des Urteils darüber, ob unsere moralischen Überzeugungen den epistemischen Status des Wissens für sich beanspruchen können – sofern eine solche Haltung jedoch angemessen und der Wissensstatus unserer moralischen Überzeugungen auf einer grundsätzlichen Ebene zweifelhaft ist, würde dies bereits unmittelbar gegen Forderungen nach unterrichtlichen Vermittlungen moralischen Wissens sprechen. Dasselbe gilt für die entsprechenden Spielarten des moralischen

---

[1] Für die Unterscheidung zwischen Wissens- und Rechtfertigungsskeptizismus siehe etwa Grundmann 2017, 259. Für die Unterscheidung zwischen cartesischen bzw. akademischen und pyrrhonischen Spielarten des moralischen Skeptizismus siehe etwa Sinnott-Armstrong 2019, Kap. 1.

Rechtfertigungsskeptizismus: Wenn ein positiver Rechtfertigungsstatus unserer moralischen Überzeugungen von Vornherein ausgeschlossen oder zumindest grundsätzlich zweifelhaft ist, spräche dies insofern auch unmittelbar gegen die Möglichkeit moralischen Wissens, als dass es sich bei epistemischer Rechtfertigung um eine notwendige Bedingung von Wissen handelt.

Da auch Wahrheit eine notwendige Bedingung von Wissen ist, können anstatt epistemischer prima facie auch semantische oder metaphysische Theorien mobilisiert werden, um den Einwand des fehlenden Wissens zu plausibilisieren. Die grundsätzliche Idee wäre hier, dass es kein moralisches Wissen geben kann, weil es keine moralischen Wahrheiten gibt. So könnte man etwa eine nonkognitivistische Position vertreten und dafür argumentieren, dass es schon alleine deshalb kein moralisches Wissen geben kann, weil moralische Ansichten überhaupt nicht wahrheitswertfähig sind (siehe etwa Ayer 1952; Hare 1981; Gibbard 1990, 2003). Alternativ könnte man auch eine irrtumstheoretische Position vertreten und dafür argumentieren, dass die Möglichkeit moralischen Wissens daran scheitert, dass moralische Überzeugungen beanspruchen, sich auf moralische Tatsachen zu beziehen, es aber gleichzeitig solche Tatsachen und Eigenschaften überhaupt nicht gibt. Moralische Überzeugungen wären dementsprechend allesamt falsch (Mackie 1977) oder aber weder wahr noch falsch (Joyce 2001) und könnten somit ebenfalls keinen Wissensstatus für sich beanspruchen.

Angesichts eines näheren Blickes sollte es jedoch zumindest fraglich sein, ob solche Theorien tatsächlich eine geeignete Grundlage für den Einwand des fehlenden Wissens bilden. Während frühe Vertreter:innen entsprechender antirealistischer Positionen wie A. J. Ayer oder J. L. Mackie tatsächlich revisionistische Sichtweisen hinsichtlich alltäglicher moralischer Diskurse vertraten, gilt dies in der Regel nicht für gegenwärtige antirealistische Autor:innen. Moderne Spielarten dieser metaethischen Ansätze zeichnen sich vielmehr dadurch aus, dass sie die objektiven Merkmale alltäglicher moralischer Diskurse respektieren. Die hier skizzierte Dynamik lässt sich gut anhand des quasi-realistischen Programms in der Tradition von Simon Blackburn und Allan Gibbard nachvollziehen, das als moderner Nachfahre des klassischen Expressivismus angesehen werden kann (vgl. hierzu und zum Folgenden etwa Tiefensee 2016): Charakteristisch für dieses Programm ist einerseits eine spezifische Bedeutungstheorie moralischer Sprache, nach der moralische Aussagen lediglich Ausdruck motivationaler psychologischer Zustände sind. Andererseits wird diese Bedeutungstheorie jedoch an das Zugeständnis gekoppelt, dass es möglich ist, unsere moralischen Einstellungen als Überzeugungen aufzufassen, die Tatsachen korrekt oder inkorrekt repräsentieren und somit auch Wissen konstituieren können. Plausibilisiert wird diese überraschende Kombination von klassischen expressivistischen und objektivistisch anmutenden Ansichten durch eine spezifische Sichtweise auf die Funktion moralischer Sprache: Gemäß dieser Sichtweise besteht die primäre Funktion moralischer Sprache darin, es uns zu ermöglichen, unsere moralischen Einstellungen angemessen zu kommunizieren, über verschiedene Handlungsoptionen zu deliberieren und Entscheidungen auf sozialer Ebene zu koordinieren. Diese Funktion, so die weitere Überlegung, kann jedoch nur von einer Sprache erfüllt werden, die in propositionaler Form gefasst ist und genau die Art von Diskurs erlaubt, die unser alltäglicher moralischer Diskurs darstellt.

Die meisten modernen antirealistischen Theorien wie der Quasi-Realismus respektieren den alltäglichen moralischen Diskurs mit den für ihn charakteristischen Wissenszuschreibungen also als völlig legitim und wollen ihn dementsprechend auch so belassen, wie er ist. Angesichts dessen ist nun jedoch nicht ohne Weiteres ersichtlich, inwiefern diese Theorien herangezogen werden können, um den Einwand des fehlenden Wissens zu motivieren. Zwar würde somit die Annahme gestützt werden können, dass es streng genommen kein moralisches Wissen gibt – schließlich würden moderne Antirealist:innen moralische Urteile zwar als *legitim*, nicht aber als im eigentlichen Sinne *wahr* bewerten. Gleichzeitig wollen moderne Antirealist:innen aber gerade daran festhalten, dass unsere alltägliche moralische Praxis, in der moralische Aussagen wie herkömmliche, objektiv wahrheitsfähige Aussagen behandelt werden, unangetastet bleiben soll. Aus der Annahme, dass es so etwas wie moralisches Wissen streng genommen gar nicht gibt, würde vor dem Hintergrund dieser Theorien also gar nicht folgen, dass wir moralische Ansichten nicht als Wissen bewerten und wie herkömmliche deskriptive Wissensbestände behandeln sollten. Spezifische moralische Ansichten könnten prinzipiell also – so wie wir es mit spezifischen deskriptiven Ansichten auch machen – problemlos in unterrichtlichen Kontexten vermittelt werden.

Die Palette an metaethischen Theorien, die zur Begründung des Einwandes des fehlenden Wissens herangezogen werden können, könnte insgesamt also weniger breit sein, als man auf den ersten Blick meinen mag.[2] Am vielversprechendsten erscheinen in diesem Zusammenhang tatsächlich noch skeptische Annahmen, die eine epistemische Ausformulierung dieses Einwandes ermöglichen würden. Gleichzeitig hängt der Erfolg dieses Einwandes somit letztendlich auch von der Plausibilität dieser metaethischen Annahmen ab. Es dürfte klar sein, dass eine abschließende philosophische Bewertung der hier relevanten metaethischen

---

[2] So erweisen sich auch weitere metaethische Theorien, die auf den ersten Blick als vielversprechende Grundlage für den Einwand des fehlenden Wissens erscheinen mögen, angesichts eines näheren Blickes als wenig geeignet. Beispielsweise könnte man vielleicht zunächst denken, dass ein metaethischer Relativismus ebenfalls geeignet sein dürfte, das hinter der Wissensvermittlungskonzeption stehende Postulat intersubjektiv verbindlicher moralischer Wissensbestände infrage zu stellen. Tatsächlich ist aber nicht ohne Weiteres klar, warum dem so sein sollte: Würde sich etwa eine kulturrelativistische Spielart des metaethischen Relativismus als korrekt herausstellen, wäre dies womöglich vollkommen vereinbar mit der Forderung, dass im Rahmen institutionalisierter Bildungsprozesse moralische Wissensbestände zu vermitteln seien – mit der einzigen Konsequenz, dass es sich hierbei dann eben um Wissensbestände handeln würde, die lediglich im Rahmen des jeweiligen Kulturraums Geltung für sich beanspruchen könnten. In diesem Sinne müssten vermutlich äußerst radikale subjektivistische Spielarten des Relativismus aufgefahren werden, um eine relativistische Begründung des Einwandes des fehlenden Wissens zu ermöglichen (Schaber 2010, Kap. 1).

Auch non-objektivistische Spielarten des Antirealismus bieten sich nicht als Begründung an, da die Nicht-Objektivität moralischer Tatsachen in keiner Weise gegen die Möglichkeit sprechen muss, Wissen über diese Tatsachen zu erlangen (Joyce 2022, Kap. 1).

Problemzusammenhänge im Rahmen einer bildungsphilosophisch und fach-
didaktisch orientierten Arbeit wie der vorliegenden nicht geleistet werden kann –
schließlich werden die erwähnten metaethischen Positionen seit Jahrzehnten
und Jahrhunderten in der philosophischen Forschung kontrovers diskutiert. Entscheidend ist jedoch letztendlich, dass sich der Einwand des fehlenden Wissens
auch zurückweisen lässt, ohne sich dafür in irgendeiner Form auf metaethische
Grundsatzdebatten einlassen zu müssen.

Um dies zu sehen, ist es hilfreich, sich noch einmal zu vergegenwärtigen, mit
was für einem Einwand wir es hier überhaupt zu tun haben: Die dialektische
Funktion des Einwandes des fehlenden Wissens besteht plausiblerweise darin,
die Wissensvermittlungskonzeption als spezifische Konzeption moralischer Bildung anzugreifen – und nicht, die Möglichkeit erfolgreicher moralischer Bildung
grundlegend infrage zu stellen. Es soll nicht gezeigt werden, dass erfolgreiche moralische Bildungsprozesse prinzipiell unmöglich sind, sondern lediglich, dass die
Vermittlung moralischen Wissens kein Bestandteil solcher Bildungsprozesse sein
kann. Doch es ist leicht zu sehen, dass der Einwand des fehlenden Wissens diese
spezifische Funktion vermutlich überhaupt nicht erfüllen kann: Denn erfolgreiche
moralische Bildungsprozesse sollen zu einer *moralischen Verbesserung* führen –
schließlich lautet die explizit an die philosophische Fächergruppe gerichtete Erwartung, dass Kinder und Jugendliche durch gezielte Maßnahmen dazu befähigt
werden können, aus moralischer Sicht *besser* zu urteilen und zu handeln. Doch
wo es eine Verbesserung gibt, muss es auch einen Maßstab geben, relativ zu dem
etwas überhaupt besser oder schlechter sein kann. Wenn wir jedoch von Vornherein davon ausgehen, dass moralische Einsichten prinzipiell unerreichbar sind,
dann droht somit gleichzeitig jeglicher Maßstab, relativ zu dem eine moralische
Verbesserung möglich ist, verloren zu gehen.

An dieser Stelle wird deutlich, dass der Einwand des fehlenden Wissens vermutlich viel zu radikal ist, um ein spezifisches und überzeugendes Argument
gegen die Wissensvermittlungskonzeption moralischer Bildung darzustellen.
Gleichzeitig könnte man an dieser Stelle natürlich auch standhaft bleiben und die
drohende Implikation akzeptieren, dass der Philosophie- und Ethikunterricht die
an ihn gerichtete Erwartung erfolgreicher moralischer Bildung unmöglich erfüllen
kann. Vielleicht zeigt der Einwand des fehlenden Wissens in letzter Konsequenz,
dass bereits der grundlegende Gedanke einer moralischen Verbesserung des Denkens und Handelns von Kindern und Jugendlichen von Vornherein zum Scheitern
verurteilt ist? Eine solche Reaktion erscheint letztendlich allerdings vorschnell und
wenig plausibel. Denn wie wir bereits gesehen haben, würde die Annahme einer
Unmöglichkeit moralischen Wissens nicht nur die an den Philosophie- und Ethikunterricht gestellte Erwartung einer moralischen Verbesserung unterminieren, sondern auch unserem alltäglichen moralischen Diskurs eindeutig widersprechen. Im
Rahmen dieses Diskurses würden beispielsweise die allermeisten Menschen ohne
Weiteres von sich behaupten, zu *wissen*, dass es moralisch fragwürdig ist, sein
Kind aufgrund einer schlechten Schulnote lieblos zu behandeln, oder dass Lehr-
kräfte nicht moralisch dazu verpflichtet sind, nur noch Bestnoten zu verteilen.
Hierbei handelt es sich um selbstverständliche, und auf den ersten Blick völlig

unverdächtige Zuschreibungen moralischen Wissens. Das Postulat moralischen Wissens unterliegt also nicht nur der Vorstellung erfolgreicher moralischer Bildung als moralischer Verbesserung, sondern unserer gesamten moralischen Praxis.

Diese moralische Praxis ist nicht nur prima facie völlig legitim, sondern darüber hinaus auch etwas, dem sich die Vertreter:in des Einwandes des moralischen Wissens nur schwer entziehen kann: So ist es zumindest unklar, ob die verschiedenen in diesem Abschnitt skizzierten metaethischen Positionen nicht ebenfalls bereits Teil dieser moralischen Praxis sind, die im Kern durch eine wechselseitige Formulierung und Begründung substantieller normativer Geltungsansprüche geprägt ist. In der philosophischen Forschung ist es entsprechend eine offen diskutierte Frage, ob metaethische Positionen überhaupt den Anspruch erheben können, von einem externen und neutralen, also gewissermaßen archimedischen Standpunkt aus etwas über die Beschaffenheit des moralischen Diskurses auszusagen und in diesem Sinne außerhalb dieses Diskurses zu stehen. Prominente Autor:innen wie Ronald Dworkin (Dworkin 1996), Jeremy Fantl (Fantl 2006) oder Matthew Kramer (Kramer 2009) vertreten etwa eine als *anti-archimedisch* bezeichnete Sichtweise, der zufolge es sich bei solchen metaethischen Positionen selbst um genuin ethische Positionen handelt. Genauer ist die Idee, dass eine strikte Trennung zwischen Ethik und Metaethik unhaltbar ist und vermeintlich metaethische Positionen dementsprechend selbst Teil eines moralischen Diskurses sind. Sollte sich eine solche anti-archimedische Sichtweise als korrekt herausstellen, gäbe es letztendlich keinen signifikanten Unterschied zwischen Aussagen wie *„Abtreibung ist moralisch verwerflich!"* auf der einen Seite und Aussagen wie *„In der Moral gibt es kein Wissen!"* auf der anderen Seite. Das würde wiederum bedeuten, dass Vertreter:innen des Einwandes des fehlenden Wissens genuin moralisches Wissen für sich beanspruchen müssten, um auf dieser Grundlage die Möglichkeit moralischen Wissens zu leugnen. Wir hätten es also nicht nur mit einem vortheoretisch unplausiblen, sondern tatsächlich mit einem selbstwidersprüchlichen Argument zu tun.

Angesichts der obigen Überlegungen kann die Wissensvermittlungskonzeption also mit dem Hinweis verteidigt werden, dass der Einwand des fehlenden Wissens auf spezifische und kontroverse philosophische Annahmen angewiesen ist, deren Plausibilität erst einmal mit guten Gründen aufgezeigt werden müsste. Darüber hinaus haben wir gesehen, dass selbst dann, wenn eine solche Begründung gelingen sollte, hiermit in keiner Weise eine spezifische Schwäche der Wissensvermittlungskonzeption aufgedeckt wäre, sondern vielmehr auf einer weitaus grundlegenderen Ebene die Möglichkeit erfolgreicher moralischer Bildung insgesamt und weite Teile unserer alltäglichen moralischen Praxis zur Disposition stünden. Somit schießt der Einwand des fehlenden Wissens selbst im Erfolgsfall weit über das Ziel hinaus, das eigentlich mit ihm verfolgt werden sollte. Gezeigt werden soll plausiblerweise nicht, dass so etwas wie eine moralische Verbesserung des Denkens und Handelns prinzipiell unmöglich ist, sondern vielmehr, dass eine solche Verbesserung nicht durch eine Vermittlung moralischer Wissensbestände realisiert werden kann. Entsprechend ist es auch nicht weiter verwunderlich, dass die grundsätzliche Leugnung der Möglichkeit moralischen Wissens in der bildungsphilosophischen und fachdidaktischen Forschungsliteratur keine große Rolle spielt. Was Gegner:innen der Wissensvermittlungskonzeption moralischer Bildung also bräuchten, wäre ein wesentlich spezifischeres Argument, das sich gezielt gegen für diese Konzeption charakteristische Annahmen richtet. Im folgenden Abschnitt möchte ich mit dem Einwand der fehlenden Expertise einen auf den ersten Blick vielversprechenden Kandidaten für ein solches Argument näher diskutieren.

3.1.2   Der Einwand der fehlenden Expertise

Selbst wenn wir zugestehen, dass es sich bei der Annahme moralischen Wissens um eine vergleichsweise harmlose – oder zumindest um keine sonderlich spezifische – Voraussetzung der Wissensvermittlungskonzeption handelt, ist leicht ersichtlich, dass dieser Konzeption noch eine Reihe weiterer metaethischer Annahmen zugrunde liegen, von denen einige vermutlich einen geeigneteren Angriffspunkt für gezieltere Einwände darstellen. So setzt die Idee einer unterrichtlichen Vermittlung moralischer Wissensbestände anscheinend nicht nur voraus, dass es so etwas wie moralisches Wissen grundsätzlich gibt, sondern auch, dass es spezifische Personen oder Institutionen gibt, die in einer besonders privilegierten Lage sind, solches Wissen zu erlangen und bereitzustellen.

Um die hier relevanten Hintergrundannahmen präzise herauszuarbeiten, ist es hilfreich, sich zunächst zu fragen, wer im Rahmen der Wissensvermittlungskonzeption überhaupt die *Quelle* und wer das *Ziel* der geforderten moralischen Wissensvermittlungen sein soll. Die Frage nach der Zielgruppe ist schnell geklärt: Moralisches Wissen soll an Lernende im schulischen Philosophie- und Ethikunterricht, in erster Linie also an Kinder und Jugendliche vermittelt werden. Doch wo soll dieses Wissen herkommen? Die Wissensvermittlungskonzeption nimmt an dieser Stelle eine Engführung mit unterrichtlichen Wissensvermittlungen in anderen Fächern vor und kürt die akademische (Moral-)Philosophie als primäre Bezugsdisziplin der philosophischen Fächergruppe zur Quelle zu vermittelnder moralischer Erkenntnisse. Die Wissensvermittlungskonzeption setzt also nicht nur voraus, dass es so etwas wie moralisches Wissen gibt. Eine weitere Voraussetzung besteht in der Annahme, dass es eine große Gruppe moralisch Unwissender gibt, die die Zielgruppe der geforderten Vermittlungsprozesse darstellen, und eine kleine Gruppe moralischer Expert:innen, von deren Wissensbeständen diese Prozesse gespeist werden können.

Diese weitere Voraussetzung wirkt jedoch auf den ersten Blick durchaus problematisch. So mag die Annahme wissenschaftlicher Expertise im Bereich der Moral nicht nur elitistisch und unsympathisch wirken, sondern sie mutet zunächst tatsächlich einigermaßen rätselhaft an. Während es in Fächern wie Chemie oder Physik ohne Weiteres verständlich ist, dass es eine klar eingrenzbare Gruppe von Expert:innen in den entsprechenden Bezugsdisziplinen gibt, die sich durch eine besondere Ausbildung, die Beherrschung spezifischer Methoden und die Ausstattung mit entsprechenden Instrumenten und Geräten auszeichnen, gilt dies nicht für den Bereich der Moral. Das ist der Grundgedanke des Einwandes der fehlenden Expertise. Und auf den ersten Blick scheint dieser Grundgedanke durchaus gerechtfertigt: Warum sollten einige Personen eine besondere Autorität für sich beanspruchen dürfen, wenn es um moralische Fragen geht? Auf welche spezifischen Fähigkeiten oder Ressourcen könnten diese Personen verweisen, um ihren Anspruch auf moralische Überlegenheit zu begründen? Und wie lässt sich entscheiden, ob eine bestimmte Person eine moralische Expert:in ist oder nicht?

Im Folgenden möchte ich dafür argumentieren, dass die an dieser Stelle zum Vorschein kommenden Hintergrundannahmen der Wissensvermittlungskonzeption hinsichtlich der Verteilung moralischen Wissens tatsächlich weitaus weniger problematisch sind, als man auf den ersten Blick meinen könnte. Dabei werde ich eine ganz ähnliche Strategie wie schon bei der Diskussion des Einwandes des fehlenden Wissens bemühen und versuchen zu zeigen, dass diese Annahmen keine idiosynkratischen Voraussetzungen der Wissensvermittlungskonzeption darstellen, sondern tatsächlich bereits unmittelbar der an den schulischen Philosophie- und Ethikunterricht gerichteten Erwartung unterliegen, überhaupt einen substantiellen Beitrag zu erfolgreicher moralischer Bildung leisten zu können. Darüber hinaus, so die weitere Überlegung, handelt es sich auch hier um Annahmen, die von unserer alltäglichen moralischen Praxis unmittelbar vorausgesetzt werden.

Ziehen wir als Ausgangspunkt also wiederum die grundsätzliche, an den Philosophie- und Ethikunterricht gerichtete Erwartung eines substantiellen Beitrags zu erfolgreicher moralischer Bildung heran: Die Idee ist, dass der Besuch dieses Unterrichts zu einer moralischen Verbesserung führen soll. Das bedeutet, dass Lernende, nachdem sie erfolgreich unterrichtet worden sind, dazu befähigt wurden, bessere moralische Entscheidungen zu treffen und in diesem Sinne ihrem eigenen vergangenen Ich vor Beginn des entsprechenden Bildungsprozesses *moralisch überlegen* sind (vgl. zu dieser Überlegung und zum Folgenden auch Lohmar 2021). Kurz gesagt: Der erfolgreiche Besuch des Philosophie- und Ethikunterrichts soll zu einer verbesserten moralischen Urteilsfähigkeit beitragen. Dieser Gedanke scheint jedoch die Möglichkeit moralischer Expertise bereits unmittelbar vorauszusetzen: Personen, die erfolgreich moralische Bildungsprozesse durchlaufen haben, werden eben zuverlässiger in der Bildung angemessener moralischer Urteile sein als Personen, die solche Prozesse (noch) nicht durchlaufen haben.

Dass darüber hinaus auch eine spezifische *Struktur* der Verteilung moralischer Expertise vorausgesetzt wird, wird deutlich, wenn man sich vergegenwärtigt, wie moralische Bildungsprozesse im Rahmen des schulischen Philosophie- und Ethikunterrichts herkömmlicherweise ablaufen. Nehmen wir etwa folgende Plattitüde über den Ablauf moralischer Bildungsprozesse im Rahmen des Philosophie- und Ethikunterrichts:

[Plattitüde über den Ablauf moralischer Bildungsprozesse im Philosophie- und Ethikunterricht] Im Rahmen des Philosophie- und Ethikunterrichts werden Lernende mit einer Reihe moralischer Probleme und moralischer Ansichten konfrontiert. Verschiedene Argumente, die für oder gegen diese Ansichten sprechen, werden rekonstruiert und kritisch evaluiert, die darin verwendeten Begrifflichkeiten analysiert und differenziert.

Mit ‚Plattitüde' ist in diesem Zusammenhang zunächst lediglich gemeint, dass die hier skizzierten Tätigkeiten die unterrichtliche Praxis de facto wie selbstverständlich prägen. Zwar dürften etwa Vertreter:innen des emotionsbasierten Ansatzes darauf hinweisen, dass moralische Bildungsprozesse im Rahmen des Philosophie- und Ethikunterrichts auch spezifische Übungen zur sozialen Wahrnehmung beinhalten sollten, oder Vertreter:innen des pragmatischen Ansatzes fordern, dass es neben Phasen der eigenständigen Reflexion auch Phasen des gelenkten Nachvollzugs vorgegebener Argumentationslinien geben muss. Letztendlich sollte aber die Ansicht, dass für erfolgreiche moralische Bildungsprozesse eine kritische Beschäftigung mit moralphilosophischen Argumenten und Begrifflichkeiten von zentraler Bedeutung ist, breit geteilt sein – ansonsten wäre es schließlich völlig rätselhaft, warum gerade der Philosophie- und Ethikunterricht, für den solche Tätigkeiten klarerweise charakteristisch sind, überhaupt mit der prominenten Erwartung konfrontiert ist, einen substantiellen Beitrag zur moralischen Bildung von Kindern und Jugendlichen zu leisten. Wenn die argumentative und begriffliche Auseinandersetzung mit moralischen Problemzusammenhängen keine oder allenfalls eine marginale Bedeutung für den Erfolg moralischer Bildungsprozesse hätte, sollten entsprechende Erwartungen vermutlich eher an Religionsgemeinschaften, Sportvereine oder den privaten Kreis der Familie gerichtet werden.

Der Gedanke ist also, dass die für den Philosophie- und Ethikunterricht charakteristischen Tätigkeiten der argumentativen und begrifflichen Reflexion moralischer Problemzusammenhänge zu einer verbesserten moralischen Urteilsfähigkeit führen. Und tatsächlich handelt es sich hierbei um eine Annahme, die wir nicht nur mit Blick den Philosophie- und Ethikunterricht, sondern auch in unserer alltäglichen moralischen Praxis wie selbstverständlich voraussetzen. Wenn wir vor einer schwierigen moralischen Entscheidung stehen, handeln wir im Regelfall nicht einfach spontan oder aus einem Bauchgefühl heraus, sondern auf der Grundlage einer sorgfältigen Reflexion der jeweiligen Situation: Wir versuchen, verschiedene Werte, die in dieser Situation zum Tragen kommen, präzise zu identifizieren und vernünftig gegeneinander abzuwägen. Wir arbeiten die jeweiligen Implikationen der zur Verfügung stehenden Handlungsmöglichkeiten heraus und bewerten diese vor dem Hintergrund allgemeinerer moralischer Grundsätze. Wir tauschen uns mit anderen Personen aus und berücksichtigen alternative Sichtweisen und Handlungsempfehlungen. All das tun wir, weil wir herausfinden möchten, was die moralisch beste Entscheidung ist, um auf dieser Grundlage dann handeln zu können.

All diese Überlegungen sind für den vorliegenden Zusammenhang nun insofern von Bedeutung, als dass sie unmittelbar eine spezifische Prognose über die Struktur der ungleichen Verteilung moralischer Expertise nahelegen: Wenn die kritische Reflexion moralischer Fragen zu einer verbesserten moralischen Urteilsbildung führt, dann wird moralische Expertise insbesondere dort akkumuliert sein, wo besonders kompetent und intensiv über moralische Fragen reflektiert wird. Ein vergleichsweise offensichtlicher, wenngleich vielleicht auch nicht der einzige Ort einer solchen Reflexion ist nun tatsächlich die akademische (Moral-)Philosophie als primäre Bezugsdisziplin der philosophischen Fächergruppe – handelt es sich hierbei doch um einen institutionell strukturierten Kontext, in dem eigens zu diesem Zweck ausgebildete und sorgfältig selektierte Personen dafür bezahlt werden, über moralische Fragen nachzudenken. Und in der Tat scheinen die spezifischen Fertigkeiten, Kenntnisse und Ressourcen, auf die professionelle Moralphilosop:innen in diesem Zusammenhang zurückgreifen können, weitgehend analog zu den Fertigkeiten, Kenntnissen und Ressourcen zu sein, die auch im Rahmen moralischer Bildungsprozesse im Philosophie- und Ethikunterricht Kindern und Jugendlichen zur Verbesserung ihrer moralischen Urteilsbildung vermittelt und zur Verfügung gestellt werden: So zeichnen sich professionelle Moralphilosoph:innen im Vergleich zu moralphilosophischen Lai:innen unter anderem dadurch aus, dass sie mit einer Reihe grundlegender ethischer Positionen und Begrifflichkeiten vertraut sind, dass sie darüber hinaus spezifisch darin trainiert sind, diese Begrifflichkeiten und Positionen korrekt anzuwenden und kritisch zu bewerten und dass sie besonders viel Zeit haben, um gründlich über moralische Probleme und Fragestellungen nachzudenken (Singer 1982, 9–10). Dementsprechend genießen professionelle Moralphilosoph:innen gegenüber moralphilosophischen Lai:innen – unter anderem und in ungleich größerem Maße – genau die spezifischen Vorteile, die Lernende nach erfolgreichem Abschluss eines moralischen Bildungsprozesses im Philosophie- und Ethikunterricht gegenüber ihrem vergangenen Ich erlangt haben.

Bemerkenswerterweise wurde dieser Punkt in der philosophiedidaktischen Forschung in gewisser Weise auch durchaus schon gesehen. So schreibt etwa Christian Thein (Thein 2021, 179):

> Die philosophische Ethik versteht eine […] Vermittlung bestimmter Werte [im Kontext der ethischen Bildung im Fachunterricht] deshalb nicht als ihre Aufgabe, weil sie sodann ein Wissen darüber voraussetzen müsste, was es erst zu erarbeiten gilt, nämlich eine inhaltliche Bestimmung des ethisch Richtigen und Guten. Und diese Bestimmung kann erst am Ende des ethischen Bildungsganges stehen, denn sie kann nur auf der Grundlage einer Herausarbeitung von Merkmalen, Kriterien und Argumenten zur Begründung oder auch Rechtfertigung der ethischen Richtigkeit oder Gutheit von konkreten Handlungen vollzogen werden.

In dieser Passage wird explizit zugestanden, dass eine kritische Reflexion moralischer Fragen, wie sie für moralische Bildungsprozesse im Rahmen des Philosophie- und Ethikunterrichts charakteristisch ist, nicht nur zu einer verbesserten moralischen Urteilsbildung führt, sondern sogar geeignet ist, moralisches Wissen zu erlangen. Darüber hinaus wird hier ebenfalls nahegelegt, dass diese besondere Form der Reflexion auch das charakteristische Vorgehen der akademischen Moralphilosophie kennzeichnet. Überraschend ist nun jedoch, dass auf dieser Grundlage eine direktive Vermittlung spezifischer moralischer Wissensbestände abgelehnt wird – mit der Begründung, dass solche Wissensbestände eben erst am Ende eines philosophischen Bildungsprozesses zur Verfügung stehen können. Die hier formulierte Problematik verschwindet jedoch, sobald man im Sinne der obigen Überlegungen zwischen professionellen Moralphilosoph:innen als Quelle und Lernenden als Ziel entsprechender Vermittlungsprozesse unterscheidet: Während in der Moralphilosophie die hinter den zu vermittelnden Ansichten stehenden

Reflexionsprozesse bereits vor Beginn der unterrichtlichen Vermittlungsprozesse durchlaufen sind, gilt dies nicht mit Blick auf die Lernenden, die vor Beginn dieser Prozesse gegebenenfalls noch nie über die zugrunde liegenden Problemstellungen nachgedacht haben. Eine wesentliche Funktion dieser Prozesse besteht dementsprechend darin, Lernenden die Möglichkeit zu geben, unter Anleitung spezifische Reflexionsprozesse zu durchlaufen, die in der professionellen Moralphilosophie bereits stattgefunden haben und sich somit spezifische Erkenntnisse anzueignen, die von professionellen Ethiker:innen bereitgestellt wurden.

Akzeptiert man die bisherigen Überlegungen, kommt man also nicht umhin, professionellen Ethiker:innen eine überdurchschnittliche Zuverlässigkeit in der Bildung moralischer Urteile zuzuschreiben – und somit eine spezifische Qualität, die in der Literatur zu moralischer Expertise auch als (allgemeine) *moralische Überlegenheit* bezeichnet wird. Obwohl diese etwas unglücklich gewählte Begrifflichkeit Assoziationen zu problematischen Formen der moralischen Priorisierung spezifischer Personengruppen nahelegen mag, ist hiermit lediglich gemeint, dass professionelle Ethiker:innen ein überdurchschnittliches moralisches Urteilsvermögen aufweisen – und nicht, dass sie in irgendeiner Form eine Gruppe moralisch besserer oder wertvollerer Personen bilden. Zwar ist es ein Stück weit strittig, ob die spezifische Qualität der moralischen Überlegenheit für den Status als moralische *Expert:in* ausreicht – während manche Autor:innen davon ausgehen, dass moralische Expertise *nichts anderes* als (allgemeine) moralische Überlegenheit ist (siehe bspw. McGrath 2008, 97; Driver 2006, 629), postulieren andere weitere notwendige Bedingungen für moralische Expertise (siehe bspw. Cholbi 2007).

Entscheidend ist jedoch, dass die Zuschreibung dieser Qualität bereits sämtliche Annahmen über die Verteilung moralischen Wissens impliziert, die von der Wissensvermittlungskonzeption plausiblerweise vorausgesetzt werden müssen. Wie wir zu Beginn des Abschnitts gesehen haben, scheint diese Konzeption vorauszusetzen, dass es (i) eine klar bestimmbare Gruppe von mit Blick auf moralische Fragen spezifisch privilegierten Personen gibt, die (ii) in einer Position sind, moralische Wissensbestände bereit zu stellen, die dann als Input für unterrichtliche Vermittlungsprozesse herangezogen werden können. Beide Voraussetzungen erscheinen vor dem Hintergrund der obigen Überlegungen weitgehend unproblematisch. Nehmen wir zunächst die erste Voraussetzung: Wie wir gesehen haben, gibt es mit der akademischen Moralphilosophie einen klar umrissenen und institutionell fest verankerten Kontext, in dessen Rahmen eine Gruppe spezifisch privilegierter Personen in Form professioneller Ethiker:innen eindeutig identifiziert werden kann. Selbstverständlich bedeutet das nicht, dass alle professionellen Ethiker:innen mit Blick auf die Beantwortung aller moralischen Fragen eindeutig privilegiert sind. Abgesehen davon, dass es trotz aller Professionalisierungs- und Selektionsbemühungen sicherlich einige Ethiker:innen geben wird, die trotz ihres professionellen Status als unterdurchschnittlich zuverlässig in der Beantwortung moralischer Fragen zu gelten haben, wird es insbesondere auch Personen geben, die eine überdurchschnittliche Zuverlässigkeit für sich beanspruchen dürften, obwohl sie keine professionellen Ethiker:innen sind. Tatsächlich könnte es sogar sein, dass dies für ganze Gruppen gilt – so könnte man angesichts der oben identifizierten Vorteile, die professionelle Ethiker:innen mit Blick auf ihre moralische Urteilsbildung für sich reklamieren können, beispielsweise dafür argumentieren, dass professionelle Theolog:innen oder Soziolog:innen diese Vorteile ebenfalls für sich reklamieren können. Darüber hinaus ist auch nicht ohne Weiteres klar, ab wann eine Person überhaupt als professionelle:r Ethiker:in zu gelten hat – bedarf es hierfür einer Promotion im Bereich der Moralphilosophie, oder gar einer Professur?

Bei aller Berechtigung und Wichtigkeit sind diese Unklarheiten und Bedenken aber insofern kein grundsätzliches Problem, als dass sie letztendlich nicht spezifisch für die moralische Domäne sind. Auch in den Bezugsdisziplinen anderer Fächer wie Physik, Chemie oder Mathematik gibt es solche Grenzfälle, Ausnahmen und Überschneidungen, sodass auch hier etwa nicht immer klar sein wird, ab wann jemand als professionelle:r Vertreter:in der jeweiligen Disziplin gelten kann, welche Fragestellungen welchen Disziplinen zuzuordnen sind usw. Das bedeutet jedoch klarerweise nicht, dass diese Disziplinen nicht als eindeutige Bezugspunkte für unterrichtliche Vermittlungsprozesse herangezogen werden können. Dasselbe sollte also grundsätzlich auch für moralische Bildungsprozesse im Rahmen des Philosophie- und Ethikunterrichts gelten, mit Blick auf die es in Form der akademischen Moralphilosophie ebenfalls eine spezifische akademische Disziplin gibt, deren Vertreter:innen in einer privilegierten Position sind, domänenspezifische Fragen angemessen zu beantworten.

Wie sieht es mit der zweiten Annahme aus – der Annahme, dass professionelle Moralphilosoph:innen auch in einer Position sind, moralische Wissensbestände bereit zu stellen, die dann als Input für unterrichtliche Vermittlungsprozesse herangezogen werden können? Tatsächlich wurde bisher lediglich gezeigt, dass es vor dem Hintergrund breit geteilter Vorstellungen über die Funktion und Beschaffenheit moralischer Bildungsprozesse unmittelbar naheliegt, professionellen Ethiker:innen eine überdurchschnittlich zuverlässige moralische Urteilsfähigkeit zuzuschreiben. Das bedeutet jedoch nicht unbedingt, dass die moralische Urteilsfähigkeit von professionellen Ethiker:innen auch tatsächlich *hinreichend* zuverlässig ist, um entsprechende Wissensbestände bereit zu stellen. Und tatsächlich haben wir im Zuge der Überblicksdarstellung verschiedener Ansätze moralischer Bildung bereits empirische Studien kennengelernt, die direkt gegen diese zusätzliche Annahme zu sprechen scheinen. Wie wir gesehen haben, legen diese Studien die Vermutung nahe, dass professionelle Ethiker:innen in ihren moralischen Urteilen genauso stark wie Lai:innen von moralisch irrelevanten Faktoren beeinflusst werden (siehe etwa Schwitzgebel und Cushman 2012, 2015). Um die Bedeutung dieser Ergebnisse angemessen einschätzen zu können, bedarf es jedoch eines genaueren Blickes darauf, was in diesen Studien überhaupt erhoben wurde.

So ist zunächst darauf hinzuweisen, dass sich die in diesem Zusammenhang zitierten Studien lediglich auf eine spezifische Art von irrelevanten Faktoren beziehen, nämlich auf Beeinflussungen intuitiver Reaktionen auf moralphilosophische Gedankenexperimente. Genauer gesagt wurde etwa in den viel zitierten Studien von Eric Schwitzgebel und Fiery Cushman überprüft, inwiefern die intuitive Reaktion von professionellen Moralphilosoph:innen auf verschiedene

Trolley-Fälle durch die Reihenfolge, in der diese Fälle präsentiert werden, beeinflusst wird. Das Ergebnis dieser Studien ist nun, dass professionelle Moralphilosoph:innen ebenso stark wie moralphilosophische Lai:innen in ihrer intuitiven Reaktion durch die Reihenfolge der Präsentation beeinflusst werden. Da es sich bei der Reihenfolge der Präsentation um einem moralisch irrelevanten Faktor handelt, legt dieses Ergebnis die Vermutung nahe, dass die Zuverlässigkeit der moralischen Urteilsbildung von professionellen Ethiker:innen in dieser spezifischen Hinsicht genauso stark beeinträchtigt ist wie die von moralphilosophischen Lai:innen.

Diese Beobachtung ist jedoch erstens offensichtlich völlig kompatibel mit der Annahme, dass die moralische Urteilsbildung von professionellen Ethiker:innen *insgesamt* durchaus zuverlässiger ist als die moralische Urteilsbildung von moralphilosophischen Lai:innen. Um einen einfachen Vergleich zu bemühen: Dass die körperliche Leistungsfähigkeit von Leistungssportler:innen durch regelmäßige Erkältungen ebenso stark beeinträchtigt ist wie die von Amateursportler:innen, wäre völlig kompatibel damit, dass Leistungssportler:innen *insgesamt* eine wesentlich höhere körperliche Leistungsfähigkeit aufweisen. Und dass die weiter oben identifizierten Vorteile, auf die professionelle Ethiker:innen mit Blick auf ihre moralische Urteilsbildung verweisen können, anscheinend durchaus einen tatsächlichen Einfluss haben, wird auf empirischer Ebene insofern gestützt, als dass es messbare Unterschiede in den moralischen Urteilen von Philosoph:innen und Lai:innen gibt. So urteilten etwa in einer Studie von Eric Schwitzgebel und Joshua Rust 89 % der befragten Ethikprofessor:innen, dass es moralisch gut ist, 10 % des eigenen Einkommens an wohltätige Organisationen zu spenden – während dieses Urteil nur von 73 % der befragten Professor:innen aus nichtphilosophischen Disziplinen geteilt wurde. Ebenso urteilten lediglich 9 % der befragten Ethikprofessor:innen, dass Professor:innen überhaupt nichts von ihrem Einkommen an wohltätige Organisationen spenden sollten, während dieses Urteil von 25 % der Professor:innen aus nichtphilosophischen Disziplinen geteilt wurde (Schwitzgebel und Rust 2014, 312). Solche Zahlen wurden in der entsprechenden Forschungsliteratur als Hinweis darauf interpretiert, dass die spezifischen Kenntnisse, Fertigkeiten und Ressourcen, auf die professionelle Ethiker:innen bei ihrer moralischen Urteilsbildung zurückgreifen können, tatsächlich einen positiven Einfluss auf die Zuverlässigkeit ihrer Urteilsbildung haben (Meyer 2023).

Darüber hinaus, und für den vorliegenden Zusammenhang entscheidend, ist die Beobachtung einer vergleichbaren Beeinträchtigung moralischer Urteile durch spezifische Störfaktoren zweitens völlig kompatibel mit der Annahme, dass professionelle Moralphilosoph:innen in ihrer moralischen Urteilsbildung hinreichend zuverlässig sind, um moralische Wissensbestände für unterrichtliche Vermittlungsprozesse bereitstellen zu können. Um diesen Punkt zu sehen, ist es wichtig, sich zwei plausible Annahmen über die Zuverlässigkeit moralischer Urteilsbildung zu vergegenwärtigen: Einerseits ist davon auszugehen, dass auch die moralische Urteilsfähigkeit von Lai:innen unter normalen Umständen zumindest nicht antireliabel ist und dementsprechend eine Zuverlässigkeit von mindestens 50 % aufweist. Wäre dem nicht so, wäre es in moralischen Fragen vernünftiger, einfach eine Münze zu werfen, anstatt dem Rat einer durchschnittlichen Person zu folgen, die ernsthaft und konzentriert über diese Frage nachgedacht hat. Wenn dem so ist, und darüber hinaus die spezifischen Vorteile, auf die professionelle Moralphilosoph:innen bei ihrer moralischen Urteilsbildung verweisen können, wenigstens zu einer minimalen Verbesserung führen, dann folgt daraus, dass professionelle Moralphilosoph:innen im Durchschnitt mit einer Zuverlässigkeit über moralische Fragen urteilen, die klar über 50 % liegt.

Diese Annahme ist nun insofern relevant, als dass andererseits berücksichtigt werden muss, dass unterrichtliche Vermittlungsprozesse in der Regel nicht von einzelnen Wissenschaftler:innen, sondern von wissenschaftlichen *Gemeinschaften* informiert werden: Was beispielsweise im Biologieunterricht vermittelt wird, hängt im Optimalfall nicht davon ab, was einzelne Biolog:innen denken, sondern orientiert sich an Ergebnissen, die von der biologischen Forschungsgemeinschaft zu Verfügung gestellt werden. Analog dazu sollten auch moralische Wissensvermittlungsprozesse nicht von den Privatmeinungen einzelner Moralphilosoph:innen, sondern von der akademischen Moralphilosophie als Ganzer gespeist werden. Im Hintergrund dieser Überlegung steht anscheinend die Annahme, dass ganze Forschungsgemeinschaften weniger fehleranfällig als individuelle Wissenschaftler:innen sind. Diese Annahme ist bereits auf einer vortheoretischen Ebene durchaus plausibel: Wenn nicht nur einzelne Wissenschaftler:innen, sondern tatsächlich die Mehrheit einer gesamten Forschungsgemeinschaft von einer spezifischen Position überzeugt ist, dann spricht bereits die alleinige Tatsache, dass es sich hierbei um eine Mehrheitsmeinung handelt, für die Wahrheit dieser Position. Dies würde erst recht mit Blick auf eine Disziplin wie die der Philosophie gelten, wo klare Mehrheiten selten sind und grundsätzlich eine auf Diversität und Kontroversität ausgerichtete Wissenschaftskultur vorherrscht.

Insbesondere mit Blick auf die naturwissenschaftliche Forschung wurde die besondere Bedeutung wissenschaftlicher Mehrheitsmeinungen auf wissenschaftsphilosophischer Ebene in den vergangenen Jahren tiefergehend analysiert und theoretisch erhärtet. In seinem Buch *Identifying Future-Proof Science* hat der britische Wissenschaftstheoretiker Peter Vickers etwa jüngst dafür argumentiert, dass wissenschaftliche Konsense unter spezifischen Bedingungen sogar eine geeignete Grundlage dafür bilden, sogenannte *zukunftssichere* Forschungsergebnisse zu identifizieren (siehe hierzu und zum Folgenden Vickers 2022): Hierunter versteht Vickers Forschungsergebnisse, die durch zukünftige wissenschaftliche Entwicklungen nicht mehr revidiert werden und denen dementsprechend schon jetzt ein Status als unumstößliche Erkenntnisse zugeschrieben werden kann. Als Beispiele hierfür nennt er unter anderem die Plattentektonik, die Thermodynamik, die „neural net"-Theorie des Gehirns sowie unser Wissen um die kambrische Explosion, die Expansion des Universums oder die Beschaffenheit des Erdkerns (ebd., 16 ff.). Das Besondere an solchen zukunftssicheren Forschungsergebnissen, so Vickers, ist nun, dass sie schon früh *Gegenstand robuster wissenschaftlicher Konsense* gewesen sind. Tatsächlich zeigt Vickers auf der Grundlage einer eingehenden Untersuchung einer Fülle verschiedener Fallbeispiele, dass es in der Geschichte der Wissenschaften kein einziges Beispiel für ein Forschungsergebnis gibt, das Gegenstand eines entsprechenden Konsenses gewesen ist und – trotz intensiver Bemühungen – durch weitere Forschung widerlegt werden konnte.

Unabhängig von den Details – wissenschaftliche Konsense können laut Vickers wie gesagt nur unter speziellen Umständen Zukunftssicherheit anzeigen – und der letztendlichen Plausibilität von Vickers' spezifischer Argumentation bzw. ihrer Übertragbarkeit auf philosophische Konsense lässt sich auf einer tieferliegenden Ebene die herausragende epistemische Bedeutung wissenschaftlicher Mehrheitsverhältnisse durchaus genauer erklären. Eine entscheidende Rolle spielt dabei das ursprünglich in der Politikwissenschaft etablierte Condorcet-Jury-Theorem, das in jüngster Zeit in der sozialen Erkenntnistheorie einige Aufmerksamkeit erfahren hat. Dieses Theorem besagt, dass sich die absolute Mehrheitsmeinung einer Gruppe von Personen, die jeweils eine individuelle Zuverlässigkeit von über 50 % haben, mit steigender Gruppengröße einer Zuverlässigkeit von 100 % annähert (für eine detailliertere Darstellung siehe etwa Franz und Spiekermann 2023). Das bedeutet, dass selbst dann, wenn die durchschnittliche individuelle Zuverlässigkeit einzelner Wissenschaftler:innen vergleichsweise gering – also etwa nur knapp über 50 % – wäre, die Zuverlässigkeit ganzer Forschungsgemeinschaften hinreichend hoch sein kann, um substantielle Erkenntnisse bereitzustellen. Lässt sich diese Überlegung nun auch auf die akademische Moralphilosophie anwenden?

Wichtig ist, dass das Condorcet-Jury-Theorem grundsätzlich nur unter vergleichsweise spezifischen Bedingungen gilt. Dass diese Bedingungen im konkreten Kontext der akademischen Moralphilosophie tatsächlich in hinreichendem Maße erfüllt sind, erscheint jedoch plausibel: So besteht eine erste Bedingung in der *epistemischen Homogenität* der Gruppe: Die individuellen Gruppenmitglieder müssen in etwa gleich kompetent in der Beantwortung der zugrunde liegenden Frage sein, damit der im Rahmen des Condorcet-Jury-Theorems postulierte Effekt auftritt. Dass diese Bedingung vor dem Hintergrund entsprechender Selektionsmechanismen im spezifischen Kontext der akademischen (Moral-)Philosophie plausiblerweise erfüllt ist, wird in der entsprechenden Forschungsliteratur üblicherweise zugestanden (siehe etwa Jaksland 2022). Kritischer erscheint demgegenüber die Erfüllung einer zweiten Bedingung, die in der *epistemischen Unabhängigkeit* der individuellen Gruppenmitglieder besteht: Damit der im Rahmen des Condorcet-Jury-Theorems postulierte Effekt auftritt, müssen die individuellen Gruppenmitglieder voneinander unabhängig zu ihrem jeweiligen Urteil gekommen sein. Dass auch diese zweite Bedingung im spezifischen Kontext der akademischen (Moral-)Philosophie erfüllt ist, wurde in der Literatur angezweifelt (siehe etwa Carey und Matheson 2012). Eine Sorge ist hierbei, dass die Unabhängigkeit professioneller Philosoph:innen bereits unterminiert wird, wenn sie derselben philosophischen Strömung oder Denkschule angehören, an demselben Institut ausgebildet wurden usw.

Tatsächlich gibt es jedoch auch mit Blick auf diese zweite Bedingung durchaus Anlass für Optimismus: So konnte etwa mit Blick auf die wissenschaftstheoretische Diskussion zum Wissenschaftlichen Realismus gezeigt werden, dass selbst vor dem Hintergrund pessimistischer Kompetenzannahmen ein vergleichsweise geringes Maß an Unabhängigkeit bereits ausreichen würde, um der vorherrschenden Mehrheitsmeinung eine Wahrheitswahrscheinlichkeit von 85 % zuzuschreiben (Jaksland 2022). Im Hintergrund dieser konkreten Analyse stehen die Ergebnisse der ersten PhilPapers Survey, wo von den 94 Befragten, die Wissenschaftstheorie als Forschungsschwerpunkt angegeben haben, ca. 60 % den Wissenschaftlichen Realismus und lediglich 16 % eine antirealistische Position befürworteten (Bourget und Chalmers 2014). Dieses Ergebnis zeigt, dass selbst bei kleinen Gruppengrößen und pessimistischen Kompetenz- und Unabhängigkeitsannahmen die Zuverlässigkeit einer klaren philosophischen Mehrheit die Zuverlässigkeit einzelner Philosoph:innen weit übersteigt.

Gleichzeitig deutet sich an dieser Stelle bereits die nächste Schwierigkeit an: Selbst wenn man die obigen Überlegungen akzeptiert und die der Wissensvermittlungskonzeption zugrunde liegende Annahme zugesteht, dass es in Form der akademischen Moralphilosophie eine Gruppe epistemisch privilegierter Personen gibt, die moralische Wissensbestände für unterrichtliche Vermittlungsprozesse bereitstellen können, wäre immer noch zu fragen, worin denn diese Wissensbestände nun konkret bestehen sollen. Wenn wir das Condorcet-Jury-Theorem ernst nehmen, sollten wir uns bei der Suche nach solchen Wissensbeständen vermutlich zunächst an entsprechenden Mehrheitsmeinungen unter professionellen Ethiker:innen orientieren. Doch gibt es solche Mehrheitsmeinungen überhaupt? Ist es nicht gerade ein entscheidendes Charakteristikum der akademischen Philosophie, dass moralische Fragen hier notorisch kontrovers sind? Die hier zutage tretende Schwierigkeit möchte ich im nächsten Abschnitt ausführlicher diskutieren.

3.1.3 Der Einwand der Meinungsverschiedenheiten

Wie soll es möglich sein, moralisches Wissen in unterrichtlichen Kontexten zu vermitteln, wenn sich selbst die Expert:innen über moralische Fragen uneins sind? Die in dieser Frage zum Ausdruck kommende Überlegung, dass moralische Wissensvermittlungen durch die notorische Kontroversität moralischer Fragestellungen verunmöglicht werden, ist der Kerngedanke des Einwandes der Meinungsverschiedenheiten. Kirsten Meyer führt diesen Gedanken folgendermaßen aus (Meyer 2011, 229 f.):

> Welche Prinzipien sollten also im Philosophie- und Ethikunterricht vermittelt werden, um die Schülerinnen und Schüler zum moralisch richtigen Handeln anzuleiten? Sollte man ihnen eher eine kantische oder eine utilitaristische Position nahe bringen? Müssen wir zunächst eine Klärung dieser grundlegenden moralphilosophischen Dissense [...] abwarten, bevor wir auf diese Frage eine Antwort finden können? [...] In dem Versuch einer Antwort auf die Ziele der moralischen Erziehung, und damit auch des Philosophie- und Ethikunterrichts, stoßen wir also auf zahlreiche offene Fragen. Eine befriedigende Antwort auf diese Fragen würde eine Lösung jahrhunderte- (oder gar jahrtausende-) alter Streitfragen der Moralphilosophie voraussetzen, und eine solche ist nicht zu erwarten. Das Fach Ethik soll erklärtermaßen darauf hinwirken, bestimmte Werte zu vermitteln. Dem liegt offenbar die Annahme zugrunde, dass es dadurch gelingen kann, die Schülerinnen und Schüler auf den (moralisch) richtigen Weg zu bringen. Doch in der Moralphilosophie sind die Grundlagen eines solchen Unternehmens umstritten.

In dieser Passage spricht Meyer mit der moralphilosophischen Kontroverse um die korrekte Theorie normativer Ethik ein offensichtliches und grundsätzliches Problem für die Wissensvermittlungskonzeption an. Denn wenn unter professionellen Ethiker:innen schon auf einer grundlegenden Ebene strittig ist, was es überhaupt bedeutet, von einer Handlung zu sagen, dass sie moralisch richtig oder falsch sei, dann wird die akademische Moralphilosophie wohl auch kein geeigneter Bezugspunkt für die Beantwortung spezifischer moralischer Fragen sein. Und tatsächlich lässt sich die Behauptung, dass die Frage nach der korrekten Theorie normativer Ethik unter professionellen Ethiker:innen notorisch kontrovers ist, eindrucksvoll anhand konkreter Zahlen belegen: So ergab die jüngste Auflage der PhilPapers Survey, dass 19,7 % der befragten Ethiker:innen eine deontologische, 21,42 % eine konsequentialistische und 25,04 % eine tugendethische Position befürworten (Bourget und Chalmers 2023).[3] Bevor wir jedoch das Ausmaß des hier zutage tretenden Problems besser einschätzen können, müssen wir zunächst genauer verstehen, worin dieses Problem überhaupt exakt besteht.

Tatsächlich könnte man vor dem Hintergrund der im letzten Abschnitt angestellten Überlegungen auf den ersten Blick einfach bestreiten, dass hier ein schwerwiegendes Problem vorliegt: Nehmen wir etwa an, die Gruppe der Konsequentialist:innen wäre, obgleich in Relation zu den beiden anderen Lagern die kleinste, in absoluten Zahlen dennoch recht groß. In diesem Fall könnte diese Gruppe doch scheinbar folgendermaßen argumentieren: Als große Gruppe von Expert:innen, die individuell mit einer Wahrscheinlichkeit von über 50 % in moralphilosophischen Fragen richtig liegen, sind wir einstimmig zu dem Ergebnis gekommen, dass der Konsequentialismus korrekt ist. Vor dem Hintergrund des Condorcet-Jury-Theorems bedeutet das, dass wir mit extrem hoher Wahrscheinlichkeit richtig liegen. Dementsprechend müssen die Lager der Deontolog:innen und Tugendethiker:innen falsch liegen, und der Konsequentialismus sollte in schulischen Kontexten vermittelt werden.

Mit dieser Argumentation kann offensichtlich etwas nicht stimmen. Angesichts der akademischen Kontroverse um die Korrektheit des Konsequentialismus wäre es ohne Frage höchstproblematisch, diese Theorie einfach als moralphilosophische Erkenntnis in unterrichtlichen Kontexten zu präsentieren. Doch wo liegt hier genau das Problem? Im Folgenden möchte ich zwei verschiedene Erklärungen für die Unterminierung moralischer Wissensvermittlungen durch moralphilosophische Meinungsverschiedenheiten anbieten, um so zunächst zu einem besseren Verständnis des Einwandes der Meinungsverschiedenheiten zu gelangen. Die erste Erklärung ergibt sich vor dem Hintergrund der aktuell in der sozialen

---

[3] N = 1741. Die genannten Zahlen beziehen sich dabei auf inklusive Antworten, also solche Antworten, die nicht den Ausschluss sämtlicher Alternativantworten implizieren. Mit Blick auf exklusive Antworten ergibt sich demgegenüber folgendes Bild: 32,05 % vertreten eine deontologische, 30,56 % eine konsequentialistische und 36,99 % eine tugendethische Position. 6,49 % vertreten eine von diesen drei Möglichkeiten verschiedene Alternativposition und 5,92 % vertreten eine agnostische Position.

Erkenntnistheorie geführten Debatte um die epistemischen Implikationen von Dissenssituationen. Die Leitidee hinter dieser Debatte ist, dass bemerkte Meinungsverschiedenheiten potentiell epistemisch destruktive Effekte haben: Wenn andere Personen der eigenen Meinung widersprechen, ist es unter Umständen eben ein Ausdruck epistemischer Irrationalität, einfach an dieser Meinung festzuhalten.

Ob und in welchem Maße eine gegebene Dissenssituation solche epistemisch destruktiven Effekte hat, hängt dabei von verschiedenen situationalen Faktoren ab. Eine besonders gewichtige Rolle scheint in diesem Zusammenhang die jeweilige Einschätzung der epistemischen Leistungsfähigkeit der Gegenseite zu spielen: Während man in einer Dissenssituation mit einer epistemisch unterlegenen Person vermutlich oftmals unter Berufung auf die eigene epistemische Überlegenheit rationalerweise auf seiner Position beharren kann, wird es in Dissenssituationen mit epistemisch Überlegenen regelmäßig rational geboten sein, sich der Autoritätsmeinung anzunähern. Ein besonders hohes Maß an Aufmerksamkeit haben in der erkenntnistheoretischen Literatur nun solche Situationen erhalten, in denen man der Gegenseite ein *vergleichbares Maß* an epistemischer Leistungsfähigkeit zuschreibt. Ein Beispiel für diese als *Ebenbürtigendissense* bezeichneten Situationen ist der in der Forschungsliteratur zu einiger Berühmtheit gekommene ‚Restaurantfall‘ von David Christensen (Balg 2020a, 58):[4]

> Zusammen mit drei guten Freunden gehe ich in einem Restaurant essen. Als am Ende die Rechnung kommt, beschließen wir, den Gesamtbetrag einfach durch vier zu teilen, sodass jeder gleich viel bezahlt. Zu diesem Zweck rechnen mein Freund Ali und ich im Kopf den entsprechenden Teilbetrag aus. Dieses Prozedere hat Tradition: Wir sind schon oft in dieser Konstellation essen gegangen, und immer sind Ali und ich es, die den Betrag im Kopf vierteln. Meistens kommen wir dabei zu demselben Ergebnis – und in den wenigen Fällen, in denen wir zu unterschiedlichen Ergebnissen gekommen sind, lag ich selbst genauso oft falsch wie Ali. Ich gehe also davon aus, dass Ali mit etwa gleich großer Wahrscheinlichkeit Fehler macht, wenn es um einfache Kopfrechnungen geht. Während Ali nun zu dem Ergebnis kommt, dass jeder 17 Euro bezahlen muss, komme ich zu dem Ergebnis, dass jeder 19 Euro bezahlen muss. Wie sollten wir auf die Meinungsverschiedenheit reagieren?

In diesem Fall scheint es aus Sicht der Beteiligten rational geboten, das eigene Urteil über den korrekten Teilbetrag aufzugeben. Ein Grund für diesen durch das Bemerken des Dissenses generierten rationalen Druck scheint die Tatsache zu sein, dass keine Seite einen epistemischen Vorteil für sich reklamieren kann: Die an der Meinungsverschiedenheit beteiligten Personen sind grundsätzlich gleichermaßen zuverlässig im Kopfrechnen und niemand ist in seiner kognitiven Leistungsfähigkeit akut beeinträchtigt. Dementsprechend kann in diesem Fall auch niemand einfach davon ausgehen, dass der Rechenfehler mit einer höheren Wahrscheinlichkeit von der jeweiligen Gegenseite gemacht worden ist. Viele Autor:innen gehen davon aus, dass diese epistemische Dynamik charakteristisch für *alle*

---

[4] Die (englischsprachige) Originalversion dieses Falls findet sich bei Christensen 2007.

Fälle von Meinungsverschiedenheiten unter Ebenbürtigen ist und vertreten vor diesem Hintergrund eine sogenannte konziliationistische Position, nach der man im Falle eines bemerkten Ebenbürtigendissenses das eigene Urteil hinsichtlich der strittigen Fragestellung aufgeben muss. Obwohl die Spezifika der in einer solchen Situation rational geforderten doxastischen Reaktion sowie die dieser Reaktion zugrundliegende epistemische Mechanik notorisch strittig sind,[5] besteht unter Konziliationist:innen Einigkeit, dass ein unbeeindrucktes Festhalten an der eigenen Position angesichts eines offengelegten Ebenbürtigendissenses eindeutig irrational ist, weil das Bemerken eines solchen Dissenses den Rechtfertigungsstatus der eigenen Position unterminiert.

Geht man von einer solchen Position aus, ergibt sich eine recht naheliegende Erklärung dafür, warum unterrichtliche Wissensvermittlungen durch die Kontroversität von Expert:innenmeinungen verunmöglicht werden. Dass Expert:innenmeinungen oftmals auch unter Lai:innen kontrovers sind, ist zwar weitgehend irrelevant – schließlich können sich mit Blick auf diese Meinungsverschiedenheiten Expert:innen auf ihre privilegierte epistemische Position berufen. Problematisch wird es allerdings, wenn die Expert:innenmeinungen auch unter Expert:innen kontrovers sind – denn die hier auftretenden Meinungsverschiedenheiten scheinen genau die Besonderheiten aufzuweisen, die für Dissense unter Ebenbürtigen charakteristisch sind:[6] So ist zumindest mit Blick auf wissenschaft-

---

[5] So ist etwa fraglich, ob man sich im Falle eines bemerkten Ebenbürtigendissenses immer des Urteils über die strittige Fragestellung enthalten sollte. Einige Konziliationist:innen vertreten die Ansicht, dass sich die Beteiligten eines Ebenbürtigendissenses stattdessen ‚in der Mitte treffen' (engl. *to split the difference*) sollten (für eine Diskussion siehe etwa Grundmann 2019): In einer Situation, in der Person A initial sehr stark von p überzeugt ist, während Person B initial nur schwach von nicht-p überzeugt ist, würde dies bedeuten, dass das Ergebnis einer rationalen Reaktion auf die bemerkte Meinungsverschiedenheit in einer beiderseitigen schwachen Überzeugung in p bestünde.

Welche spezifische doxastische Reaktion im Rahmen einer konziliationistischen Sichtweise gefordert werden sollte, hängt letztendlich auch von den Spezifika der epistemischen Mechanik ab, die als Grundlage der postulierten epistemischen Destruktivität bemerkter Ebenbürtigendissense identifiziert wird. Eine naheliegende und in der erkenntnistheoretischen Literatur verschiedentlich geäußerte Vermutung ist in diesem Zusammenhang, dass das Bemerken eines Ebenbürtigendissenses *Anfechtungsgründe* generiert – ob diese Vermutung zutrifft und um welche spezifische Art von Anfechtungsgrund es sich hierbei handeln soll, wird jedoch nach wie vor kontrovers diskutiert (siehe etwa Constantin 2021, Kap. 6).

[6] Im Folgenden wird die einflussreiche Konzeption epistemischer Ebenbürtigkeit von David Christensen vorausgesetzt, nach der zwei Personen genau dann epistemisch ebenbürtig sind, wenn sie (i) Zugang zu derselben Evidenz haben und (ii) gleichermaßen kompetent in der Auswertung dieser Evidenz sind (Christensen 2007). Hierbei handelt es sich nicht um die einzige Konzeption, die in der erkenntnistheoretischen Literatur vorgeschlagen worden ist. So geht etwa Thomas Kelly davon aus, dass zwei Personen genau dann epistemisch ebenbürtig sind, wenn sie (i) gleichermaßen vertraut mit der relevanten Evidenz sind und (ii) gleichermaßen intellektuell tugendhaft sind (Kelly 2005, 174). Alternativ wurde auch eine Konzeption vorgeschlagen, nach der zwei Personen genau dann epistemisch ebenbürtig sind, wenn sie mit derselben Wahrscheinlichkeit falsch liegen (Elga 2007, 499; Wedgwood 2010, 236). Da es sich jedoch bei diesen Alternativen um liberalere Konzeptionen epistemischer Ebenbürtigkeit handelt, sind die hier angestellten Überlegungen neutral mit Blick auf die hier angedeutete Kontroverse.

liche Expertise davon auszugehen, dass Expert:innen hier in der Regel vergleichbare Ausbildungs- Selektions- und Professionalisierungsprozesse durchlaufen haben, angesichts derer sie hinsichtlich der in den Bereich ihrer Expertise fallenden Fragestellungen in etwa mit derselben Evidenzgrundlage, beispielsweise in Form einschlägiger Studien und Forschungsergebnisse, vertraut sind und auch gleichermaßen kompetent in der Auswertung dieser Evidenzgrundlage sind. Doch wenn es sich bei Kontroversen unter Expert:innen um Ebenbürtigendissense handelt, und solche Dissense den Rechtfertigungsstatus der beteiligten Positionen unterminieren, dann folgt daraus, dass kontroverse Expert:innenmeinungen ungerechtfertigt sind. Kurz gesagt, und auf die spezifische Kontroverse über die korrekte Theorie normativer Ethik angewandt, wäre die Idee also: Wenn es unter professionellen Ethiker:innen strittig ist, welche Theorie normativer Ethik korrekt ist, dann *wissen* professionelle Ethiker:innen auch nicht, welche Theorie normativer Ethik korrekt ist. Und dementsprechend gäbe es in dieser Frage auch kein Expert:innenwissen, das in unterrichtlichen Kontexten vermittelt werden kann.

Somit haben wir eine erste vielversprechende Erklärung für die Unterminierung moralischer Wissensvermittlungen durch moralphilosophische Meinungsverschiedenheiten identifiziert. Sofern vor dem Hintergrund entsprechender moralphilosophischer Dissense die moralischen Ansichten professioneller Ethiker:innen ein Ausdruck von Irrationalität wären, schiene es tatsächlich unangemessen, diese Ansichten einfach zur Grundlage unterrichtlicher Vermittlungsprozesse zu machen. Gleichzeitig dürfte die soeben angebotene Erklärung aber auch selbst durchaus kontrovers sein: So ist zunächst die Plausibilität konziliationistischer Positionen in der Erkenntnistheorie der Meinungsverschiedenheiten kontrovers. Zwar werden diese Positionen breit vertreten, jedoch gibt es ebenso Ansätze, die ein Beharren auf dem eigenen Standpunkt im Lichte eines Ebenbürtigendissenses als vollständig rational auszeichnen (siehe etwa Kelly 2005). Darüber hinaus könnte man selbst vor dem Hintergrund einer konziliationistischen Position dafür argumentieren, dass moralische Meinungsverschiedenheiten spezifische Besonderheiten aufweisen, die eine *Anwendung* des Konziliationismus unplausibel erscheinen lassen. So könnte man beispielsweise dafür argumentieren, dass moralische Überzeugungen zumindest teilweise auf der Grundlage *privater Evidenz* – also Evidenz, die nicht ohne Weiteres zwischen verschiedenen Personen geteilt werden kann – gebildet werden und in moralischen Fragen eine gemeinsame Evidenzgrundlage als notwendige Bedingung epistemischer Ebenbürtigkeit somit von Vornherein ausgeschlossen ist (siehe etwa Feldman 2007, Rosen 2001, van Inwagen 1996). Alternativ könnte man die Sichtweise vertreten, dass zumindest mit Blick auf moralische Fragen konfligierende, aber *gleichermaßen legitime* Auswertungen der relevanten Evidenzgrundlage möglich sind, sodass das Auftreten eines Dissenses nicht dafür sprechen muss, dass einer Seite ein Performanzfehler unterlaufen ist (für die Diskussion einer solchen Sichtweise siehe etwa Ballantyne und Coffman 2011, Brueckner und Bundy 2012, Schoenfield 2014).

Wie erfolgsversprechend solche Versuche der Zurückweisung letztendlich sind, kann an dieser Stelle nicht abschließend diskutiert werden.[7] Entscheidend ist jedoch, dass es in jedem Fall noch eine weitere Erklärung für die Unterminierung moralischer Wissensvermittlungen durch moralphilosophische Meinungsverschiedenheiten gibt: Denn selbst wenn sich herausstellen sollte, dass moralische Expert:innendissense nicht den epistemischen Status der beteiligten Positionen zu unterminieren vermögen, würde sich immer noch die Frage stellen, welchen dieser Positionen denn überhaupt ein privilegierter epistemischer Status zuzuschreiben wäre. Veranschaulichen wir auch diese Überlegung anhand der Kontroverse um die korrekte Theorie normativer Ethik: Gemäß der soeben erwogenen Erklärung besteht das Problem hier wie gesagt darin, dass die anhaltende Meinungsverschiedenheit zwischen Deontolog:innen, Konsequentialist:innen und Tugendethiker:innen zur Folge hat, dass keine Seite in ihrer Position gerechtfertigt ist. Nehmen wir etwa an, der Konsequentialismus wäre tatsächlich korrekt: In diesem Fall hätten Konsequentialist:innen eine wahre, angesichts der bestehenden Kontroverse allerdings ungerechtfertigte Meinung und dementsprechend auch kein Wissen. Es gibt jedoch auch noch eine weitere Erklärung dafür, dass diese Kontroverse eine unterrichtliche Vermittlung von Wissen über die korrekte Moraltheorie unterminiert. Nehmen wir etwa an, dass die Seite, die de facto die richtige Position vertritt, auch trotz der bestehenden Meinungsverschiedenheit *weiß*, dass es sich hierbei um die richtige Position handelt. Das Problem wäre hier jedoch immer noch, dass angesichts dieser Kontroverse völlig unklar bleibt, auf welche Position dies zutrifft: Selbst wenn eine der drei Parteien wirklich weiß, welche Theorie normativer Ethik korrekt ist, scheint es keine geeignete Grundlage zu geben, diese Partei zu identifizieren. Denn da es sich um eine Meinungsverschiedenheit unter Ebenbürtigen handelt, hätten auch alle Parteien zunächst einen gleichberechtigten *Anspruch* auf Wissen – wenngleich letztendlich natürlich nur eine Position tatsächlich wahr sein kann.

Während die erste Erklärung also auf den *Umfang* moralischen Expert:innenwissens abzielt, zielt die zweite Erklärung auf die *Identifikation* moralischen Expert:innenwissens ab. Unabhängig davon, welche dieser beiden Erklärungen sich letztendlich als plausibler erweist, wird somit klar, dass die Kontroversität moralischer Fragestellungen in jedem Fall eine ernstzunehmende Herausforderung für die Wissensvermittlungskonzeption moralischer Bildung darstellt: Denn entweder die moralischen Meinungsverschiedenheiten innerhalb der akademischen Moralphilosophie unterminieren den epistemischen Status der Expert:innenmeinungen. In diesem Fall hätten selbst die Expert:innen kein moralisches Wissen und könnten dementsprechend auch keine unterrichtlichen Vermittlungsprozesse informieren. Oder die moralischen Meinungsverschiedenheiten innerhalb der akademischen Moralphilosophie unterminieren nicht den epistemischen Status der Expert:innenmeinungen. In diesem Fall wüsste womöglich in vielen Fällen zumindest ein Teil

---

[7] Für eine nähere Diskussion einiger der soeben angeführten Überlegungen siehe etwa Balg 2023.

der Expert:innen, was moralisch richtig oder falsch ist. Das Problem wäre hier jedoch, dass angesichts der Meinungsverschiedenheit immer noch unklar wäre, für welche der beteiligten Parteien dies gilt, da alle Parteien einen gleichberechtigten Wahrheitsanspruch erheben könnten. Somit wäre nach wie vor nicht entscheidbar, welche Position letztendlich im Unterricht vermittelt werden sollte.

Gleichzeitig dürfte vor dem Hintergrund der obigen Überlegungen auch klar sein, dass beide Erklärungen nur in solchen Fällen greifen, in denen (i) eine moralische Fragestellung unter professionellen Ethiker:innen tatsächlich kontrovers ist und (ii) darüber hinaus die diesbezügliche Kontroverse auch eine *spezifische Struktur* aufweist. Nehmen wir etwa an, eine Mehrheit von zwei Dritteln hielte eine deontologische Position für korrekt, während jeweils lediglich ein Sechstel eine tugendethische bzw. eine konsequentialistische Position verträte. In diesem Fall gäbe es zwar nach wie vor eine Kontroverse – jedoch wäre zumindest vor dem Hintergrund der beiden erwogenen Erklärungen nicht klar, warum diese Kontroverse unterrichtliche Wissensvermittlungen verunmöglichen sollte. Nehmen wir zunächst die erste Erklärung: Wüsste im Falle einer Zweidrittelmehrheit die Gruppe der Deontolog:innen, dass eine deontologische Position korrekt ist? Sofern wir stipulieren, dass eine deontologische Position tatsächlich korrekt ist, und diese Position darüber hinaus auch gut begründet ist, könnte dem durchaus so sein – entscheidend für den vorliegenden Zusammenhang ist jedenfalls, dass dieses Wissen zumindest nicht durch die bestehende Kontroverse *unterminiert* würde. Denn wie wir anhand des im vorangegangenen Abschnitt erwähnten Beispiels aus der Wissenschaftstheorie gesehen haben, spielen Mehrheitsverhältnisse in diesem Zusammenhang eine wichtige Rolle: In einer Meinungsverschiedenheit zwischen einer wesentlich größeren und einer wesentlich kleineren Gruppe gleichermaßen zuverlässiger Personen wird die größere Gruppe mit sehr viel höherer Wahrscheinlichkeit richtig liegen als die kleinere Gruppe. Während auf der Ebene der individuellen Expert:innen in einem solchen Fall also nach wie vor eine epistemische Symmetrie vorliegt, gilt dies nicht auf der kollektiven Ebene. Und aus diesem Grund, so scheint es, könnte die Mehrheit hier auch gerechtfertigterweise an ihrer Position festhalten – eine Überlegung, die auch in der erkenntnistheoretischen Forschung explizit vorgebracht wurde (siehe etwa Grundmann 2013, Kelly 2016). Eine ganz ähnliche Überlegung gilt nun auch mit Blick auf die zweite Erklärung: Denn die herausgearbeitete epistemische Asymmetrie zwischen größeren und kleineren Gruppen würde nicht nur ein Beharren der Mehrheit auf ihrer Position rationalisieren, sondern auch eine *Identifikation* von Wissensbeständen in kontroversen Gemengelagen ermöglichen. Zwar mag die Einsicht, dass die größere Gruppe mit einer höheren Wahrscheinlichkeit als die kleinere Gruppe richtig liegt, für sich genommen noch nicht hinreichend sein, der größeren Gruppe auch Wissen zuzuschreiben – doch zumindest reicht sie aus, um das im Rahmen symmetrischer Meinungsverschiedenheiten auftretende Problem der gleichberechtigten Wahrheitsansprüche, das eine eindeutige Wissenszuschreibung verunmöglicht, aus dem Weg zu räumen.

Vor dem Hintergrund dieser Überlegungen wird deutlich, dass der Einwand der Meinungsverschiedenheiten lediglich in solchen Fällen greift, in denen eine gegebene moralische Fragestellung unter professionellen Ethiker:innen nicht nur kontrovers ist, sondern in denen die bestehende Meinungsverschiedenheit darüber hinaus auch annähernd symmetrisch ist, sodass keine klare Mehrheitsmeinung vorliegt. Wie wir gesehen haben, ist mit Blick auf die Frage nach der korrekten Theorie normativer Ethik genau dies der Fall. Die zentrale Sorge war nun, dass sich diese grundsätzliche Kontroverse auf spezifischere moralische Fragestellungen überträgt: Wenn schon auf einer grundlegenden Ebene völlig strittig ist, was es überhaupt bedeutet, von einer Handlung zu sagen, dass sie moralisch richtig oder falsch sei, dann sind mit Blick auf spezifischere moralische Fragen erst recht keine soliden Mehrheitsmeinungen zu erwarten. Tatsächlich ist diese Diagnose jedoch zu vorschnell. Es könnte sich durchaus herausstellen, dass es sich bei der Kontroverse um die korrekte Theorie normativer Ethik um einen ungewöhnlichen Fall handelt. Zwar stehen solide empirische Daten zu den meisten spezifischeren moralischen Fragen nicht zur Verfügung, jedoch wurde in der philosophischen Literatur explizit die Vermutung geäußert, dass bei weitaus mehr philosophischen Fragen eindeutig asymmetrische Mehrheitsverhältnisse zu erwarten sind, als man auf den ersten Blick meinen könnte (siehe etwa Carey und Matheson 2012): Und tatsächlich gibt es prima facie guten Grund zur Annahme, dass viele Philosoph:innen die Kontroversität philosophischer Fragestellungen systematisch überschätzen. Denn auch in der universitären Forschung und Lehre werden philosophische Probleme und Themen standardmäßig entlang einer zuspitzenden Gegenüberstellung konfligierender Ansätze erarbeitet. Dementsprechend können ausgebildete Philosoph:innen zu so gut wie jeder philosophischen Position ohne Weiteres ein konkretes Beispiel für eine Gegenposition nennen. Mit Blick auf die Frage nach den tatsächlichen Mehrheitsverhältnissen in einer Kontroverse sind solche anekdotischen Hinweise jedoch weitestgehend irrelevant.[8]

---

[8] Ein spektakuläres Beispiel hierfür ist beispielsweise der Diskurs zur moralischen Bewertung von Schwangerschaftsabbrüchen. Im deutschsprachigen Raum wurde dieser Diskurs in den letzten gut 20 Jahren geprägt von den Ergebnissen eines DFG-Rundgesprächs zum Status menschlicher Embryonen an der Deutschen Akademie der Naturforscher Leopoldina in Halle (Saale) im Jahr 2002. Ziel dieses Rundgesprächs war es, eine Bestandsaufnahme und Bewertung der damals aktuellen Argumentlage zu leisten. Im Zentrum standen dabei vier klassische Argumente für den moralischen Status menschlicher Embryonen, die jeweils auf der Grundlage einer Pro- und einer Contra-Stellungnahme diskutiert wurden. Die Ergebnisse wurden in einem Sammelband (Damschen und Schönecker 2002) veröffentlicht, der dieser symmetrischen Struktur folgt und zu jedem der thematisierten Argumente jeweils eine befürwortende und eine ablehnende Stimme zu Wort kommen lässt. Die in dieser Publikation vorgenommene Strukturierung der philosophischen Debatte entlang der sogenannten SKIP-Argumente (zur Erläuterung s. Abschn. 4.1.1, Fußnote 68) wird auch in der Lehrkräfteausbildung oftmals herangezogen. Das somit nahegelegte Bild, dass es in dieser Debatte vier Hauptargumente gibt, die kritisch diskutiert werden und mit Blick auf die es jeweils Befürworter:innen und Kritiker:innen gibt, ist jedoch insofern irreführend, als dass tatsächlich eine überwältigende Mehrheit der professionellen Philosoph:innen keine abtreibungskritische Position vertritt (Bourget und Chalmers 2023).

Im Falle moralischer Fragen lässt sich diese Prognose angesichts der verfügbaren empirischen Evidenz ein Stück weit erhärten: So haben etwa im Rahmen der jüngsten PhilPapers Survey unter den befragten Ethiker:innen 86,11 %
Abtreibungen im ersten Trimester als grundsätzlich moralisch zulässig bewertet,
während lediglich 11,11 % für eine Unzulässigkeit votierten. Ganz ähnlich bewerteten 74,26 % der Befragten gentechnische Eingriffe am menschlichen Erbgut
als grundsätzlich moralisch zulässig, während lediglich 15,44 % solche Eingriffe
als unzulässig bewerteten. Und 74,13 % der Befragten lehnten die Todesstrafe
grundsätzlich ab, während lediglich 18,88 % für eine Zulässigkeit votierten (Bourget und Chalmers 2023).

In Fällen mit derart starken Asymmetrien dürfte der Einwand der Meinungsverschiedenheiten kaum greifen. Und tatsächlich sollten solche Fälle auch nicht allzu
sehr überraschen. Denn schließlich ist es trotz augenfälliger Differenzen bei Weitem nicht so, als würden tugendethische, konsequentialistische und deontologische
Ansätze völlig unterschiedliche Kriterien moralischer Richtigkeit anbieten. Vielmehr scheint es sich bei den jeweils angebotenen Kriterien um verschiedene Ausformulierungen einer gemeinsamen Grundidee zu handeln, die in der Moralphilosophie auch als ,moral point of view' bezeichnet wird. Wie genau diese Grundidee
charakterisiert werden kann, ist in der Moralphilosophie strittig – jedoch besteht
Einigkeit, dass es sich hierbei im Kern um eine Idee der Unparteilichkeit handelt
(siehe etwa Baier 1958, Kap. 8; Harsanyi 1982; Scheffler 1982, 1985; Smith 1976;
Wolf 1992). Diese besagt, dass zwei Situationen, die sich lediglich in der Identität
der beteiligten Personen unterscheiden, moralisch gleich zu bewerten sind (Henning 2019, 21). Verschiedene Moraltheorien versuchen nun, diese grundsätzliche
Idee der Unparteilichkeit in Form konkreter Universalisierungsheuristiken auszu-
buchstabieren, beispielsweise in Form des kategorischen Imperativs, der Goldenen
Regel oder Singers Prinzip der gleichen Interessenabwägung. Susan Wolf erläutert
diesen Zusammenhang folgendermaßen (Wolf 1982, 436 f.):

> The moral point of view, we might say, is the point of view one takes up insofar as one
> takes the recognition of the fact that one is just one person among others equally real and
> deserving of the good things in life as a fact with practical consequences, a fact the re-
> cognition of which demands expression in one's actions and in the form of one's practical
> deliberations. Competing moral theories offer alternative answers to the question of what
> the most correct or the best way to express this fact is.

Bei verschiedenen Theorien normativer Ethik handelt es sich also nicht um grundsätzlich verschiedene Auffassungen darüber, was moralisch richtig oder falsch ist,
sondern vielmehr um unterschiedliche Konkretisierungen bzw. Rechtfertigungen
eines gemeinsamen Kerngedankens. Aus moralphilosophischer Sicht mag dieser Kerngedanke insoweit von begrenzter Relevanz sein, als dass er für sich
genommen noch viel zu vage ist, um eine zufriedenstellende Moraltheorie darzustellen. Dementsprechend ist es nicht weiter verwunderlich, dass sich die philosophische Forschungsdebatte oftmals auf genau die Fälle konzentriert, in denen
die verschiedenen Moraltheorien zu unterschiedlichen Ergebnissen kommen, um
auf dieser Grundlage spezifischere Theorien formulieren zu können. Mit Blick auf

unterrichtliche Kontexte ist ein solcher Fokus auf Grenz- und Kontrastfälle jedoch insofern problematisch, als dass er leicht den Eindruck vermittelt, dass es sich bei den verschiedenen Ansätzen der normativen Ethik um völlig unvereinbare Positionen handelt und dass in der Moralphilosophie entsprechend so gut wie alle moralischen Fragen kontrovers sind.

In welchem Maße die verschiedenen Ansätze der normativen Ethik miteinander unvereinbar sind, ist dabei letztendlich eine offene philosophische Frage, die in der aktuellen Forschung kontrovers diskutiert wird. Einen wichtigen und aktuell intensiv rezipierten Impuls hat diese Debatte jüngst durch die von Derek Parfit in seinem Hauptwerk *On What Matters* entwickelte *Triple Theory* erhalten, in deren Rahmen eine grundsätzliche Kompatibilität der verschiedenen Ansätze etabliert werden soll. Parfit bemüht in diesem Zusammenhang bekanntermaßen die Metapher eines Berges, dessen Gipfel lediglich von verschiedenen Seiten aus bestiegen wird (Parfit 2011, 419). Sollte sich eine solche Sichtweise als korrekt herausstellen, würde sich die Meinungsverschiedenheit zwischen Vertreter:innen verschiedener Moraltheorien als Scheinkontroverse entpuppen, da in diesem Fall die verschiedenen Theorien normativer Ethik tatsächlich ein und dasselbe Moralprinzip formulieren würden. Ob und inwieweit dieser Gedanke plausibel ist, kann an dieser Stelle offensichtlich nicht geklärt werden. Entscheidend für den vorliegenden Zusammenhang ist jedoch folgende Überlegung: Sollten sich die verschiedenen Moraltheorien als völlig kompatibel erweisen, würde die im Zentrum des Einwandes der Meinungsverschiedenheiten stehende Kontroverse verschwinden, sodass wir es letztendlich kaum noch mit einem allzu schlagenden Einwand zu tun hätten. Würden sich die verschiedenen Moraltheorien jedoch tatsächlich als inkompatibel erweisen, wären dies ebenfalls gute Nachrichten für Vertreter:innen der Wissensvermittlungskonzeption, insofern dadurch den vereinzelten Konsensen zu spezifischeren moralischen Fragen ein umso höheres epistemisches Gewicht beizumessen wäre. Denn sofern diese Konsense zwischen Vertreter:innen von miteinander inkompatiblem Moraltheorien bestünden, würde dies unmittelbar für eine sehr hohes Maß an Unabhängigkeit sprechen, was vor dem Hintergrund des Condorcet-Jury-Theorems eine sehr hohe Wahrheitswahrscheinlichkeit der entsprechenden Konsenspositionen gewährleisten würde.

Wie eine nähere Betrachtung zeigt, handelt es sich auch beim Einwand der Meinungsverschiedenheiten also um keinen vernichtenden Einwand gegen die Wissensvermittlungskonzeption. Trotzdem handelt es sich um einen Einwand, der der Möglichkeit einer unterrichtlichen Vermittlung moralischen Wissens klare und substantielle Grenzen aufzeigt. Wie wir gesehen haben, verunmöglichen symmetrische Meinungsverschiedenheiten unter professionellen Ethiker:innen moralische Wissensvermittlungsprozesse, da sie selbst vor dem Hintergrund der Voraussetzung, dass sie nicht den Rechtfertigungsstatus der Expert:innenurteile unterminieren, immer noch eine Identifikation der zu vermittelnden Wissensbestände verhindern. Wie schwerwiegend dieses Problem mit Blick auf die Aussichten unterrichtlicher Vermittlungen von moralischem Wissen letztendlich ist, hängt zum einen davon ab, wie verbreitet symmetrische Meinungsverschiedenheiten ohne klare Mehrheitsverhältnisse in der akademischen Moralphilosophie sind. An dieser

Stelle wären spezifischere und substantiellere empirische Daten als die von der PhilPapers Survey bereitgestellten äußerst hilfreich und wünschenswert. Ein prominentes und empirisch plausibles Beispiel für eine symmetrische Meinungsverschiedenheit, das von Kritiker:innen der Wissensvermittlungskonzeption gerne ins Feld geführt wird, ist die Kontroverse um die korrekte Theorie normativer Ethik. Obwohl diese Kontroverse auch weitere symmetrische Meinungsverschiedenheiten hinsichtlich angewandter Fragestellungen anzeigt, sollte sie gleichzeitig in ihrer didaktischen Relevanz nicht überschätzt werden. Die verschiedenen Theorien normativer Ethik sind bei aller Verschiedenheit Ausdruck eines tieferliegenden Konsenses über grundlegende Charakteristika eines genuin moralischen Standpunktes und könnten sich letzten Endes sogar als völlig kompatibel erweisen. Abgesehen davon, dass dieser Konsens schon per se für moralische Bildungsprozesse von einiger Bedeutung sein dürfte, gibt er Grund zur Annahme, dass es eben auch eine ganze Reihe von angewandten Fragestellungen geben wird, mit Blick auf die stabile Mehrheitsverhältnisse zu erwarten sind.

Wie eindeutig die jeweiligen Mehrheitsverhältnisse dabei sein müssen, um die destruktiven Implikationen einer moralphilosophischen Kontroverse erfolgreich abwenden zu können, wird entscheidend davon abhängen, wie die Zuverlässigkeit und Unabhängigkeit der an der Kontroverse beteiligten Moralphilosoph:innen genau einzuschätzen ist.[9] Während insbesondere eine akkurate Zuverlässigkeitseinschätzung angesichts fehlender Erfolgsbilanzen in diesem Zusammenhang eine grundlegende Herausforderung darstellen dürfte, gibt es dennoch durchaus Anlass zum Optimismus. So haben wir einerseits auch ohne vorliegende Erfolgsbilanzen guten Grund zur Annahme, dass professionelle Ethiker:innen im Regelfall zumindest mit einer Zuverlässigkeit von über 50 % ihre individuellen moralischen Urteile bilden. Und andererseits konnte gezeigt werden, dass auch vor dem Hintergrund vergleichsweise pessimistischer Unabhängigkeitsannahmen die Zuverlässigkeit philosophischer Mehrheiten die individuelle Zuverlässigkeit einzelner Ethiker:innen bei Weitem übersteigt (Jaksland 2022). Darüber hinaus würde eine tatsächliche Unvereinbarkeit der verschiedenen Theorien normativer Ethik dafür sorgen, dass spezifisch mit Blick auf Mehrheitspositionen zu angewandten moralischen Fragestellungen von einem besonders hohen Maß an Unabhängigkeit auszugehen ist. Dementsprechend scheint die Hoffnung durchaus gerechtfertigt, dass die destruktiven Implikationen moralischer Expert:innendissense in vergleichsweise vielen Fällen durch einen Hinweis auf bestehende Asymmetrien zurückgewiesen werden können, ohne dass dafür extreme Mehrheitsverhältnisse oder

---

[9] In jedem Fall wird vor dem Hintergrund des Condorcet-Jury-Theorems deutlich, dass Mehrheiten von (nahezu) 100 % keineswegs nötig sind, um direktive Vermittlungen spezifischer Inhalte zu legitimieren. Wäre dem so, wären zudem auch direktive Vermittlungen im naturwissenschaftlichen Unterricht oftmals illegitim. Schließlich bestehen auch in der naturwissenschaftlichen Forschung notorische Meinungsverschiedenheiten bezüglich sehr vieler sehr grundlegender Fragen, was in der öffentlichen Wahrnehmung gerne übersehen wird (siehe etwa Dellsén und Baghramian 2021; Dellsén, Lawler und Norton 2023).

unrealistische Zuverlässigkeits- und Unabhängigkeitsannahmen vonnöten wären. Während der Einwand der Meinungsverschiedenheiten also auf wichtige und substantielle Einschränkungen moralischer Wissensvermittlungen aufmerksam macht, vermag er die Möglichkeit solcher Vermittlungen auf einer grundsätzlichen Ebene nicht zu widerlegen.

3.1.4 Zwischenfazit

In diesem Abschnitt haben wir drei verschiedene Ausformulierungen der grundsätzlichen Sorge diskutiert, dass die Wissensvermittlungskonzeption auf fragwürdigen (meta-)philosophischen Annahmen über Möglichkeit, Verteilung und Umfang moralischen Wissens beruht. Die grundlegende Idee hinter dem Einwand des fehlenden Wissens ist, dass die Wissensvermittlungskonzeption die problematische Annahme voraussetzen muss, dass es überhaupt so etwas wie robustes moralisches Wissen geben kann. Die grundlegende Idee hinter dem Einwand der fehlenden Expertise ist, dass die Wissensvermittlungskonzeption die problematische Annahme voraussetzen muss, dass es eine klar identifizierbare Gruppe von mit Blick auf moralische Fragen spezifisch privilegierten Personen gibt, die in einer Position sind, moralische Wissensbestände bereit zu stellen, die dann als Input für unterrichtliche Vermittlungsprozesse herangezogen werden können. Die grundlegende Idee hinter dem Einwand der Meinungsverschiedenheiten ist, dass die Wissensvermittlungskonzeption die problematische Annahme voraussetzen muss, dass es in dieser Gruppe epistemisch privilegierter Personen entsprechende Konsenspositionen gibt, die als Kandidaten für moralische Wissensbestände für entsprechende Vermittlungsprozesse in Betracht gezogen werden können.

Wie wir gesehen haben, stellt keiner dieser drei Einwände eine unüberwindbare Herausforderung für die Wissensvermittlungskonzeption dar. Die beiden ersten Einwände lassen sich vor dem Hintergrund einer genaueren dialektischen Einordnung zurückweisen: Die Wissensvermittlungskonzeption liefert, so wie sie im Rahmen des vorliegenden Buches eingeführt worden ist, im Wesentlichen eine spezifische Antwort auf eine spezifische Frage. Die Frage ist, wie der schulische Philosophie- und Ethikunterricht der an ihn gerichteten Forderung Rechnung tragen kann, einen wichtigen Beitrag zur moralischen Bildung von Kindern und Jugendlichen zu leisten, wobei mit moralischer Bildung explizit eine moralische Verbesserung des Denkens und Handelns gemeint ist. Entscheidend ist, dass diese Forderung nach einer moralischen Verbesserung einerseits bereits voraussetzt, dass es so etwas wie prinzipiell erreichbare moralische Erkenntnisse gibt. Denn gäbe es solche Erkenntnisse nicht, gäbe es auch keinen Maßstab, relativ zu dem eine Verbesserung des moralischen Denkens und Urteilens stattfinden könnte. Andererseits setzt diese Forderung ebenfalls voraus, dass es darüber hinaus eine klar identifizierbare Gruppe von Personen gibt, die in einer epistemisch privilegierten Position sind, moralische Erkenntnisse zu erlangen. Denn gäbe es eine solche Gruppe nicht, gäbe es letztendlich auch keinen signifikanten Unterschied zwischen

Personen, die erfolgreich moralische Bildungsprozesse durchlaufen haben und solchen Personen, für die dies (noch) nicht gilt.

Die Möglichkeit moralischen Wissens und die Annahme geeigneter moralischer Expert:innen sind also keine spezifischen Voraussetzungen der Wissensvermittlungskonzeption, sondern unterliegen bereits der Frage, auf die die Wissensvermittlungskonzeption eine Antwort zu geben versucht. Selbstverständlich könnte man an dieser Stelle prinzipiell auch versuchen, diese Frage grundsätzlich zurückzuweisen und darauf zu beharren, dass es sich bei der an den Philosophie- und Ethikunterricht gerichteten Forderung einer moralischen Verbesserung um eine fehlgeleitete und letztendlich illusorische Forderung handelt. Abgesehen davon, dass es jedoch gerade ein Kernanliegen des vorliegenden Buches ist, diese Forderung nicht vorschnell zurückzuweisen und stattdessen im Sinne einer genaueren Diskussion ernst zu nehmen, scheint eine Zurückweisung der entsprechenden von der Wissensvermittlungskonzeption gemachten Annahmen auch aus unabhängigen Gründen wenig plausibel. So wird zum einen in der fachdidaktischen Literatur üblicherweise nicht nur eingeräumt, sondern tatsächlich explizit gefordert, dass Bildungsprozesse im Rahmen des Philosophie- und Ethikunterrichts die Gewinnung philosophischer „Einsichten" (Meyer 2017, 110; Bittner 2010, 131), „die Erkenntnis der Wahrheit" (Montag 2017, 202) bzw. „das Herausarbeiten des Richtigen" (Rösch 2012, S. 250) ermöglichen sollen. Zum anderen scheinen diese Annahmen aber auch bereits unserer alltäglichen moralischen Praxis zu unterliegen: So gehen wir im Normalfall nicht nur wie selbstverständlich davon aus, dass wir de facto bereits eine ganze Menge moralischen Wissens besitzen – eine Tatsache, die durch den für die philosophische Forschung und die unterrichtliche Praxis gleichermaßen charakteristischen Fokus auf Grenzfälle, Dilemmata und moralische Kontroversen leicht zu übersehen ist –, sondern wir versuchen auch, in konkreten moralischen Entscheidungssituationen unsere epistemische Situation mit Blick auf die zugrunde liegende Problemfrage gezielt zu verbessern, indem wir in spezifische Deliberations- und Reflexionsprozesse eintreten. Indem wir dies tun, bewerten wir unser zukünftiges Selbst in Relation zu unserem gegenwärtigen Selbst implizit als moralisch überlegen.

Während sich also der Einwand des fehlenden Wissens und der Einwand der fehlenden Expertise weitgehend zurückweisen lassen, expliziert der Einwand der Meinungsverschiedenheiten ein gewichtiges Problem für die Wissensvermittlungskonzeption, das sich nicht ohne Weiteres ausräumen lässt. Die Möglichkeit einer Vermittlung moralischen Wissens wird in vielen Fällen durch die notorische Kontroversität moralischer Fragestellungen von Vornherein unterminiert. Um das Ausmaß und die Schwere der hier zutage tretenden Problematik angemessen einschätzen zu können, ist es jedoch unabdingbar, zunächst besser zu verstehen, welche Arten von Meinungsverschiedenheiten aus welchen Gründen unterrichtliche Vermittlungen moralischen Wissens verunmöglichen. Die in diesem Kapitel angestellten Überlegungen legen folgendes Bild nahe: Die mit Blick auf unterrichtliche Wissensvermittlungen entscheidenden moralischen Meinungsverschiedenheiten sind symmetrische Meinungsverschiedenheiten unter professionellen Ethiker:innen. Diese spezifische Art moralischer Dissense unterminiert moralische Wissensvermittlungen, indem sie entweder den epistemischen Status der zugrunde liegenden moralischen Urteile angreift oder aber zumindest die Identifikation von moralischen Wissensbeständen verunmöglicht.

Die Kontroversität moralischer Fragestellungen geht also mit klaren und durchaus substantiellen Einschränkungen moralischer Wissensvermittlungen einher. Dieses Urteil bestätigt die bereits im letzten Kapitel getroffene Einschätzung, dass die im Rahmen der Wissensvermittlungskonzeption zu vermittelnden moralischen Wissensbestände vermutlich stark begrenzt sind. Wie weitgehend die hier drohenden Einschränkungen genau sein werden, ist dabei letztendlich auch eine empirische Frage. Während die Vermittlung einer spezifischen Moraltheorie gegenwärtig vermutlich nicht möglich ist, verleiht die hier im Hintergrund stehende Kontroverse der normativen Ethik vereinzelten Konsensen hinsichtlich angewandter Fragestellungen, so wie sie auch schon empirisch identifiziert werden konnten, ein umso höheres epistemisches Gewicht, indem sie ein hinreichendes Maß an Unabhängigkeit gewährleistet. Somit haben wir es auch hier, wenngleich mit einem substantiellen, so doch nicht mit einem schlagenden Einwand gegen die Wissensvermittlungskonzeption zu tun. Darüber hinaus wäre hier ebenfalls zu fragen, inwieweit wir es mit einem wirklich *spezifischen* Einwand gegen die Wissensvermittlungskonzeption zu tun haben. Sollte sich etwa herausstellen, dass moralische Meinungsverschiedenheiten tatsächlich die skizzierten epistemisch destruktiven Effekte haben, hätte dies vermutlich auch problematische Implikationen für alternative Ansätze moralischer Bildung. So scheint zumindest der in fachdidaktischen Kontexten sehr beliebte fähigkeitsbasierte Ansatz davon auszugehen, dass Lernende die ihnen vermittelten Fähigkeiten bereits in konkreten unterrichtlichen Kontexten nutzen können, um gut begründete moralische Urteile zu fällen und im besten Fall zu moralischen Einsichten zu gelangen. Sofern wir davon ausgehen, dass herkömmliche Lerngruppen epistemisch hinreichend homogen sind und unterrichtliche Diskussionen moralischer Fragestellungen üblicherweise in Kontroversen münden, würde eine epistemische Destruktivität von Ebenbürtigendissensen auf diese Vorstellung jedoch ebenfalls ein kritisches Licht werfen. In diesem Sinne könnte es gut sein, dass die Kontroversität moralischer Fragestellungen auch über den spezifischen Kontext der Wissensvermittlungskonzeption hinaus problematische Implikationen hinsichtlich der Möglichkeiten und Grenzen moralischer Bildungsprozesse mit sich bringt.

3.2   Pädagogische Einwände

Sofern die Überlegungen des vorangegangenen Kapitels überzeugen, sind unterrichtliche Vermittlungen moralischen Wissens aus philosophischer Sicht durchaus möglich. Ebenso wie andere Unterrichtsfächer kann auch der Philosophie- und Ethikunterricht auf eine wissenschaftliche Bezugsdisziplin als Quelle substantieller domänenspezifischer Wissensbestände zurückgreifen. Gleichzeitig muss – und kann – natürlich nicht einfach *alles* vermittelt werden, was wissenschaftliche Bezugsdisziplinen bereitstellen. Dies wird schon alleine angesichts eines näheren

Blickes auf die bereits zitierte Formulierung des Deutschen Bildungsrates deutlich: Wissenschaftsorientierung bedeutet, dass alle Bildungsgegenstände wissenschaftlich sanktioniert sein müssen – und nicht, dass alles, was wissenschaftlich sanktioniert ist, zum Bildungsgegenstand erklärt werden sollte. Was im Unterricht letztendlich vermittelt werden sollte, hängt dementsprechend nicht nur von wissenschaftlichen, sondern auch von pädagogischen und bildungstheoretischen Überlegungen ab. In der didaktischen Literatur ist in diesem Zusammenhang auch von zwei verschiedenen Arten von Autorität die Rede, die Lehrpersonen in unterrichtlichen Kontexten besitzen (Giesinger 2021, 22): Während Lehrpersonen als Vertreter:innen ihres Faches *epistemisch* autorisiert sein mögen, alle möglichen Inhalte zu vermitteln, die aus fachlicher Sicht als hinreichend gesichert gelten können, sind sie nicht auch automatisch *pädagogisch* autorisiert, dies zu tun.

Eine naheliegende Begründung der Vermutung, dass direktive Vermittlungen moralischer Wissensbestände pädagogisch unangemessen sein könnten, besteht nun offensichtlich in ihrer gesellschaftlichen Kontroversität: Schon allein die im Rahmen der Diskussion des Einwandes der Meinungsverschiedenheiten angedeuteten Mehrheitsmeinungen zu Themen wie Abtreibung, Genmanipulation oder Todesstrafe machen deutlich, dass vermutlich viele der durch die akademische Moralphilosophie angebotenen Positionen, wenngleich unter professionellen Ethiker:innen weitgehend unstrittig, auf gesellschaftlicher Ebene im höchsten Maße kontrovers sein dürften. Diese Kontroversität muss zwar, wie wir gesehen haben, nicht dagegen sprechen, dass es sich hierbei tatsächlich um genuine moralische Erkenntnisse handelt. Trotzdem könnte sie dagegen sprechen, dass eine Vermittlung dieser Wissensbestände in unterrichtlichen Kontexten pädagogisch angemessen wäre.

Im Folgenden möchte ich drei verschiedene Einwände gegen die Wissensvermittlungskonzeption näher diskutieren, die alle jeweils auf eine genauere Erklärung der soeben entwickelten Sorge zurückgreifen, dass die direktive Vermittlung spezifischer moralphilosophischer Konsenspositionen mit einer Nichtbeachtung gesellschaftlicher Kontroversen einherginge, die aus pädagogischer Sicht als problematisch zu bewerten wäre. Der erste Einwand besagt, dass eine solche Nichtbeachtung schlichtweg gegen etablierte Kontroversitätsgebote verstoßen würde. Der zweite Einwand besagt, dass eine solche Nichtbeachtung als indoktrinatorisch zu bewerten wäre. Und der dritte Einwand besagt, dass eine solche Nichtbeachtung die Förderung intellektueller Autonomie untergraben würde.

3.2.1 Der Einwand des Kontroversitätsgebots

Der Gedanke, dass eine ausschließliche Orientierung an wissenschaftlichen Bezugsdisziplinen und eine damit einhergehende Nichtberücksichtigung gesellschaftlicher Kontroversen gegen etablierte Kontroversitätsgebote verstößt, wird durch die bekannte Formulierung des im deutschsprachigen Raum einschlägigen Beutelsbacher Konsenses unmittelbar nahegelegt, wo es heißt (Wehling 1977, 179):

Was in Wissenschaft und Politik kontrovers ist, muss auch im Unterricht kontrovers erscheinen.

Worin genau die normative Fundierung des hier formulierten Gebots besteht, ist zwar nicht ohne Weiteres ersichtlich – augenfällig ist in jedem Fall der Kontrast zwischen der außerordentlich hohen Prominenz dieser Maßgabe und ihrem rechtlich unverbindlichen Status als „formlose Übereinkunft" (Schiele 1996, VIII; siehe auch Drerup 2021, 39 f.). Im Rahmen des Beutelsbacher Konsenses selbst ist die Rede davon, dass Verstöße gegen das hier formulierte Kontroversitätsgebot als indoktrinatorisch zu bewerten sind und aus diesem Grund nicht nur „der Rolle des Lehrers in einer demokratischen Gesellschaft" (Wehling 1977, 179), sondern auch der „Zielvorstellung von der Mündigkeit des Schülers" (Ebd.) zuwiderlaufen. Ob die im Rahmen der Wissensvermittlungskonzeption drohende Nichtbeachtung gesellschaftlicher Kontroversen als indoktrinatorisch zu bewerten ist oder die Mündigkeit der Schüler:innen untergräbt, soll in den beiden folgenden Abschnitten noch ausführlich diskutiert werden. In diesem Abschnitt möchte ich mich zunächst einmal der Frage widmen, ob in diesem Zusammenhang überhaupt tatsächlich ein Verstoß gegen das Kontroversitätsgebot des Beutelsbacher Konsenses droht.

Auf den ersten Blick scheint diese Sorge durchaus gerechtfertigt: So fordert das Kontroversitätsgebot zunächst explizit, dass gewisse Themen oder Fragestellungen im Unterricht „kontrovers erscheinen" sollen. Was hierunter genau zu verstehen ist, erläutert Siegfried Schiele als ehemaliger Direktor der für den Beutelsbacher Konsens verantwortlichen Landeszentrale für Politische Bildung in Baden-Württemberg folgendermaßen (Schiele 1996):

Kommt es nur auf eine formale Aneinanderreihung unterschiedlicher Standpunkte an? [...] Es geht darum, daß die unterschiedlichen Standpunkte klar und profiliert herausgearbeitet werden. [...] Entscheidend ist jedoch, daß am Ende einer Unterrichtseinheit verschiedene Wege zur Lösung eines politischen Problems gleichrangig nebeneinander möglich sein müssen. Die Wahl des ‚besten' Wegs kann der Schülerin und dem Schüler nicht abgenommen werden.

Der hier angebotenen Ausdeutung zufolge fordert das Kontroversitätsgebot des Beutelsbacher Konsenses also tatsächlich die Erarbeitung unterschiedlicher Positionen *als gleichwertige Alternativen*. In der (fach-)didaktischen Literatur ist in diesem Zusammenhang auch die Rede davon, Fragestellungen *als kontrovers zu behandeln* – eine Vorgehensweise, die explizit als inkompatibel mit direktiven Unterrichtsformen angesehen wird (siehe etwa Drerup 2021, 10; Giesinger 2021, 20).

Darüber hinaus macht das Kontroversitätsgebot des Beutelsbacher Konsenses auch eine klare Aussage darüber, *welche* Fragestellungen als kontrovers zu behandeln sind, wobei explizit auf nicht-wissenschaftliche Kontroversen verwiesen wird. Angesichts dessen scheint somit folgender Einwand gegen direktive Vermittlungen gesellschaftlich kontroverser Ansichten naheliegend: Was im Unterricht direktiv vermittelt werden sollte, hängt vor dem Hintergrund einschlägiger

Kontroversitätsgebote nicht nur von wissenschaftlichen, sondern auch von gesellschaftlichen Meinungsbildern ab. Konkret bedeutet das, dass nicht nur wissenschaftliche, sondern auch gesellschaftliche Kontroversen im Unterricht abgebildet werden müssen. Eine Lehrkraft, die sich lediglich an wissenschaftlichen Konsenspositionen orientiert, wird diesem pädagogischen Desiderat nicht gerecht.

Um diesen Einwand besser bewerten zu können, möchte ich im Folgenden zunächst eine genauere Interpretation des oben zitierten Kontroversitätsgebots des Beutelsbacher Konsenses anbieten, um dann auf dieser Grundlage zu diskutieren, ob eine direktive Vermittlung gesellschaftlich kontroverser moralphilosophischer Konsenspositionen gegen dieses Gebot verstößt. Beginnen wir also mit einem genaueren Blick auf das Kontroversitätsgebot des Beutelsbacher Konsenses. Um dieses Gebot besser zu verstehen, ist es hilfreich, die oben zitierte Formulierung vor dem Hintergrund der bildungsphilosophischen Debatte um Kontroversitätskriterien zu lesen. Diese Debatte dreht sich im Kern um die Frage, welche Ansichten in unterrichtlichen Kontexten direktiv vermittelt werden dürfen. Im Wesentlichen wurden diesbezüglich fünf verschiedene Kriterien vorgeschlagen.

Das *behaviorale* Kriterium besagt, dass alles, was in der Gesellschaft de facto umstritten ist, auch in unterrichtlichen Kontexten kontrovers erscheinen muss (für eine Diskussion dieses Kriteriums siehe etwa Dearden 1981 oder Giesinger 2021). Das bedeutet, dass nur solche Inhalte direktiv vermittelt werden dürfen, über die gesamtgesellschaftliche Einigkeit besteht. Wie genau diese Forderung zu verstehen ist, ist zwar nicht ohne Weiteres klar – wenn wir etwa davon ausgehen, dass eine Frage gesellschaftlich umstritten ist, sobald es *eine einzelne Person* gibt, die eine Gegenposition vertritt, schiene die Konsequenz, dass letztendlich so gut wie gar nichts direktiv in unterrichtlichen Kontexten vermittelt werden dürfte. Doch selbst wenn wir das behaviorale Kriterium gemäßigter interpretieren, sollte klar sein, dass wir es hier mit einer durchaus radikalen Forderung zu tun haben. So fordert dieses Kriterium etwa explizit nicht, dass gesellschaftliche Positionen in irgendeiner Form institutionell organisiert oder politisch legitimiert sein müssen, um in unterrichtlichen Kontexten ein Recht auf Berücksichtigung zu haben. Zumindest sobald es eine zahlenmäßig sichtbare Gruppe von Personen gibt, die eine abweichende Position vertreten, haben wir es mit einer Kontroverse zu tun, die im Unterricht abgebildet werden muss. Entsprechend wurde in der Literatur zu Kontroversitätskriterien etwa berechtigterweise darauf hingewiesen, dass vor dem Hintergrund des behavioralen Kriteriums auch Fragen nach den Hauptstädten einzelner Länder oder der Schreibweise einzelner Wörter kontrovers erscheinen müssten, insofern diese bisweilen unter Lernenden kontrovers sind (Dearden 1981, 85).

Das *Kriterium der politischen Authentizität* ist demgegenüber deutlich liberaler. Gemäß diesem Kriterium darf alles direktiv vermittelt werden, was nicht politisch umstritten ist (Hess und McAvoy 2015, 168 f.). Während auch hier durchaus ein gewisser Interpretationsspielraum besteht, ist klar, dass vor dem Hintergrund dieses Kriteriums gesellschaftliche Positionen in irgendeiner institutionell legitimierten Form Gegenstand gesellschaftlicher Debatten sein müssen, um in unterrichtlichen Kontexten berücksichtigt werden zu müssen. Johannes Giesinger spricht in diesem Zusammenhang auch davon, dass Positionen „im Klassenzimmer ernstgenommen werden, sobald sie den politischen Mainstream erreichen" (Giesinger 2021, 21). Dies könnte man mit Blick auf den spezifischen Kontext in Deutschland etwa so interpretieren, dass im Unterricht jene Themen kontrovers behandelt werden müssen, die auch in offiziellen Medien, oder in der Parteienlandschaft kontrovers diskutiert werden.

Das *epistemische Kriterium* besagt, dass im Unterricht alle Positionen direktiv vermittelt werden dürfen, die eine hinreichende epistemische Qualität aufweisen. Auch dieses Kriterium lässt sich unterschiedlich stark interpretieren. Eine auf den ersten Blick sehr restriktive Lesart bietet Michael Hand an, wenn er schreibt (Hand 2008, 217):

> [The] […] epistemic criterion requires that views be judged by the evidence or arguments in their support. Where two or more conflicting views on a matter enjoy the support of corroborating evidence or credible arguments, teachers should present those views as impartially as they can.

Diese Formulierung scheint nahezulegen, dass eine Position nur dann im Unterricht direktiv vermittelt werden darf, wenn es keine Gegenposition gibt, die argumentativ gestützt werden kann. Diese Lesart scheint auch Robert Dearden, auf den sich Hand explizit bezieht, zu vertreten, wenn er schreibt, dass eine Position im Unterricht kontrovers erscheinen muss, wenn es mögliche Gegenpositionen gibt, die nicht unvernünftig (engl. *contrary to reason*) sind (Dearden 1981, 86). Eine solche Ausdeutung des epistemischen Kriteriums scheint jedoch viel zu restriktiv, da vermutlich so gut wie keine Position diese epistemische Qualität für sich beanspruchen kann. Da sich bekanntlich auch für einigermaßen abwegige Positionen argumentieren lässt, dürfte es recht schwer sein, überhaupt eine Fragestellung zu finden, mit Blick auf die es nur eine einzige Antwort gibt, die sich mit Argumenten untermauern lässt.

Dass zumindest Hand letztendlich eine wesentlich liberalere Lesart des epistemischen Kriteriums vertritt, wird nun angesichts seiner Anwendung dieses Kriteriums auf konkrete Fälle deutlich. Beispielsweise fordert er vor dem Hintergrund des epistemischen Kriteriums eine direktive Vermittlung der modernen Evolutionstheorie, obwohl es sich hierbei sicherlich nicht um die *einzig stützbare*, sondern lediglich um die *am besten gestützte* Ansicht zur Entstehung der Arten handelt (Hand 2008, 228). Schließlich ist es keineswegs so, als hätten Vertreter:innen von Gegenpositionen wie etwa Lamarck oder Cuvier, aber durchaus auch gegenwärtige Kreationist:innen nicht ebenfalls Argumente und Evidenzen für ihre Sichtweisen präsentiert – Argumente und Evidenzen, die insbesondere aus der Sicht von Lai:innen auf den ersten Blick durchaus überzeugend wirken können. Einer liberaleren, und plausibleren Lesart des epistemischen Kriteriums zufolge sollten im Unterricht also jene Positionen direktiv vermittelt werden, die durch die verfügbare Gesamtevidenz am besten gestützt sind. Umgekehrt sollte eine Fragestellung im Unterricht kontrovers erscheinen, wenn es hinsichtlich dieser Fragestellung verschiedene einander widersprechende, jedoch angesichts der verfügbaren

Evidenz *gleichermaßen gut* begründete Positionen gibt. Johannes Giesinger spricht in diesem Zusammenhang auch davon, dass „epistemisch geklärte Auffassungen" (Giesinger 2021, 21) direktiv zu vermitteln seien.

Das *theoretische Kriterium* besagt, dass im Unterricht alle Positionen direktiv vermittelt werden dürfen, die (i) einen geeigneten Bezug zur Lebenswelt der Lernenden aufweisen und (ii) mit Blick auf die unter den relevanten Expert:innen Einigkeit herrscht (siehe etwa Anders und Shudak 2016).[10] Fokussiert man auf die zweite Bedingung, wird deutlich, dass dieses Kriterium insofern eine unmittelbare Nähe zum epistemischen Kriterium aufweist, als dass – wie wir gesehen haben – Expert:innenkonsense vorzügliche Evidenz für die epistemische Güte der diesen Konsensen zugrunde liegenden Positionen sind.

Das *politische Kriterium* besagt, dass im Unterricht alle Positionen direktiv vermittelt werden dürfen, die sich aus liberaldemokratischen Grundwerten ableiten lassen bzw. die vor dem Hintergrund dieser Werte als unkontrovers zu gelten haben (siehe etwa Drerup 2021). Dieses Kriterium wird herkömmlicherweise unter Bezugnahme auf die im Kontext des politischen Liberalismus entwickelten Konzepte der ‚vernünftigen Meinungsverschiedenheiten' (engl. *reasonable disagreement*) und der ‚öffentlichen Rechtfertigung' (engl. *public justification*) ausbuchstabiert (Giesinger 2021, 22 f.). Dieser Interpretation zufolge dürfen auf Grundlage des politischen Kriteriums jene Positionen direktiv vermittelt werden, die öffentlich rechtfertigbar sind. Öffentlich rechtfertigbar ist eine Position dabei genau dann, wenn sie auf Gründen basiert, die von vernünftigen Mitgliedern der Gesellschaft akzeptiert werden. Als vernünftig sind schließlich diejenigen Mitglieder einer Gesellschaft anzusehen, die disponiert sind, (i) Gründe für die von ihnen vertretenen Positionen im öffentlichen Diskurs zu präsentieren, die (ii) von anderen prinzipiell nachvollzogen und verstanden werden können, (iii) Bürden der Urteilskraft als legitime Quelle von Meinungspluralität anzuerkennen und (iv) die Unterdrückung widersprechender Positionen abzulehnen (Rawls 2005, 49–52, 53–58, 60, 76, 119, 162–3, 229). Da es sich hierbei um vergleichsweise schwache Idealisierungen handelt, ist leicht zu sehen, dass das politische Kriterium zumindest in dieser Ausdeutung vergleichsweise restriktiv ist.

Welche dieser Kriterien werden nun vom Kontroversitätsgebot des Beutelsbacher Konsenses in Anspruch genommen? Die dortige Bezugnahme auf Kontroversen in „Wissenschaft und Politik" legt unmittelbar eine Kombination des

---

[10] Dieses Kriterium entspricht in etwa dem von Johannes Drerup vorgeschlagenen *wissenschaftsbezogenen* Kriterium, demgemäß eine direktive Vermittlung von Inhalten illegitim ist, „*wenn die Sachlage in den relevanten wissenschaftlichen Disziplinen – gemäß deren eigenen Rationalitäts-, Methoden- und Argumentationsstandards und Wissensbeständen – als genuin kontrovers gilt*" (Drerup 2021, 69).

theoretischen Kriteriums[11] und des Kriteriums der politischen Authentizität[12] nahe. Was im Unterricht direktiv vermittelt werden darf, hinge somit davon ab, was im wissenschaftlichen und im politischen Diskurs kontrovers diskutiert wird. Wichtig ist dabei die Art und Weise, in der diese beiden Kriterien miteinander kombiniert werden. Entscheidend ist nicht, was in Wissenschaft *oder* Politik kontrovers ist, sondern vielmehr, was in Wissenschaft *und* Politik kontrovers ist. Durch die Wahl der konjunktiven statt der disjunktiven Formulierung handelt es sich beim Kontroversitätsgebot des Beutelsbacher Konsenses also um ein durchaus liberales Prinzip: Es besagt lediglich, dass nichts direktiv vermittelt werden darf, was *sowohl* im wissenschaftlichen *als auch* im politischen Diskurs umstritten ist.

Zwar könnte man an dieser Stelle zu Bedenken geben, dass eine solche Vorentscheidung zugunsten der konjunktiven Lesart auf einer logisch subtilen Differenzierung beruhe, die nicht einfach schematisch an die Mitschrift einer politikdidaktischen Tagung, worum es sich beim Beutelsbacher Konsens ja letztendlich handelt, herangetragen werden sollte. Ist es wirklich realistisch, dass bei der Formulierung des Beutelsbacher Kontroversitätsgebots der Unterschied zwischen der Verwendung eines „und" und der Verwendung eines „oder" explizit bedacht worden ist? Meiner Meinung nach sollte man den Wortlaut an dieser Stelle jedoch nicht vorschnell unterschätzen. Auffällig – und letzten Endes entscheidend – ist jedenfalls, dass die spezifische, in diesem Wortlaut zum Ausdruck kommende Kombination des theoretischen Kriteriums und des Kriteriums der politischen Authentizität unabhängig von etwaigen Autor:innenintentionen von der Sache her schlicht am plausibelsten ist. So wäre vor dem Hintergrund einer

---

[11] Eine solche Ausdeutung bietet sich zumindest an, wenn man sich auf die zweite im Rahmen des theoretischen Kriteriums formulierte Bedingung konzentriert. Eine Nichtberücksichtigung der ersten Bedingung scheint mit Blick auf Kontroversitätsgebote im Kontext des deutschsprachigen Schulsystems insofern vertretbar, als dass das Prinzip der Lebensweltorientierung hier ohnehin als davon unabhängiges Gebot bereits etabliert ist: Die im Unterricht behandelten Inhalte sollen einen direkten Bezug zur Lebenswelt der Lernenden aufweisen, und zwar unabhängig davon, ob es sich hierbei um direktiv oder nicht-direktiv zu vermittelnde Inhalte handelt.

[12] Auf den ersten Blick könnte man vielleicht denken, dass die Bezugnahme auf politische Kontroversen zumindest im deutschsprachigen Kontext auch vor dem Hintergrund des politischen Kriteriums interpretiert werden kann – schließlich ist der politische Diskurs in diesem spezifischen Kontext prinzipiell an liberaldemokratische Grundwerte gebunden. Dass eine Interpretation entlang des Kriteriums der politischen Authentizität letztendlich vermutlich plausibler ist, wird vor dem Hintergrund der folgenden Erläuterung von Siegfried Schiele deutlich (Schiele 1996): „[Ich habe] schon vor Jahren den Vorschlag gemacht, daß sich politische Bildung im öffentlichen Auftrag an den Konfliktlinien in unseren Parlamenten orientieren sollte [...]. Man kann davon ausgehen, daß alle wichtigen politischen Kontroversen auf Landes-, Bundes- und Europa-Ebene in den Parlamenten ausgetragen werden. Dort sind die verschiedenen Positionen auch klar bestimmbar, so daß es bei der Darstellung dieser Standpunkte im Unterricht auch keine Probleme geben kann. [...] Schwierige Fragen tauchen allerdings auf, wenn Parteien mit extremen Positionen in die Parlamente einziehen. Formal korrekter Umgang scheint dann für das Parlament wie für die politische Bildung der bessere Weg als totale Ausgrenzung."

disjunktiven Formulierung einerseits etwa die schulische Vermittlung des Wertes der Menschenwürde akut fragwürdig, da dieser wissenschaftlich umstritten ist (Lohmar 2017, 17 f.).[13] Andererseits wäre etwa auch die Vermittlung der Existenz eines menschengemachten Klimawandels illegitim, da dieser spätestens seit Einzug der AfD auf politischer Ebene umstritten ist. Die vergleichsweise hohe Liberalität des Beutelsbacher Kontroversitätsgebots in seiner konjunktiven Lesart ist also keine Schwäche, sondern vielmehr eine Stärke. Dementsprechend wird diese Lesart auch in der (fach-)didaktischen Literatur zugrunde gelegt (siehe etwa Yacek 2021, 86).

Darüber hinaus wird vor dem Hintergrund dieser Lesart deutlich, inwiefern der Beutelsbacher Konsens seinem eigenen Anspruch gerecht wird, ein überzeugendes Bild der Rolle von Lehrkräften in demokratischen Gesellschaften zu zeichnen: Lehrkräfte an öffentlichen Schulen haben in der Regel eine doppelte Funktion inne – zum einen sind sie vor dem Hintergrund ihrer jeweils spezifischen fachlichen Ausbildung Repräsentant:innen einer akademischen Disziplin, zum anderen sind sie als Beamt:innen bzw. als Angestellte des staatlichen Bildungssystems aber auch Repräsentant:innen des Staates. Aus dieser Doppelfunktion ergeben sich nun zwei verschiedene Bezugspunkte bei der Auswahl von Bildungsgegenständen. Zum einen der wissenschaftliche Forschungsdiskurs des jeweiligen Faches, zum anderen der parlamentarische Diskurs der demokratischen staatlichen Ordnung. Konkret bedeutet das: Ist eine Position im politischen und im wissenschaftlichen Diskurs unumstritten, darf sie direktiv vermittelt werden. Ein Beispiel hierfür wäre etwa die Evolutionstheorie. Ist eine Position in einem der beiden Diskurse umstritten, während sie im jeweils anderen Diskurs unumstritten ist, darf sie ebenfalls direktiv vermittelt werden. Beispiele hierfür wären etwa die bereits genannten Positionen hinsichtlich Klimawandel und Menschenwürde. Ist eine Position in beiden Bezugsdiskursen umstritten, darf sie nicht direktiv vermittelt werden. Ein Beispiel hierfür wäre etwa die Position, dass eine vegetarische Lebensweise geboten ist.[14]

Unklar bleibt lediglich, was in solchen Fällen zu tun ist, in denen eine Fragestellung in beiden Diskursen unumstritten ist, dabei jedoch einander widersprechende Konsenspositionen vorliegen. In solchen Fällen sitzen Lehrkräfte in ihrer Doppelfunktion als Repräsentant:innen beider Diskurse gewissermaßen ‚zwischen den Stühlen'. Gehen wir im Folgenden von einem – durchaus

---

[13] Um ein wirklich fundiertes Urteil darüber zu fällen, inwiefern bzw. in welchem Maße der Wert der Menschenwürde wissenschaftlich umstritten ist, bräuchte es wiederum empirisch belastbarer Daten zu tatsächlichen diesbezüglichen Meinungsverteilungen unter Expert:innen. In Abwesenheit solcher Daten ließe sich also vorsichtiger sagen: *Wenn* der Wert der Menschenwürde wissenschaftlich umstritten *wäre*, würde aus einer disjunktiven Formulierung des Beutelsbacher Kontroversitätsgebots unmittelbar folgen, dass dieser Wert in schulischen Kontexten kontrovers erscheinen sollte. Diese konditionale Überlegung sollte bereits ausreichen, um das hier relevante Problem einer disjunktiven Lesart zu verdeutlichen.

[14] Für eine genauere Diskussion dieses Beispiels siehe Abschn. 4.2.

plausiblen – restriktiven Urteil hinsichtlich solcher Konfliktfälle aus und nehmen wir an, dass sich Lehrkräfte in dieser Konstellation neutral zu verhalten
haben. Selbst vor dem Hintergrund dieser restriktiven Lesart ist nun nicht ersichtlich, warum sich vor dem Hintergrund des Beutelsbacher Konsenses ein
Problem für direktive Vermittlungen moralphilosophischer Konsenspositionen,
die gesellschaftlich umstritten sind, ergeben sollte. Denn zum einen sind rein gesellschaftliche Kontroversen in diesem Zusammenhang ohnehin irrelevant, solange diese Kontroversen nicht auf politischer Ebene aufgegriffen werden. Zum
anderen sprechen aber auch gesellschaftliche Kontroversen, die sich in politischen
Diskursen widerspiegeln, nicht gegen eine direktive Vermittlung spezifischer Positionen, insofern es sich hierbei eben um wissenschaftliche Konsenspositionen
handelt. Als illegitim wären somit lediglich solche Fälle zu bewerten, in denen
eine Lehrkraft eine moralphilosophische Konsensposition direktiv vermittelt, die
einer gesellschaftlichen Konsensposition widerspricht, die auch auf politischer
Ebene geteilt wird. In solchen Fällen würden Lehrkräfte tatsächlich der ihnen zu-
geschriebenen Rolle im Rahmen demokratischer Gesellschaftsordnungen nicht gerecht. Somit haben wir zwar streng genommen eine zusätzliche Einschränkung für
die Wissensvermittlungskonzeption identifiziert, mit einem schlagenden Einwand
haben wir es allerdings in keiner Weise zu tun. Auf einer grundsätzlichen Ebene
besteht keine Spannung zwischen einschlägigen Kontroversitätsgeboten und der
direktiven Vermittlung moralphilosophischer Konsenspositionen.

3.2.2 Der Einwand der Indoktrination

Sofern die Überlegungen des vorangegangenen Abschnitts überzeugen, verstößt
die direktive Vermittlung gesellschaftlich kontroverser moralphilosophischer
Konsenspositionen nicht gegen das einschlägige Kontroversitätsgebot des Beutelsbacher Konsenses. Gleichzeitig dürften die bisherigen Überlegungen kaum
ausreichen, um die in diesem Zusammenhang auftretenden Bedenken zufriedenstellend auszuräumen. Denn zum einen könnte man, anstatt die Wissensvermittlungskonzeption vorschnell pädagogisch abzusegnen, auch ebenso gut das
Kontroversitätsgebot des Beutelsbacher Konsenses kritisieren: Vielleicht zeigt die
obige Argumentation lediglich, dass es dem Beutelsbacher Konsens nicht gelingt,
ein überzeugendes Kontroversitätsgebot zu formulieren? Zahlreiche Möglichkeiten der Reformulierung oder Ergänzung gäbe es angesichts der referierten
Kontroversitätskriterien und der hier bestehenden Kombinationsmöglichkeiten
in jedem Fall. Zum anderen könnte man aber auch dann, wenn man grundsätzlich
mit dem Kontroversitätsgebot des Beutelsbacher Konsenses zufrieden ist, daran
festhalten, dass die im Rahmen der Wissensvermittlungskonzeption drohende
Nichtbeachtung gesellschaftlicher Kontroversen dennoch pädagogisch problematisch ist.

Und tatsächlich ist es an dieser Stelle lohnenswert, einen Schritt zurückzutreten
und sich noch einmal vor Augen zu führen, warum die Frage nach einer möglichen
Verletzung des Kontroversitätsgebotes überhaupt relevant ist. Wie wir bereits

gesehen haben, legitimiert der Beutelsbacher Konsens das Kontroversitätsgebot mit der Begründung der Indoktrinationsprävention. Verstöße gegen dieses Gebot, so die Überlegung, sind aus pädagogischer Sicht deshalb hochproblematisch, weil sie als *indoktrinatorisch* zu bewerten sind (Wehling 1977, 179):

> […] wenn unterschiedliche Standpunkte unter den Tisch fallen, Optionen unterschlagen werden, Alternativen unerörtert bleiben, ist der Weg zur Indoktrination beschritten.

Analog dazu heißt es auch im Rahmen des für die philosophische Fächergruppe einschlägigen *Dresdener Konsenses* (DK 2016):

> Ein besonders wirksamer Schutz gegen Indoktrination besteht in der Anlage des Unterrichtes nach dem Kriterium der Kontroversität. Es gilt demnach, den Unterricht zu einem strittigen Sachverhalt so zu strukturieren, dass mehrere, wohlbegründete, voneinander abweichende Positionierungen möglich sind.

Vor dem Hintergrund dieser Passagen drohen kleinteilige, an einzelnen sprachlichen Formulierungen orientierte Fragen der korrekten Ausdeutung und Anwendung des Kontroversitätsgebotes den eigentlichen Kern des Problems in gewisser Weise zu verfehlen. Denn insofern der eigentliche Zweck dieses Gebotes die Prävention von Indoktrination ist, sollte einfach auf einer grundsätzlicheren Ebene direkt die Frage diskutiert werden, ob in einem gegebenen Fall Indoktrination vorliegt oder nicht. Dies gilt umso mehr, als dass eine Erfüllung des Kontroversitätsgebotes, wenngleich vielleicht notwendig, so doch klarerweise nicht hinreichend für eine Vermeidung von Indoktrination sein sollte. Denn nur weil Verstöße gegen das Kontroversitätsgebot als indoktrinatorisch zu bewerten sind, bedeutet das nicht, dass sämtliche unterrichtliche Prozesse, die dem Kontroversitätsgebot Genüge tun, automatisch vor dem Vorwurf der Indoktrination gefeit sind. Es gibt viele Möglichkeiten, Lernende zu indoktrinieren. Zählen hierzu etwa auch die im Rahmen der Wissensvermittlungskonzeption geforderten Vermittlungen gesellschaftlich kontroverser moralphilosophischer Konsenspositionen?

Der Einwand der Indoktrination geht von einer positiven Beantwortung dieser Frage aus. Der zugrundelegende Gedanke lässt sich dabei auch folgendermaßen ausdrücken: Selbst wenn die Wissensvermittlungskonzeption im Einklang mit einschlägigen Kontroversitätsgeboten steht, könnte sie immer noch aus denselben Gründen problematisch sein, aus denen auch Verstöße gegen diese Kontroversitätsgebote problematisch sind. Ob und inwieweit die hier zutage tretende Indoktrinationssorge letztendlich berechtigt ist, hängt jedoch klarerweise entscheidend davon ab, was genau eigentlich unter Indoktrination zu verstehen ist. Wenig überraschend ist die genaue Definition des Indoktrinationsbegriffs philosophisch umstritten. Dementsprechend möchte ich im Folgenden zunächst verschiedene prominente Verständnisse von Indoktrination nacheinander kurz skizzieren und jeweils diskutieren, ob diese Verständnisse dazu geeignet sind, den Einwand der Indoktrination zu plausibilisieren.

In der bildungsphilosophischen Literatur wird zwischen inhalts-, ergebnis- und methodenbezogenen Indoktrinationsverständnissen unterschieden (Callan und Arena 2010).[15] Die grundlegende Idee hinter *inhaltsbezogenen* Ansätzen ist, dass die Bewertung unterrichtlicher Vermittlungsprozesse als indoktrinatorisch davon abhängt, *was* im Rahmen dieser Prozesse vermittelt wird. Einer naheliegenden Ausformulierung dieser Grundidee zufolge sind unterrichtliche Vermittlungs- prozesse als indoktrinatorisch zu bewerten, insofern sie mit der Vermittlung einer spezifischen *Ideologie* einhergehen (für eine Diskussion dieser Ansicht siehe etwa White 1967). Diese Interpretation wirft natürlich ihrerseits die Frage auf, was überhaupt unter einer Ideologie zu verstehen ist. Einem weit verbreiteten Verständ- nis zufolge handelt es sich bei Ideologien um *Weltbilder*, das heißt um Strukturen von eng miteinander verwobenen Überzeugungen, die zusammen genommen eine geschlossene Sichtweise darüber bilden, wie die Welt ist oder sein sollte (siehe bspw. Fine und Sandstrom 1993). Einem alternativen Verständnis zufolge handelt es sich bei Ideologien notwendigerweise um *epistemisch defiziente* Denkweisen – also Denkweisen, die auf falschen, irreführenden oder irrationalen Überzeugungen beruhen (siehe bspw. Mills 2017).

Für den vorliegenden Zusammenhang ist es tatsächlich unerheblich, wel- ches dieser Ideologieverständnisse letztendlich überzeugender ist. Denn an die- ser Stelle wird bereits deutlich, dass sich vor dem Hintergrund eines inhaltsbe- zogenen Indoktrinationsverständnisses ein spezifischer Indoktrinationsverdacht gegenüber der direktiven Vermittlung gesellschaftlich kontroverser moralphilo- sophischer Konsenspositionen nicht erhärten lässt. Solange es sich nämlich bei den vermittelten Positionen nicht um Ideologien handelt, liegt eben auch keine Indoktrination vor – und zwar unabhängig davon, ob diese Positionen auf ge- sellschaftlicher Ebene kontrovers sind oder nicht. Und dass es sich bei den im Rahmen der Wissensvermittlungskonzeption zu vermittelnden moralischen Posi- tionen plausiblerweise nicht um Ideologien handelt, ist leicht ersichtlich. Gehen wir etwa zunächst von der Vorstellung aus, dass es sich bei Ideologien um spezi- fische Denkweisen handelt, die epistemisch defizient sind: Gezielte Vermittlungen moralphilosophischer Konsenspositionen verhindern nicht, sondern *fördern* viel- mehr den Erwerb von Wissen. Die Kernidee der Wissensvermittlungskonzeption ist es ja gerade, dass Lernende im Rahmen solcher Vermittlungen epistemisch *besonders ausgezeichnete* moralische Sichtweisen übernehmen können. Somit verschlechtern sie nicht, sondern verbessern vielmehr den epistemischen Zustand der Lernenden.

Ähnlich sieht es vor dem Hintergrund der Vorstellung aus, dass es sich bei Ideologien um geschlossene Weltbilder handelt. Denn wie wir gesehen haben, fordert die Wissensvermittlungskonzeption auch die Vermittlung isolierter

---

[15] Die im Folgenden vorgestellten Indoktrinationsverständnisse schließen sich gegenseitig nicht aus und können dementsprechend beliebig miteinander kombiniert werden. Ein Beispiel für eine solche Kombination wäre etwa das Indoktrinationsverständnis von Johannes Drerup, das sowohl ergebnis- als auch methodenbezogene Elemente enthält (Drerup 2018, 15).

moralischer Einzelurteile, insofern diese in der moralphilosophischen Forschung als hinreichend unkontrovers gelten können. Kritischer wäre demgegenüber womöglich die Vermittlung einer ganzen Moraltheorie: Eine solche wäre angesichts bestehender moralphilosophischer Kontroversen zwar zum jetzigen Zeitpunkt vermutlich nicht durch die Wissensvermittlungskonzeption sanktioniert, grundsätzlich ist diese Konzeption aber nicht auf die Vermittlung partikulärer Einzelurteile beschränkt. Und sofern wir davon ausgehen, dass eine ausgearbeitete Theorie normativer Ethik die geeignete Grundlage für eine vollständige Sichtweise darüber bietet, wie die Welt sein sollte, könnte es sich bei der Vermittlung einer solchen Theorie vor dem Hintergrund der obigen Überlegungen tatsächlich um eine Form von Indoktrination handeln. Entscheidend ist jedoch, dass in diesem Fall die Wissensvermittlungskonzeption in bester Gesellschaft wäre: Auch demokratische Bildung oder die Vermittlung grundlegender naturwissenschaftlicher Theorien zielen auf die Ausbildung komplexer und weitreichender Ansichten darüber ab, wie die Welt ist bzw. sein sollte. Und tatsächlich wurde auf Grundlage dieser Beobachtung das Verständnis von Ideologie als Weltbild in der bildungsphilosophischen Literatur auch als zu unspezifisch kritisiert – so haben einige Autor:innen sogar dafür argumentiert, dass vor dem Hintergrund eines solchen Verständnisses Bildungsprozesse *notwendigerweise* mit der Vermittlung von Ideologie einhergehen (siehe etwa Macmillan 1983).

Schauen wir uns also nach Alternativen um. Die grundlegende Idee hinter *ergebnisbezogenen* Indoktrinationsverständnissen ist, dass die Bewertung unterrichtlicher Vermittlungsprozesse als indoktrinatorisch davon abhängt, wie die vermittelten Inhalte von den Lernenden aufgenommen werden. Einer wirkmächtigen Ausformulierung dieser Idee zufolge besteht das Ergebnis indoktrinatorischer Vermittlungsprozesse in einer *dogmatischen* Übernahme der vermittelten Inhalte (DiPaolo und Simpson 2016, Ranalli 2022): Indoktrinierte Menschen, so der Gedanke, sind nicht gewillt oder in der Lage, eine kritisch-distanzierte Haltung gegenüber den ihnen vermittelten Inhalten einzunehmen oder diese zu hinterfragen. Ein solches Verständnis von Indoktrination scheint auf den ersten Blick besser geeignet, den Verdacht zu erhärten, dass eine direktive Vermittlung spezifischer moralphilosophischer Konsenspositionen mit einer fehlenden Berücksichtigung gesellschaftlicher Kontroversen einhergehen könnte, die als genuin indoktrinatorisch zu bewerten wäre. Interessanterweise wäre die in diesem Zusammenhang entscheidende Nichtbeachtung alternativer Standpunkte jedoch nicht auf Seiten der Lehrkräfte, sondern auf Seiten der Lernenden zu lokalisieren: Sofern Lernende als Ergebnis der entsprechenden Vermittlungsprozesse weder gewillt noch in der Lage wären, alternative Standpunkte ernsthaft in Betracht zu ziehen und die ihnen vermittelten Ansichten zu hinterfragen, wären diese Vermittlungen als indoktrinatorisch zu bewerten.

Gleichzeitig ist jedoch nicht klar, warum es sich hierbei um ein irgendwie erwartbares Ergebnis handeln sollte. Denn das Ergebnis der im Rahmen der Wissensvermittlungskonzeption geforderten Vermittlungen ist, genauso wie auch bei anderen direktiven Unterrichtsformen, zunächst lediglich, dass Lernende spezifische Ansichten ausbilden. Lernende sollen weder dazu gebracht werden, mögliche Alternativansichten einfach zu ignorieren, noch davon abgehalten werden, eine kritisch-distanzierte Haltung gegenüber den ihnen vermittelten Ansichten einzunehmen. Ganz im Gegenteil sollen Lernende die ihnen vermittelten Positionen als Ergebnisse wissenschaftlicher Forschung und somit als prinzipiell revidierbare, durch die gegenwärtig verfügbare Evidenz allerdings bestmöglich gestützte Erkenntnisstände begreifen. Wissenschaftsorientierung bedeutet, wie wir bereits gesehen haben, nicht nur, wissenschaftliche Forschung zum zentralen Bezugspunkt bei der Auswahl zu vermittelnder Inhalte zu erklären, sondern auch, die auf dieser Grundlage ausgewählten Inhalte als das zu vermitteln, was sie sind: Ergebnisse eines leistungsfähigen, jedoch prinzipiell fehlbaren und unabgeschlossenen Systems der Wahrheitsermittlung.[16]

Somit führen unterrichtliche Vermittlungsprozesse, die dem Prinzip der Wissenschaftsorientierung verpflichtet sind, nicht nur zu keinem Dogmatismus, sondern befördern im Gegenteil eher das, was in der erkenntnistheoretischen Forschung auch als Tugend der *Aufgeschlossenheit* bezeichnet wird – die Bereitschaft, gebildete Überzeugungen kritisch zu reflektieren und im Lichte neuer Evidenz zu modifizieren (siehe etwa Hare 1979, 9). Eine solche Bereitschaft zu zeigen bedeutet wiederum nicht, die vermittelten Positionen gar nicht erst ernst zu nehmen oder in einen vorschnellen Skeptizismus zu verfallen. Eine aufgeschlossene Haltung wird nicht durch akute Zweifel am epistemischen Status spezifischer Überzeugungen motiviert, sondern durch die grundsätzliche Einsicht, dass es sich bei all unseren Überzeugungen zwangsläufig um Urteile prinzipiell fehlbarer Subjekte handelt. Lernende können die ihnen vermittelten Positionen also problemlos als robuste wissenschaftliche Erkenntnisse akzeptieren, ohne dafür eine dogmatische Haltung einnehmen zu müssen.[17] Tatsächlich dürfte gerade im Bereich der Moral der gezielte Einsatz direktiver Unterrichtsformen insofern ein willkommenes Mittel *gegen* die Gefahr eines engstirnigen Dogmatismus darstellen, als dass ein solcher Dogmatismus auch leicht das Produkt zu offen gestalteter Unterrichtsformen sein kann. Denn wenn bei den Lernenden der Eindruck entsteht, dass in moralischen Fragen ohnehin jeder seine eigene Meinung haben dürfe, dann könnte dies unmittelbar zu einer problematischen Immunisierung der eigenen Urteile führen und die Bereitschaft zur Beschäftigung mit möglichen Gegenpositionen schmälern.

Es scheint also, als könnten weder inhalts- noch ergebnisbezogene Ansätze einen Indoktrinationsverdacht gegenüber der Wissensvermittlungskonzeption erhärten. Denn die im Rahmen dieser Konzeption geforderten Vermittlungsprozesse gehen plausiblerweise weder mit einer Verbreitung von Ideologie noch mit einer Beförderung von Dogmatismus einher. Oder um es anders auszudrücken: Weder der Input noch der Output unterrichtlicher Vermittlungen moralphilosophischer Konsenspositionen berechtigt eine Bewertung dieser Vermittlungen

---

[16] Siehe hierzu auch die folgende Diskussion eines methodenbezogenen Indoktrinationsverständnisses.

[17] Zur Vereinbarkeit von Aufgeschlossenheit und starken Überzeugungen siehe etwa Adler 2004.

als indoktrinatorisch. Wenden wir uns also stattdessen der *Art und Weise* der Vermittlung zu – lässt sich vor dem Hintergrund eines methodenbezogenen Verständnisses von Indoktrination ein Indoktrinationsverdacht erhärten? Eine vielversprechende Ausformulierung eines solchen Verständnisses ist die sogenannte Rationalitäts-Umgehungs-Theorie (engl. *Rationality-Bypassing Theory*), die besagt, dass unterrichtliche Vermittlungsprozesse genau dann indoktrinatorisch sind, wenn sie Inhalte auf non-rationale Weise vermitteln. Doch was genau bedeutet es, Inhalte auf non-rationale Weise zu vermitteln? Verschiedene Autor:innen bieten hier verschiedene Interpretationen an. So vertritt etwa Michael Hand eine vergleichsweise starke Lesart, wenn er schreibt (Hand 2018, 6):

> To indoctrinate someone is to impart beliefs to her in such a way that she comes to hold them non-rationally, on some other basis than the force of relevant evidence and argument. […] If a teacher wishes to persuade a learner that […] [certain] propositions are true […] [and] she cannot do so by rational demonstration[, she] […] must instead resort to non-rational means of persuasion, to some form of manipulation or psychological pressure, to bring about the desired beliefs.

Eine solch starke Lesart bietet offensichtlich keine geeignete Grundlage, um die direktive Vermittlung gesellschaftlich kontroverser Moralvorstellungen, so wie sie im Rahmen der Wissensvermittlungskonzeption gefordert wird, als indoktrinatorisch zu bewerten. Denn wenn Indoktrination bedeutet, Lernende angesichts mangelnder Argumente mit Hilfe spezifischer Überredungs- und Manipulationstechniken von bestimmten Inhalten überzeugen zu müssen, dann sind unterrichtliche Vermittlungen moralphilosophischer Konsenspositionen klarerweise keine Form von Indoktrination. Schließlich handelt es sich bei den hier vermittelten Ansichten um die am besten gestützten Ergebnisse aktueller philosophischer Forschung, sodass Lehrende in ihrem Unterricht ohne Weiteres auf eine breite argumentative Grundlage zurückgreifen können.

Sofern die Rationalitäts-Umgehungs-Theorie also als Grundlage für einen Einwand gegen die Wissensvermittlungskonzeption dienen soll, muss sie eine alternative Interpretation dessen anbieten, was es bedeutet, Inhalte auf non-rationale Weise zu vermitteln. Eine solche Alternative präsentiert etwa Michael Merry, wenn er schreibt (Merry 2005, 407):

> […] [Indoctrination] has […] to do with the method, specifically the manner in which beliefs are transmitted. To the extent that various claims are purveyed without any propensity to give fair hearing to alternate readings or to critically examine those claims, one may speak of indoctrination.

Vor dem Hintergrund der hier angebotenen Lesart lässt sich auf den ersten Blick tatsächlich der Verdacht erhärten, dass eine direktive Vermittlung spezifischer moralphilosophischer Konsenspositionen mit einer fehlenden Berücksichtigung gesellschaftlich prominenter Moralvorstellungen einhergehen könnte, die als genuin indoktrinatorisch zu bewerten wäre. Denn gemäß dieser Lesart wären auch Fälle, in denen spezifische moralische Ansichten auf Grundlage der sie stützenden

Argumente unterrichtlich vermittelt werden, als indoktrinatorisch zu bewerten, insofern dabei weder alternative Standpunkte berücksichtigt werden noch die Gelegenheit zur kritischen Reflexion geboten wird.[18]

Das Problem ist jedoch, dass direktive Vermittlungsprozesse in der Regel so überhaupt nicht ablaufen – oder zumindest nicht ablaufen sollten. Um das zu sehen, ist es hilfreich, einen Blick auf entsprechende Vermittlungsprozesse in anderen Unterrichtsfächern zu werfen. Wenn etwa im Biologieunterricht die – gesellschaftlich durchaus kontroverse[19] – Evolutionstheorie vermittelt wird, dann geschieht dies normalerweise nicht im luftleeren Raum, sondern unter Berücksichtigung des historischen Kontextes, in dem diese Theorie entstanden ist. Lernende sollen nachvollziehen, dass diese Theorie vor dem Hintergrund eines kreationistischen, christlich geprägten Welt- und Menschenbildes einen revolutionären Einschnitt bedeutet. Darüber hinaus sollen sie nachvollziehen, dass der Darwinismus als Vorläufer der modernen Evolutionstheorie seinerseits auf der Grundlage von und in Konkurrenz zu alternativen Theorien wie etwa dem Lamarckismus von Jean-Baptiste de Lamarck oder dem Katastrophismus von Georges Cuvier entwickelt wurde. Entscheidend ist jedoch, dass diese Alternativtheorien nicht als gleichwertige Optionen, sondern in ihren Schwächen und Lücken erarbeitet werden: Ziel des Unterrichts ist es nicht, eine Auswahl historisch wirkmächtiger oder gesellschaftlich prominenter Theorien über die Entstehung der Arten als vielversprechende Alternativen zu erarbeiten, um dann den Lernenden die letztendliche Bewertung zu überlassen, sondern vielmehr, den Lernenden verständlich zu machen, warum es sich beim Darwinismus um eine diesen Alternativen eindeutig überlegene Theorie handelt.

---

[18] Hierbei handelt es sich zudem um ein auch in der deutschsprachigen (Fach-)Didaktik regelmäßig aufgegriffenes Verständnis von Indoktrination, siehe etwa Bussmann und Haase 2016 oder Schluß 2007.

[19] Der Vergleich zur Vermittlung der Evolutionstheorie im Kontext des schulischen Biologieunterrichts ist in diesem Zusammenhang tatsächlich insofern besonders interessant, als dass es sich hierbei auch in Deutschland um eine auf gesellschaftlicher Ebene weitaus kontroversere Theorie handelt, als man zunächst vielleicht denken würde. Beispielsweise hat eine Studie des *forsa-Instituts* aus dem Jahr 2005 ergeben, dass etwa 13 % der Befragten an eine wortgenaue Interpretation der christlichen Schöpfungslehre glauben (forsa 2007). Werden darüber hinaus auch noch weitere evolutionsskeptische Positionen berücksichtigt, die nicht auf der wortgenauen Interpretation religiöser Schriften basieren, sind die Zahlen noch beunruhigender. So sind in der genannten Studie zusätzliche 25 % der Befragten der Überzeugung, dass das Leben auf der Erde von Gott erschaffen wurde bzw. der Prozess der Evolution von Gott gesteuert wird (ebd.). Nur 61 % akzeptieren demgegenüber die naturwissenschaftlichen Erklärung der Evolution. In der Gruppe der über 60-Jährigen bzw. der Personen, die wöchentlich die Kirche besuchen, liegt dieser Anteil bei unter 50 % (ebd.). Andere Studien erhärten diese Ergebnisse – beispielsweise ergab eine Studie des *Instituts für Demoskopie Allensbach* aus dem Jahr 2009, dass rund 39 % der Befragten davon überzeugt sind, dass der Mensch von Gott erschaffen wurde (Institut für Demoskopie Allensbach 2009). Hierbei handelt es sich scheinbar auch nicht um ein Relikt vergangener Zeiten, sondern um eine neue Dynamik: Evolutionsskeptische Positionen erfreuen sich seit den 1970er stetig wachsender Beliebtheit und breiten sich kontinuierlich weiter aus (Nationale Akademie der Wissenschaften Leopoldina 2017, 25).

Das bedeutet natürlich wiederum nicht, dass der Darwinismus als unumstöß-liche und unhinterfragbare Wahrheit dargestellt werden soll. Vielmehr soll auch diese Theorie in ihrer weiteren Entwicklung hin zur modernen synthetischen Evolutionstheorie nachvollzogen sowie in ihren Schwächen und ihrer prinzipiellen Vorläufigkeit diskutiert werden. Lernende sollen die moderne Evolutionstheorie nicht als der Weisheit letzter Schluss, sondern als die aktuell beste verfügbare Position vermittelt bekommen. In der biologiedidaktischen Literatur ist in diesem Zusammenhang auch die Rede von der Ausbildung „wissenschaftstheoretischer Kompetenz" (Dittmer 2010, 53) im Rahmen biologischer Lehr-Lern-Prozesse. Bettina Bussmann und Mario Kötter haben in Anlehnung daran auf einer genuin interdisziplinären Ebene das Konzept der „epistemischen Kompetenz" entwickelt, die sie als die Fähigkeit definieren, „wissenschaftliche Erkenntnisbemühungen in ihrem Verhältnis zu anderen Erkenntnisformen hinsichtlich ihrer Methodik, Ergeb-nisse und Geschichte zu verstehen und kritisch zu reflektieren." (Bussmann und Kötter 2018, 94, meine Übersetzung).[20]

Ganz in diesem Sinne könnten – und sollten – nun auch unterrichtliche Ver-mittlungen moralphilosophischer Konsenspositionen umgesetzt werden. Lernende sollen Ergebnisse der moralphilosophischen Forschung nicht im luftleeren Raum erarbeiten, sondern in Abgrenzung zu und im kritischen Vergleich mit alternativen Sichtweisen – darunter insbesondere auch solche, die intuitiv naheliegend, histo-risch wirkmächtig oder gesellschaftlich weit verbreitet sind. Diese sollen jedoch wiederum nicht als gleichwertige Optionen, sondern in ihren Schwächen und Lü-cken erarbeitet werden. Darüber hinaus sollen die so erarbeiteten Ergebnisse nicht als unumstößliche Wahrheiten, sondern als die aktuell besten verfügbaren Ergeb-nisse moralphilosophischer Erkenntnisbemühungen präsentiert werden, die eben-falls prinzipiell revidierbar sind.

Es scheint also, als ließe sich auch vor dem Hintergrund eines methoden-basierten Indoktrinationsverständnisses kein Indoktrinationsverdacht gegen die direktive Vermittlung gesellschaftlich kontroverser moralphilosophischer Konsens-positionen begründen. Sofern eine solche Vermittlung in etwa so umgesetzt wird wie direktive Vermittlungsprozesse in anderen Fächern, findet sich somit letzt-endlich kein bildungsphilosophisch relevantes Verständnis von Indoktrination, das einen Indoktrinationsvorwurf legitimieren würde. Gleichzeitig ermöglicht die obige Diskussion bereits ein besseres Verständnis davon, wie die Forderungen der Wissensvermittlungskonzeption auf pädagogisch verantwortungsvolle Weise um-gesetzt werden können – und somit auch ein genaueres Bild der Möglichkeiten und Grenzen dieser Konzeption in der unterrichtlichen Praxis. So wird etwa eine Vorgehensweise wie die oben skizzierte, bei der spezifische Forschungsergeb-nisse in Abgrenzung zu und im kritischen Vergleich mit prominenten Alternativ-positionen vermittelt werden, selbstverständlich auch regelmäßig dazu führen,

---

[20] Siehe hierzu auch Bussmann 2014, 264 ff.

dass einzelne Lernende die ihnen vermittelten Positionen *nicht* akzeptieren.[21]
Diese Konsequenz ist jedoch ebenso erwartbar wie unproblematisch. Nicht alle
Menschen, die schulischen Biologieunterricht genossen haben, sind Rest ihres Lebens überzeugte Darwinisten. Entscheidend ist allerdings, dass es sich hierbei um
einen *vorhersehbaren Nebeneffekt* und nicht um das *erklärte Ziel* des Unterrichts
handelt. Abweichende Positionierungen zuzulassen und zu respektieren ist etwas
anderes, als solche Positionierungen durch eine gezielte Offenheit des Unterrichts
zu provozieren. Dementsprechend ist ein auf die gezielte Vermittlung spezifischer
Inhalte ausgelegter Unterricht problemlos möglich, ohne dafür Lernende durch
Druck oder Manipulation zur Übernahme spezifischer Positionen zu zwingen.

3.2.3   Der Einwand der Mündigkeit

Insofern die Überlegungen des vorangegangenen Abschnitts überzeugen, ist die im
Rahmen der Wissensvermittlungskonzeption geforderte Vermittlung gesellschaftlich kontroverser moralphilosophischer Konsenspositionen nicht als indoktrinatorisch zu bewerten. Gleichzeitig könnte man auch hier den Eindruck gewinnen,
dass die in diesem Zusammenhang bemühte Argumentation ein Stück weit am
eigentlichen Kern des Problems vorbeizugehen droht. Denn genauso wie sich die
Diskussion einer etwaigen Verletzung einschlägiger Kontroversitätsgebote wesentlich um die korrekte Ausdeutung einzelner Formulierungen gedreht hat, standen
auch bei der Diskussion des Einwandes der Indoktrination definitorische Fragen
der besten Fassung des Indoktrinationsbegriffs eindeutig im Vordergrund. Angesichts dieser fortlaufenden Fokussierung auf begriffliche Fragen könnte man nun
folgenden Vorwurf formulieren: Anstatt das Kontroversitätsgebot des Beutelsbacher Konsenses und den Indoktrinationsbegriff so auszudeuten, dass die
Wissensvermittlungskonzeption möglichst harmlos erscheint, sollte man sich lieber direkt der grundsätzlichen Sorge widmen, die den beiden oben diskutierten
Einwänden letztendlich zugrunde liegt. Denn im Hintergrund der Überlegung,
dass die Vermittlung spezifischer, gesellschaftlich kontroverser moralischer Ansichten gegen Kontroversitätsgebote verstößt oder als indoktrinatorisch zu bewerten ist, scheint doch letzten Endes folgende Sorge zu stehen: Lernenden wird
im Rahmen der Wissensvermittlungskonzeption die Gelegenheit vorenthalten, sich
zu strittigen gesellschaftlichen Fragen eine eigene Meinung zu bilden. Und aus
diesem Grund besteht eine grundsätzliche Unvereinbarkeit zwischen der Wissensvermittlungskonzeption und dem zentralen pädagogischen Desiderat der Mündigkeit von Lernenden. Dies ist der Grundgedanke des Einwandes der Mündigkeit.

---

[21]Für eine nähere Diskussion dieses Charakteristikums einer solchen, in der bildungsphilosophischen Literatur auch als prozedural-direktiver Unterricht bezeichneten Vorgehensweise
siehe etwa Gregory 2014, 636 ff.

Tatsächlich wird die „Mündigkeit des Schülers" (Wehling 1977) nicht nur im Rahmen des Beutelsbacher Konsenses als zentrale Zielvorgabe formuliert[22], sondern gilt auch in der pädagogischen Literatur als unumstrittenes Desiderat schulischer Bildungsprozesse (siehe etwa Böhm 2005, 190; Geissler 2006, 31; Giesecke 2004, 73; Hintz, Pöppel und Rekus 2001, 87; Hobmair 2008, 204–206; Krüger und Grunert 2006, 148; Liebau 1999, 25–27; Marotzki, Nohl und Ortlepp 2006, 138–139; Pousset 2006, 75; Schaub und Zenke 2007, 209) – Theodor W. Adorno hat in diesem Zusammenhang auch von einer *Selbstverständlichkeit* für demokratisch verfasste Gesellschaften gesprochen (Adorno 1971, 133). Entsprechend heißt es in den Bildungsstandards der Kultusministerkonferenz (KMK 2005, 6):

> Schülerinnen und Schüler sollen zu mündigen Bürgerinnen und Bürgern erzogen werden, die verantwortungsvoll, selbstkritisch und konstruktiv ihr berufliches und privates Leben gestalten und am politischen und gesellschaftlichen Leben teilnehmen können.

Dem Bildungsziel der Mündigkeit eine so große Bedeutung beizumessen, erscheint sowohl aus politischer als auch aus pädagogischer Sicht sehr plausibel. Aus politischer Sicht besteht eine zentrale Aufgabe erfolgreicher Bildungssysteme darin, Kinder und Jugendliche auf ihre Rolle als Bürger:innen einer demokratischen Gesellschaftsordnung vorzubereiten und zur verantwortungsvollen Partizipation an demokratischen Deliberations- und Entscheidungsprozessen zu befähigen.[23] Und aus pädagogischer Sicht sollen Kinder und Jugendliche zu einer eigenverantwortlichen Lebensführung befähigt werden. Steht dieses Bildungsziels nun in einer Spannung zu den von der Wissensvermittlungskonzeption geforderten direktiven Vermittlungen gesellschaftlich kontroverser Moralvorstellungen?

Betrachten wir zunächst, was in diesem Zusammenhang überhaupt genau unter Mündigkeit verstanden wird. Gemäß einer im deutschsprachigen Diskurs einflussreichen Definition von Heinrich Roth handelt es sich bei Mündigkeit um die „freie Verfügbarkeit über die eigenen Kräfte und Fähigkeiten für jeweils neue Initiativen und Aufgaben" (Roth 1971, 180). Wendet man dieses zunächst noch sehr allgemeine Mündigkeitsverständnis auf die Urteilsbildung von Lernenden an, sollen Lernende also dazu befähigt werden, bei der Bildung von Überzeugungen auf ihre eigenen kognitiven Fähigkeiten zurückzugreifen. In der bildungstheoretischen Literatur ist in diesem Zusammenhang auch die Rede von *Mündigkeit als kritisch-reflexivem Selbstdenken* (Darm und Lange 2018, 58). Ein solches auf den Gebrauch der eigenen geistigen Kapazitäten ausgeschärftes Verständnis von Mündigkeit steht letztendlich in der Tradition von Immanuel Kant, der in seinem Essay „Beantwortung der Frage: Was ist Aufklärung?" Mündigkeit als das

---

[22] Analog dazu ist im Dresdener Konsens die Rede von der „Stärkung der Urteilskraft" als grundlegendem Ziel des Philosophie- und Ethikunterrichts (DK 2016).

[23] Einige Autor:innen gehen sogar so weit, die Förderung von Mündigkeit nicht nur als wichtiges Ziel von Demokratiebildung anzusehen, sondern Demokratiebildung vielmehr als Bildung zur Mündigkeit zu definieren (siehe etwa Kenner und Lange 2020, 48).

Vermögen, *sich seines Verstandes ohne Leitung eines anderen zu bedienen* versteht.[24] Die Förderung von Mündigkeit im Kontext moralischer Bildung würde dementsprechend bedeuten, Lernende im Kantischen Sinne dazu zu ermutigen, sich bei der Bildung moralischer Urteile ihres eigenen Verstandes zu bedienen.

Bei Mündigkeit in diesem Sinne scheint es sich letztendlich um nichts anderes als das zu handeln, was in der internationalen bildungsphilosophischen Debatte als *intellektuelle Autonomie* bezeichnet und dort ebenfalls als zentrales Bildungsziel angesehen wird.[25] Während hinsichtlich der genauen Definition intellektueller Autonomie Uneinigkeit herrscht,[26] besteht auf einer grundsätzlichen Ebene Einigkeit darüber, dass es sich hierbei im Kern um ein spezifisches Cluster von Dispositionen handelt, wobei insbesondere die behaviorale Disposition, eigenständig Urteile zu fällen und bei der Urteilsbildung auf die eigenen geistigen Kapazitäten zu vertrauen, sowie die motivationale Disposition, eine solche eigenständige Urteilsbildung auch aktiv anzustreben, als grundlegend angesehen werden (siehe etwa Battaly 2022). Zusätzlich besteht Einigkeit darüber, dass diese Dispositionen tatsächlich *in einem hinreichenden Maße* ausgebildet sein müssen, um die Eigenschaft der intellektuellen Autonomie zu instantiieren, und dass auch diese Eigenschaft selbst wiederum eine graduelle ist (Ebd.).

Grundsätzlich sollte die Achtung der intellektuellen Autonomie von Lernenden letztendlich vereinbar mit der direktiven Vermittlung spezifischer Inhalte sein. Schließlich erscheint eine solche Vermittlung in anderen Fächern weitgehend unproblematisch – oder sollten sich Lernende etwa auch hinsichtlich der Frage, ob Delfine Fische sind, oder ob die Sonne um die Erde kreist, ein unabhängiges Urteil bilden? Dass die direktive Vermittlung spezifischer Inhalte tatsächlich völlig kompatibel mit der Achtung der intellektuellen Autonomie von Lernenden ist, wird deutlich, wenn man einen näheren Blick auf die konkreten Forderungen wirft, die vor dem Hintergrund des zentralen pädagogischen Desiderats der Mündigkeit an Lehrkräfte gestellt werden. So fordert etwa Catherine Elgin (Elgin 2013, 148 f.):

> [Teachers] need to educate students for epistemic autonomy […]. Students should learn to think of themselves as epistemic agents – that is, as personally responsible for what they believe. That means that they need to learn how to think for themselves. […] Students should learn not just that history teaches that p and that science tells us that q, but also how science and history arrive at their conclusions, and both why and to what extent conclusions arrived at in this way are credible. They should learn when to defer to experts, and what qualifies someone as an expert. And they should learn when to be skeptical of what the experts say.

---

[24] Dieses Mündigkeitsverständnis ergibt sich zumindest implizit aus der expliziten Kantischen Definition von Unmündigkeit als *„Unvermögen, sich seines Verstandes ohne Leitung eines anderen zu bedienen"* (Kant 2017 [1784], 5).

[25] Dies gilt nicht unbedingt für andere, nicht-intellektuelle Formen von Autonomie. Für eine Unterscheidung verschiedener Autonomieformen und eine Diskussion ihrer jeweiligen Eignung als Bildungsziel siehe etwa Hand 2006.

[26] Für prominente, spezifische Konzeptionen intellektueller Autonomie siehe etwa Elzinga 2019 oder Zagzebski 2013.

Dass Lernende in direktiven Unterrichtskontexten spezifische fachliche Inhalte nicht lediglich präsentiert bekommen sollen, sondern diese vielmehr vor dem Hintergrund ausführlicher Begründungen und Erläuterungen eigenständig nachvollziehen sollen, dürfte in modernen Bildungskontexten eine Selbstverständlichkeit sein. Und wie wir im vorangegangenen Abschnitt gesehen haben, ist ein solcher Nachvollzug direktiv vermittelter Inhalte auch völlig kompatibel mit der Beförderung wissenschaftstheoretischer und epistemischer Kompetenz. Ganz in diesem Sinne könnten und sollten nun auch im Rahmen der durch die Wissensvermittlungskonzeption geforderten Vermittlungen moralphilosophischer Konsenspositionen Lernende die ihnen vermittelten Positionen auf der Grundlage einer eingehenden und selbständigen Beschäftigung mit Argumenten, die diese Positionen jeweils stützen, übernehmen und mit auf Blick ihren epistemischen Status reflektieren. Sofern sich aus dem Desiderat der Mündigkeit also lediglich die Forderung ergibt, den selbständigen Nachvollzug spezifischer Begründungszusammenhänge und die Fähigkeit zur kritischen epistemologischen Reflexion dieser Zusammenhänge zu fördern, gibt es hier kein Problem.

Dennoch könnte man an dieser Stelle darauf beharren, dass eine direktive Vermittlung *gesellschaftlich kontroverser* Inhalte das spezifische Potential missachtet, das eine genuin ergebnisoffene Diskussion gesellschaftlich strittiger Fragestellungen hinsichtlich der gezielten Förderung intellektueller Autonomie mit sich bringt. Denn eine solche Diskussion, so der naheliegende Gedanke, ermöglicht Lernenden unmittelbar genau das einzuüben, wozu sie letztendlich befähigt werden sollen: Eigenständig informierte Urteile zu öffentlichen Kontroversen zu bilden, um so Prozesse demokratischer Entscheidungsfindung und persönlicher Selbstbestimmung aktiv gestalten zu können. Dass die ergebnisoffene Diskussion gesellschaftlich kontroverser Fragestellungen in diesem Sinne eine besondere Rolle mit Blick auf die Entwicklung intellektueller Autonomie spielt, wird in der pädagogischen und bildungsphilosophischen Literatur explizit vertreten (siehe etwa Drerup 2020, Kap. 1; 2021) und soll an dieser Stelle auch in keiner Weise in Abrede gestellt werden. Gleichzeitig folgt hieraus jedoch keineswegs, dass einfach *alle* gesellschaftlich kontroversen Fragestellungen nicht-direktiv unterrichtet werden sollten. Nehmen wir etwa an, moralische Fragestellungen würden aufgrund ihrer gesellschaftlichen Kontroversität *prinzipiell* und *ausnahmslos* zum Gegenstand ergebnisoffener Diskussionen im Philosophie- und Ethikunterricht gemacht. Lernende würden zwar jeweils mit einer repräsentativen Auswahl verschiedener Argumente versorgt, müssten auf dieser Grundlage dann aber vollkommen selbständig und ohne Einfluss von außen entscheiden, welche dieser Argumente sie für relevant oder überzeugend halten und welches Urteil angesichts dessen angemessen ist. Ein solch exklusiver Einsatz nicht-direktiver Unterrichtsformen würde leicht Gefahr laufen, zwei gegenläufige, aus pädagogischer Sicht jedoch gleichermaßen problematische Dynamiken zu begünstigen.

So könnten einerseits Lernende leicht den Eindruck gewinnen, dass in der Auseinandersetzung mit moralischen Fragestellungen der Einsatz von Fähigkeiten des kritischen Denkens und der argumentativen Reflexion nicht oder nur bedingt von entscheidender Bedeutung ist. Ansonsten, so die aus Sicht der

Lernenden naheliegende Vermutung, müssten die verschiedenen vorgebrachten Argumente doch zumindest in manchen Fällen zu einer zufriedenstellenden und eindeutigen Klärung der zugrunde liegenden Kontroversen geführt haben. Diese in der bildungsphilosophischen Literatur verschiedentlich geäußerte Sorge (siehe etwa Hand 2008, Gregory 2014) weist eine unmittelbare Nähe zu der bereits in Abschn. 2.2.3 diskutierten Vermutung eines direkten Zusammenhangs von nicht-direktiven Unterrichtsformen und problematischen Auswüchsen des Schüler-relativismus auf. Die Implikationen der hier zutage tretenden Problematik für die unterrichtliche Beförderung intellektueller Autonomie sollten offensichtlich sein: Um ein hinreichendes Maß an intellektueller Autonomie zu entwickeln, müssen Lernende nicht nur spezifische Fähigkeiten des kritischen Denkens und der argumentativen Reflexion ausbilden, sondern darüber hinaus auch ein Bewusstsein dafür entwickeln, dass ein Einsatz dieser Fähigkeiten tatsächlich produktiv und zielführend ist.

Andererseits könnten Lernende vor dem Hintergrund eines ausschließlichen Einsatzes nicht-direktiver Unterrichtsformen ebenso leicht den Eindruck gewinnen, dass in moralischen Fragen einfach problemlose jede:r selbst entscheiden kann und darf, was richtig oder falsch ist und in diesem Sinne ein *zu hohes* Maß an intellektueller Autonomie entwickeln. So wird in der philosophischen Literatur zu intellektueller Autonomie tatsächlich regelmäßig darauf hingewiesen, dass es auch *excessive Formen* intellektueller Autonomie gibt, die eindeutig als negativ zu bewerten sind.[27] Personen, die ein zu hohes Maß an intellektueller Autonomie aufweisen, verlassen sich auch dann ausschließlich auf ihre eigenen kognitiven Kapazitäten, wenn eine solche epistemische Selbstgenügsamkeit eindeutig unangemessen ist – etwa, weil die zugrunde liegenden Probleme zu komplex, die eigenen kognitiven Kapazitäten akut beeinträchtigt oder andere Personen einfach wesentlich zuverlässiger sind. Eine solch exzessive Form intellektueller Autonomie, so die in der Literatur geäußerten Sorgen, führt nun leicht zu einem paranoid anmutendem Skeptizismus (Fricker 2006, 243), zu kognitiver Isolation (Carter 2020, 239) und zu einem ungerechtfertigten epistemischen Misstrauen gegenüber anderen Personen (Matheson 2022).

Ein exklusiver Einsatz nicht-direktiver Unterrichtsformen, in deren Rahmen Lernende angesichts einer repräsentativen Auswahl konträrer Argumentations-linien selbständig entscheiden sollen, welche Argumente ihrer Meinung nach am relevantesten sind, um dann auf dieser Grundlage ohne jegliche Beeinflussung

---

[27] Die Rede von *exzessiver* intellektueller Autonomie mag vor dem Hintergrund der Vorstellung von Autonomie als Ideal auf den ersten Blick befremdlich wirken. Alternativ könnte man auch eine Redeweise vorschlagen, in deren Rahmen exzessive und unangemessene Formen des Selbstdenkens nicht als autonom bezeichnet werden und der Begriff der Autonomie exklusiv für angemessene Formen des Selbstdenkens reserviert ist. Letztendlich handelt es sich hierbei allerdings um eine rein begriffliche Frage, von deren Beantwortung für den vorliegenden Sach-zusammenhang nichts substantiell abhängt. Im Folgenden werde ich mich somit aus pragmatischen Gründen an der in der philosophischen Literatur zu diesem Thema vorzufindenden Redeweise von exzessiver intellektueller Autonomie orientieren.

von außen ein moralisches Urteil zu bilden, läuft somit Gefahr Lernende nicht zu
mündigen Denker:innen, sondern zu epistemischen Egoist:innen zu erziehen – zu
Personen, die Linda Zagzebski wie folgt charakterisiert (Zagzebski 2020, 263):

> [An epistemic egoist] maintains that the fact that someone else has a belief is never a rea-
> son for her to believe it, not even when conjoined with evidence that the other person is
> reliable. If she finds out that someone else believes p, she will demand proof of p that she
> can determine by the use of her own faculties, given her own previous beliefs, but she will
> never believe anything on testimony.

Bei den in dieser Passage beschriebenen Merkmalen handelt es sich offensichtlich nicht um ein wünschenswertes Bildungsziel. Nicht zuletzt die Querdenker-
Bewegung während der Corona-Pandemie hat uns deutlich vor Augen geführt,
wohin ein ins Extreme verzerrtes Ideal kompromissloser intellektueller Autonomie
führen kann. Ein verantwortungsvoller Unterricht, der sich auf eine angemessene
Weise dem pädagogischen Ideal der Mündigkeit verschrieben hat, sollte Lernende
entsprechend nicht zu dem *höchstmöglichen*, sondern zu einem *adäquaten* Maß
an intellektueller Autonomie erziehen. Worin nun genau ein solches Maß besteht,
ist auf einer allgemeinen Ebene nicht zu bestimmen: In manchen epistemischen
Kontexten, wie etwa solchen, die durch korrupte Scheinexpert:innen, Falsch-
informationen oder propagandistische Berichterstattung geprägt sind, mag ein
vergleichsweise hohes Maß an intellektueller Autonomie durchaus adäquat sein,
das unter normalen Umständen als Ausdruck paranoiden Misstrauens zu bewerten
wäre. Was für ein Maß an intellektueller Autonomie gerechtfertigt ist, hängt also
von kontextuellen Faktoren ab (siehe hierzu auch etwa Battaly 2022, Hand 2006).
Eine wünschenswerte Förderung intellektueller Autonomie sollte Lernenden entsprechend nicht irgendein spezifisches Maß an intellektueller Autonomie vermitteln, sondern sie vielmehr dazu befähigen, selbständig ein jeweils situativ ge-
rechtfertigtes Maß an intellektueller Autonomie an den Tag zu legen.

In der philosophischen Literatur ist in diesem Zusammenhang auch von der
Tugendhaftigkeit intellektueller Autonomie die Rede (siehe hierzu und zum Folgenden etwa Battaly 2022, Carter 2020, Roberts und Wood 2007). Die Idee ist
dabei, dass die bloße Eigenschaft intellektueller Autonomie zunächst überhaupt
kein Ideal, sondern lediglich ein neutrales Cluster von Dispositionen ist, das in
manchen Situationen angemessen und in anderen Situationen unangemessen sein
kann. Ob diese Eigenschaft nun eine Tugend oder ein Laster ist, hängt davon ab,
ob sie *zur richtigen Zeit* und *mit Blick auf die richtige Fragestellung* sowie *im
richtigen Maße* vorliegt. Ein Subjekt, das in einem tugendhaften Sinne intellektuell autonom ist, ist dementsprechend in der Lage, seine intellektuelle Autonomie
unter verantwortungsvoller Berücksichtigung kontextueller Faktoren situativ angemessen zu justieren. Sofern es sich bei intellektueller Autonomie um ein überzeugendes Bildungsziel handeln soll, muss es sich hierbei um eine tugendhafte
Form der intellektuellen Autonomie in genau diesem Sinne handeln. Lernende
sollen nicht dazu erzogen werden, in allen Situationen ein größtmögliches Maß
an intellektueller Autonomie an den Tag zu legen, sondern vielmehr dazu befähigt

werden, genau dort intellektuell autonom zu agieren, wo es angemessen ist. Eine solche Interpretation des Bildungsziels der intellektuellen Autonomie ist im Übrigen auch völlig im Einklang mit der zu Beginn eingeführten Definition von Mündigkeit als freie *Verfügbarkeit* über die eigenen Kräfte und Fähigkeiten: Lernende zu mündigen Individuen zu erziehen bedeutet nicht, ihnen den ständigen und alleinigen Gebrauch der eigenen geistigen Kapazitäten anzutrainieren, sondern sie vielmehr dazu zu befähigen, über diese Kapazitäten souverän zu verfügen und sie situativ angemessenen einzusetzen.

Das bedeutet wiederum, dass Lernende in unterrichtlichen Kontexten dafür sensibilisiert werden müssen, dass es einerseits Situationen gibt, in denen ein hohes Maß an intellektueller Autonomie angemessen ist, und andererseits Situationen, in denen ein hohes Maß an intellektueller Autonomie ein Ausdruck von epistemischem Egoismus ist. Vor diesem Hintergrund wird deutlich, dass die direktive Vermittlung spezifischer moralphilosophischer Konsenspositionen geradezu unverzichtbar für die Beförderung eines tugendhaft autonomen Umgangs mit moralischen Fragestellungen ist: Eine solche Vermittlung führt Lernenden unmittelbar vor Augen, dass es auch im Bereich der Moral bei allen Kontroversen dennoch spezifische Fragestellungen gibt, mit Blick auf die echte Erkenntnisfortschritte gemacht werden konnten und hinsichtlich derer es substantielle Konsense unter Fachleuten gibt, auf deren Arbeit man sich bei der eigenen Urteilsbildung verlassen kann – und sollte. Dementsprechend fördern moralische Bildungsprozesse, die neben Phasen der nicht-direktiven Thematisierung genuin kontroverser moralischer Fragestellungen auch Phasen der direktiven Vermittlung spezifischer moralphilosophischer Konsenspositionen beinhalten, die Entwicklung intellektueller Autonomie im Sinne einer Tugend und die Beförderung des Ideals der Mündigkeit besser als moralische Bildungsprozesse, die in Bezug auf jede moralische Fragestellung eine maximal autonome Urteilsbildung der Lernenden einfordern.

3.2.4   Zwischenfazit

In diesem Abschnitt haben wir drei verschiedene Ausformulierungen der grundsätzlichen Sorge diskutiert, dass die im Rahmen der Wissensvermittlungskonzeption geforderte direktive Vermittlung gesellschaftlich kontroverser moralphilosophischer Konsenspositionen selbst dann, wenn sie aus einer rein (meta-)philosophischen Perspektive möglich sein sollte, aus einer pädagogischen Perspektive nach wie vor als unangemessen zu bewerten wäre. Ausgangspunkt der Überlegungen war dabei der naheliegende Verdacht, dass solche Vermittlungen gegen einschlägige Kontroversitätsgebote verstoßen, so wie sie für den schulischen Unterricht maßgeblich sind. Dies ist der Grundgedanke hinter dem Einwand der Kontroversitätsgebote, der exemplarisch anhand des für den deutschsprachigen Raum maßgeblichen Beutelsbacher Konsenses diskutiert wurde, demzufolge alles, was in Wissenschaft und Politik kontrovers ist, auch in unterrichtlichen Kontexten kontrovers erscheinen muss. Eine genauere Ausdeutung des hier formulierten Kontroversitätsgebotes vor dem Hintergrund der bildungsphilosophischen Debatte

um Kriterien direktiven Unterrichtens hat jedoch ergeben, dass diese Sorge weitgehend unbegründet ist: Zumindest solange die vermittelten moralphilosophischen
Konsenspositionen nicht im direkten Widerspruch zu entsprechenden politischen
Konsensen stehen, verstoßen die Forderungen der Wissensvermittlungskonzeption
nicht gegen das Kontroversitätsgebot des Beutelsbacher Konsenses.

Der Einwand der Indoktrination vertieft die in diesem Zusammenhang angestellten Überlegungen, indem er auf einer tieferen Ebene die normative Begründung von Kontroversitätsgeboten in den Blick nimmt. Warum sollten
Kontroversitätsgebote überhaupt befolgt werden? Kontroversitätsgebote, so eine
weit verbreitete Überlegung, sollten deshalb befolgt werden, weil eine Verletzung
dieser Gebote eine Form von Indoktrination darstellen würde. Kontroversitätsgebote sind in diesem Sinne als Indoktrinationsverbote anzusehen. Und selbst
wenn man akzeptiert, dass die im Rahmen der Wissensvermittlungskonzeption
geforderten Vermittlungen moralphilosophischer Konsenspositionen streng genommen den für den deutschsprachigen Raum einschlägigen Kontroversitätskriterien Genüge tun, könnte sich immer noch herausstellen, dass diese
Vermittlungen dennoch als indoktrinatorisch zu bewerten sind. Das ist der Grundgedanke des Einwandes der Indoktrination. Sollte sich dieser Einwand als gerechtfertigt erweisen, könnte dies für eine Reformulierung bzw. Ergänzung des Beutelsbacher Konsenses sprechen – oder aber lediglich aufzeigen, dass eine Befolgung
des hier formulierten Kontroversitätsgebotes lediglich notwendig und nicht hinreichend für eine Vermeidung von Indoktrination ist. Tatsächlich hat eine genauere Diskussion jedoch gezeigt, dass auch der Verdacht der Indoktrination weitestgehend ausgeräumt werden kann: Weder inhalts-, noch ergebnis-, noch methodenbezogene Indoktrinationsverständnisse bieten eine geeignete Grundlage für die
Bewertung der im Rahmen der Wissensvermittlungskonzeption geforderten Vermittlungsprozesse als indoktrinatorisch.

Der Einwand der Mündigkeit verlegt die Diskussion nun auf eine noch grundlegendere Ebene, indem er auf die normative Begründung des Indoktrinations-
verbots abzielt. Was ist überhaupt falsch an Indoktrination? Eine naheliegende,
wiederum bereits im Rahmen des Beutelsbacher Konsenses unmittelbar angedeutete Antwort ist, dass indoktrinatorische Unterrichtsprozesse die Mündigkeit
der Lernenden untergraben. Entsprechend scheint unabhängig von primär sprach-
lich fokussierten Fragen der besten Ausformulierung von Kontroversitätsgeboten
oder der angemessenen Definition des Indoktrinationsbegriffes die entscheidende
pädagogische Sorge mit Blick auf die Wissensvermittlungskonzeption letztendlich schlicht in dem Verdacht zu bestehen, dass die von ihr geforderten direktiven
Vermittlungen spezifischer Moralvorstellungen die mündige moralische Urteilsbildung von Kindern und Jugendlichen missachten. Dieser Verdacht wirft seinerseits die Frage auf, was genau überhaupt unter Mündigkeit in diesem Zusammenhang zu verstehen ist und wie diese in unterrichtlichen Kontexten gefördert werden
kann. Eine nähere Betrachtung hat hier gezeigt, dass eine direktive Vermittlung
gesellschaftlich kontroverser Moralvorstellungen nicht nur grundsätzlich vereinbar mit der unterrichtlichen Beförderung intellektueller Autonomie ist, sondern für eine solche Beförderung sogar unabdingbar sein dürfte. Denn einerseits

vermag sie dem Eindruck entgegenzuwirken, dass der Einsatz von Fähigkeiten des kritischen Denkens und der argumentativen Reflexion mit Blick auf moralische Fragen zwecklos ist. Somit leistet sie einen unverzichtbaren Beitrag zur Ausbildung der grundsätzlichen Bereitschaft einer mündigen moralischen Urteilsbildung. Andererseits vermag sie aber auch einem ins Extreme verzerrten, falsch verstandenen Ideal autonomer Urteilsbildung im Bereich der Moral entgegenzuwirken, indem sie Lernenden unmittelbar vor Augen führt, dass es auch mit Blick auf moralische Fragestellungen substantielle Konsense unter Fachleuten gibt, auf deren Arbeit man sich bei der eigenen Urteilsbildung verlassen kann. Ein auf die Beförderung mündiger moralischer Urteilsbildung gerichteter Unterricht sollte somit neben Phasen der genuin ergebnisoffenen, nicht-direktiven Diskussion kontroverser moralischer Fragestellungen nach Möglichkeit auch Phasen der direktiven Vermittlung spezifischer moralphilosophischer Konsenspositionen beinhalten.

Es scheint also, als würde auch auf einer pädagogischen Ebene grundsätzlich nichts gegen eine Umsetzung der von der Wissensvermittlungskonzeption aufgestellten Forderungen sprechen. Zumindest, so vielleicht eine etwas vorsichtigere Schlussfolgerung, ist es nicht so, als wäre die direktive Vermittlung spezifischer moralphilosophischer Konsenspositionen inkompatibel mit einschlägigen Kontroversitätsgeboten, als indoktrinatorisch zu bewerten oder unvereinbar mit der schulischen Förderung von Mündigkeit. Das bedeutet wiederum natürlich nicht, dass sich eine solche Umsetzung auch ohne Weiteres im spezifischen Kontext des schulischen Philosophie- und Ethikunterrichts realisieren lässt bzw. dort realisiert werden sollte. Um diese Frage soll es im nächsten Abschnitt gehen.

3.3   Didaktische Einwände

Nicht alles, was aus fachlicher und pädagogischer Sicht möglich oder vertretbar ist, kann und sollte in unterrichtlichen Kontexten auch umgesetzt werden. Schulischer Unterricht ist ein institutionell und strukturell klar umrissener Prozess, der spezifischen Normen und Prinzipien folgt. Um ein nichtphilosophisches Beispiel zu bemühen: Kinder und Jugendliche Gedichte auswendig lernen zu lassen, dürfte weder aus literaturwissenschaftlicher noch aus pädagogischer Sicht grundsätzlich problematisch sein. Man könnte sogar argumentieren, dass es sich hierbei um ein geeignetes Mittel handelt, die Disziplin und Gedächtnisleistung der Lernenden zu fördern und den Fortbestand eines wichtigen kulturellen Erbes sicherzustellen. Dennoch spielt das Auswendiglernen von Gedichten im gegenwärtigen Deutschunterricht kaum eine Rolle, und das aus gutem Grund: So ist leicht zu sehen, dass eine unterrichtliche Beschäftigung mit lyrischen Formen, die modernen didaktischen Prinzipien folgt, dem bloßen Memorieren einzelner Gedichte wenig abgewinnen kann.

Ein ganz ähnlicher Verdacht ließe sich nun auch mit Blick auf die direktive Vermittlung spezifischer moralischer Ansichten formulieren. Ist eine solche Vermittlung überhaupt vereinbar mit modernen didaktischen Prinzipien, wie sie für den schulischen Philosophie- und Ethikunterricht maßgeblich sind? Um die

Bedeutung dieser Fragestellung für den vorliegenden Kontext zu verdeutlichen, ist
es hilfreich, sich an dieser Stelle noch einmal das grundsätzliche Anliegen dieses
Buches vor Augen zu führen: Die zentrale Frage ist, welchen konkreten Beitrag
die philosophische Fächergruppe zu der von ihr geforderten moralischen Verbesserung des Denkens und Handelns von Kindern und Jugendlichen leisten kann.
Wie direkt zu Beginn klargestellt, soll diese Frage auf der Ebene nicht-idealer
Theoriebildung beantwortet werden – es geht also darum, zu klären, wie der Philo-
sophie- und Ethikunterricht unter Beachtung konkreter didaktischer Vorgaben und
vor dem Hintergrund realistischer unterrichtlicher Rahmenbedingungen die an ihn
gerichteten Erwartungen erfüllen kann. Um in diesem Zusammenhang ein ernst-
zunehmendes Angebot zu unterbreiten, muss die Wissensvermittlungskonzeption
nicht nur zeigen, dass die von ihr aufgestellten Forderungen fachlich und pädagogisch verantwortbar sind, sondern darüber hinaus plausibel machen, dass es sich
hierbei um Forderungen handelt, die tatsächlich realistischerweise in die unterrichtliche Praxis implementiert werden können.

In diesem letzten Abschnitt des vorliegenden Kapitels möchte ich die unterrichtliche Umsetzbarkeit der von der Wissensvermittlungskonzeption geforderten
Vermittlungsprozesse im Rahmen eines modernen, an einschlägigen didaktischen
Prinzipien orientierten Philosophie- und Ethikunterrichts näher diskutieren. Dabei
werde ich mich konkret auf die grundlegenden didaktischen Prinzipien der Schü-
ler-, Kompetenz- und Problemorientierung beziehen. Ist die direktive Vermittlung
spezifischer moralischer Ansichten mit diesen Prinzipien vereinbar?

3.3.1   Der Einwand der Schülerorientierung

Bei dem Prinzip der Schülerorientierung[28] handelt es sich um ein zentrales didaktisches Prinzip, das den Schulunterricht in Deutschland grundsätzlich prägt
und in manchen Kontexten sogar als *Basisdimension* gelungenen Unterrichts angesehen wird (siehe etwa Ministerium für Schule und Bildung des Landes Nordrhein-Westfalen 2020). Nimmt man den Begriff der Schülerorientierung wörtlich,
ist hiermit zunächst lediglich gemeint, sich bei der Planung von Unterricht an den
Schüler:innen zu orientieren. Diese Maßgabe steht im Einklang mit der reform-
pädagogischen Formel einer *Pädagogik vom Kinde aus*, und tatsächlich hatte die
Reformpädagogik des späten 19. und frühen 20. Jahrhunderts einen maßgeblichen
Einfluss auf die Entwicklung des Prinzips der Schülerorientierung. Auf den ersten
Blick scheint die im Rahmen der Wissensvermittlungskonzeption geforderte direktive Vermittlung moralphilosophischer Konsenspositionen in einer gewissen Spannung zum Prinzip der Schülerorientierung zu stehen. Bedeutet eine solche Vermittlung nicht gerade, Ergebnisse philosophischer Forschung zum entscheidenden

---

[28] Da es sich beim Begriff der „Schülerorientierung" um einen in der (fach-)didaktischen Literatur etablierten Fachterminus handelt, werde ich in diesem konkreten Fall auf eine Abänderung in
gendergerechte Sprache verzichten.

Bezugspunkt des Philosophie- und Ethikunterrichts zu erklären und von außen an die Lernenden heranzutragen, anstatt diese selbst mit ihren Voraussetzungen und Präferenzen als Ausgangspunkt didaktischer Überlegungen zu respektieren? Mit anderen Worten: Droht hier nicht eine *Pädagogik vom Fache aus*? Dies ist die grundlegende Sorge hinter dem Einwand der Schülerorientierung.

Um zufriedenstellend diskutieren zu können, inwieweit wir es hier mit einem berechtigten Einwand zu tun haben, muss zunächst genauer geklärt werden, was das Prinzip der Schülerorientierung überhaupt konkret besagt. Eine solche Klärung ist jedoch schwieriger als man zunächst denken könnte. Denn die außerordentliche Prominenz des Begriffs der Schülerorientierung steht in einem erstaunlichen Kontrast zu einer notorischen inhaltlichen Unterbestimmtheit, die selbst von Befürworter:innen dieses Prinzips bemängelt wird (siehe etwa Jank und Meyer 2006, 310; Schmidt-Wulffen 2008, 10). In der Philosophiedidaktik wurde dieser Begriff dementsprechend auch als schlichte „Wärmemetapher" (Burkard und Martena 2018, 12) bezeichnet, die sich zwar gut anhört, letztendlich aber inhaltsleer zu bleiben droht.

Der Geographiedidaktiker Clemens Wieser hat sich in diesem Zusammenhang um ein höheres Maß an Klarheit bemüht, indem er unter Rückgriff auf Arbeiten von Wulf-Dieter Schmidt-Wulffen drei verschiedene Hinsichten unterscheidet, entlang derer das Prinzip der Schülerorientierung interpretiert werden kann (vgl. zum Folgenden Wieser 2010, 19 ff.). Gemäß dieser Kategorisierung kann Schülerorientierung erstens im Sinne einer Orientierung an den *inhaltlichen Präferenzen* von Lernenden verstanden werden. Schüler:innen, so der dieser Interpretation zugrunde liegende Gedanke, müssen als eigenständige Subjekte mit individuellen Interessen und intellektuellen Bedürfnissen ernst genommen werden, die den zentralen Bezugspunkt didaktischer Überlegungen darzustellen haben. Zweitens kann Schülerorientierung als Orientierung an den *didaktischen Präferenzen* von Lernenden verstanden werden. Schüler:innen, so der hier einschlägige Gedanke, müssen bei der organisatorischen, methodischen und strukturellen Steuerung und Planung von Unterrichtsprozessen aktiv mit einbezogen werden. Drittens kann Schülerorientierung schließlich als Orientierung an den *inhaltlichen Kenntnissen, Erfahrungen und Vorstellungen* von Lernenden verstanden werden. Lernen, so der für diese Interpretation maßgebliche Gedanke, ist ein Prozess, der nicht lediglich in der *Vermittlung* von Kenntnissen besteht, sondern an bereits vorhandenen Kenntnissen und Vorstellungen von Lernenden *anknüpft* und diese weiterentwickelt.

Vor dem Hintergrund dieser Kategorisierung verschiedener Hinsichten lässt sich nun besser bewerten, ob und inwiefern die im Rahmen der Wissensvermittlungskonzeption geforderte Vermittlung spezifischer moralischer Ansichten im Rahmen eines am Prinzip der Schülerorientierung ausgerichteten Unterrichts realisiert werden kann. Nehmen wir zunächst das Verständnis von Schülerorientierung als Orientierung an den inhaltlichen Präferenzen von Lernenden. Dass eine direktive Vermittlung spezifischer fachlicher Inhalte grundsätzlich kompatibel mit einer solchen Orientierung ist, dürfte schon alleine angesichts eines Blickes auf andere Fächergruppen offensichtlich sein. Denn zum einen stehen in Fächern wie

Chemie, Biologie oder Deutsch direktive Vermittlungen domänenspezifischer Erkenntnisse auf der Tagesordnung. Zum anderen sind auch diese Fächer dem fächerübergreifenden Prinzip der Lebensweltorientierung verpflichtet. Das bedeutet, das primär Inhalte zu solchen Themen vermittelt werden sollen, die einen direkten Bezug zur Lebensrealität der Lernenden aufweisen. Hierbei handelt es sich um eine geeignete Möglichkeit, dem Prinzip der Schülerorientierung Rechnung zu tragen, insofern davon auszugehen ist, dass sich Lernende tendenziell eher für solche Inhalte interessieren, die eine unmittelbare Relevanz für ihr alltägliches Leben haben.

Da auch der Philosophie- und Ethikunterricht dem Prinzip der Lebensweltorientierung verpflichtet ist, dürften auch hier primär solche Inhalte zur Vermittlung ausgewählt werden, die einen direkten Bezug zur Lebensrealität der Lernenden aufweisen. Tatsächlich dürfte gerade mit Blick auf moralische Themen davon ausgegangen werden, dass diese aufgrund ihrer unmittelbaren Relevanz für praktische Handlungs- und Entscheidungssituationen oft auf ein hinreichendes Maß an Interesse unter Lernenden stoßen, um dem Prinzip der Lebensweltorientierung Rechnung zu tragen. Ein Problem mit Blick auf die Wissensvermittlungskonzeption würde sich hier nur dann ergeben, wenn die von der moralphilosophischen Forschung bereitgestellten Konsenspositionen zufällig Themen beträfen, hinsichtlich derer kein hinreichender Lebensweltbezug zu erwarten wäre. Da es zum jetzigen Zeitpunkt ein Stück weit unklar ist, worin genau diese Positionen bestehen, kann das Ausmaß der hier drohenden Problematik an dieser Stelle noch nicht abschließend eingeschätzt werden. Weil jedoch nicht grundsätzlich davon auszugehen ist, dass sich die gegenwärtige moralphilosophische Forschung mit ganz anderen Themen beschäftigt als mit denen, die auch im Rahmen lebensweltorientierter Curricula zu finden sind, sollte es sich hierbei letztendlich um ein überschaubares Problem handeln. Die bisher angedeuteten philosophischen Mehrheiten zu Themen wie Abtreibung oder Todesstrafe sollten jedenfalls zunächst optimistisch stimmen – handelt es sich hierbei doch um Themen, die regelmäßig im lebensweltorientierten Philosophie- und Ethikunterricht zum Gegenstand gemacht werden.

Betrachten wir als nächstes das Verständnis von Schülerorientierung als Orientierung an den didaktischen Präferenzen der Lernenden. Inwiefern wir es hierbei überhaupt mit einem Prinzip zu tun haben, das für die Unterrichtspraxis in Deutschland einschlägig ist, hängt klarerweise davon ab, als wie stark es interpretiert wird. Einer starken Interpretation zufolge würde dieses Prinzip fordern, Lernende als gleichberechtigt in der didaktischen Planung von Unterricht anzuerkennen. Ob es sich hierbei um eine sinnvolle Forderung handelt, kann und muss an dieser Stelle nicht beurteilt werden. Entscheidend ist, dass es sich hierbei um keine Forderung handelt, die für schulische Bildung in Deutschland einschlägig wäre. Einer schwächeren Interpretation zufolge würde dieses Prinzip lediglich fordern, dass die didaktischen Präferenzen von Lernenden bei der Planung von Unterricht ein gewisses Maß an Berücksichtigung finden. Hierbei handelt es sich um eine Forderung, die tatsächlich mit Blick auf die schulische Praxis gilt. So wird etwa oft auf einen engen Zusammenhang zwischen dem Prinzip der Schülerorientierung und dem Prinzip der Binnendifferenzierung hingewiesen, demzufolge eine pädagogisch angemessene Planung von Unterricht die je individuellen Lernvoraussetzungen von Lernenden zu berücksichtigen hat (siehe etwa Bennack 2002, 64). Konkret kann dies beispielsweise bedeuten, dass Lehrkräfte für die Erarbeitung spezifischer Inhalte eine Auswahl verschiedener Medien oder Sozialformen anbieten, zwischen denen Lernende dann entlang ihrer individuellen Präferenzen wählen können. Gleichzeitig wird schnell deutlich, dass eine solche Orientierung an den didaktischen Präferenzen von Lernenden ohne Weiteres kompatibel mit der direktiven Vermittlung fachlicher Inhalte ist: So genügt auch hier bereits ein Blick auf andere Fächer, in denen binnendifferenziert angelegte Vermittlungen domänenspezifischer Erkenntnisse zum unterrichtlichen Alltag gehören.

Kommen wir schließlich zu dem Verständnis von Schülerorientierung als Orientierung an den inhaltlichen Kenntnissen, Erfahrungen und Vorstellungen von Lernenden. Ein so verstandenes Prinzip der Schülerorientierung steht klarerweise in einer engen Verbindung zur bereits im Zuge der Einführung der Wissensvermittlungskonzeption in Abschn. 2.2.3 erläuterten lernpsychologischen These des Konstruktivismus (Wieser 2010, 19 ff.), geht jedoch vermutlich darüber hinaus. Die Idee ist nicht lediglich, dass Lernen ein aktiver Prozess ist, bei dem neue Wissensbestände in bereits vorhandene kognitive Strukturen integriert werden müssen, sondern dass diese Strukturen selbst zum expliziten Gegenstand von Lernprozessen gemacht werden sollen. Wie darf man sich eine Umsetzung dieser Forderung in einem konkreten Unterrichtssetting vorstellen? Tatsächlich ist die hier geforderte Orientierung an den Vorstellungen und Erfahrungen von Lernenden bereits integraler Bestandteil unterrichtlicher Praxis. In der fachdidaktischen Forschung werden diese Vorstellungen und Erfahrungen auch als *Präkonzepte* bezeichnet und sind Gegenstand intensiver Forschungsbemühungen. Mit Blick auf den spezifischen Kontext des Philosophie- und Ethikunterrichts schärfen Anne Burkard und Laura Martena den Begriff des Präkonzepts folgendermaßen aus (Burkard und Martena 2018, 18):

> [Präkonzepte sind] diejenigen Einstellungen, Haltungen, und Urteilsweisen [...], die (a) die Lernenden in den Philosophieunterricht einbringen, die (b) noch nicht durch die konkreten, im nachfolgenden Unterricht zu behandelnden philosophischen Inhalte beeinflusst sind, die (c) aber für die Auseinandersetzung mit diesen Inhalten relevant sein können.

Eine unterrichtliche Orientierung an Präkonzepten in diesem Sinne kann als philosophiedidaktischer Standard gelten. Beispielhaft sei an dieser Stelle nur das in der unterrichtlichen Praxis breit akzeptierte „Bonbonmodell" von Rolf Sistermann genannt, das in der Anfangsphase eines unterrichtlichen Lernprozesses mit der „intuitiven Problemlösung" einen eigenen Abschnitt als obligatorisch vorschreibt, der exklusiv einer sorgfältigen Explikation themenbezogener Präkonzepte gewidmet und einer Erarbeitung entsprechender philosophischer Theorien und Positionen vorgeschaltet ist (siehe etwa Sistermann 2016).

Inwiefern ist nun eine solche Orientierung an den philosophischen Präkonzepten von Lernenden kompatibel mit einer direktiven Vermittlung spezifischer moralischer Ansichten? Unstrittig ist, dass auch ein Unterricht, der didaktisch von den philosophischen Präkonzepten von Lernenden ausgeht, nicht bei diesen Präkonzepten stehen bleiben soll. Gefordert ist vielmehr eine „Revision, Reform oder Revolution" (Burkard und Martena 2018, 19), also eine fachlich angemessene Modifikation dieser Präkonzepte. In der fachdidaktischen Präkonzeptforschung wird in diesem Zusammenhang auch zwischen Präkonzepten auf der einen und sogenannten *Fach- und Basiskonzepten* auf der anderen Seite unterschieden. Unter Fach- und Basiskonzepten werden dabei Ziele unterrichtlicher Lernprozesse verstanden – das bedeutet, dass die Präkonzepte der Lernenden im Laufe des Unterrichts in Richtung entsprechender Fach- und Basiskonzepte hin verändert werden sollen. Basiskonzepte sind grundlegende Prinzipien und Paradigmen einer wissenschaftlichen Disziplin, während es sich bei Fachkonzepten um fachspezifische Wissensbestände handelt, die auf der Grundlage dieser Prinzipien und Paradigmen gewonnen wurden (Detjen et al. 2012).

Eine schülerorientierte Ausrichtung unterrichtlicher Lernprozesse an den Präkonzepten von Lernenden ist also völlig vereinbar mit der Vermittlung domänenspezifischer Erkenntnisse, insofern diese fachlich angemessene Zielvorgaben für wünschenswerte Transformationen und Modifikationen entsprechender Präkonzepte darstellen. Tatsächlich ist in der philosophiedidaktischen Literatur explizit bemängelt worden, dass hier im Kontrast zu den Fachdidaktiken anderer Fächer ein gezielter Diskurs über zu vermittelnde Basis- und Fachkonzepte bisher weitgehend fehlt (Burkard und Martena 2018, 20).[29] Die Wissensvermittlungskonzeption ist also nicht nur grundsätzlich mit dem didaktischen Prinzip der Schülerorientierung vereinbar, insofern die für diese Konzeption charakteristischen Forderungen als Forderungen nach Transformationen moralischer Präkonzepte interpretiert werden können. Vielmehr leistet sie darüber hinaus sogar einen positiven Beitrag für die Umsetzung eines schülerorientierten Philosophie- und Ethikunterrichts, indem sie den konkreten Versuch einer fachlich angemessenen Identifikation geeigneter Fachkonzepte darstellt. In diesem Sinne knüpft sie nahtlos an andere, in der jüngeren philosophiedidaktischen Forschung unterbreitete Vorschläge zur themenspezifischen Aufbereitung geeigneter philosophischer Fach- und Basiskonzepte an (siehe etwa Bussmann 2024).

3.3.2 Der Einwand der Kompetenzorientierung

Auch beim Prinzip der Kompetenzorientierung handelt es sich um ein Prinzip, das den schulischen Unterricht im deutschsprachigen Raum fächerübergreifend prägt. Das schlechte Abschneiden des deutschen Bildungssystems bei den PISA-Studien der OECD hat um die Jahrtausendwende zu einem flächendeckenden

---

[29] Für eine empirisch informierte, fächerübergreifende Diskussion der Bedeutung einer fachlich angemessenen Identifikation und Aufbereitung domänenspezifischer Fachkonzepte siehe Greiner et al. 2023.

Paradigmenwechsel von Input- zu Outputorientierung geführt. Lehrende sollen nicht lediglich eine Liste von Lehrstoffen und -inhalten abarbeiten, sondern spezifische *Fähigkeiten* entwickeln. Diese Vorgabe gilt auch für den Philosophie- und Ethikunterricht, wo dieser Paradigmenwechsel vor dem Hintergrund des in der fachdidaktischen Diskussion dominanten Ansatzes der dialogisch-pragmatischen Philosophiedidaktik von Ekkehard Martens auf fruchtbaren Boden fiel.[30] Philosophie zu lehren, so die Überlegung hinter diesem Ansatz, kann ohnehin plausiblerweise nur bedeuten, Philosophieren zu lehren – ein Grundsatz, der sich bekanntermaßen schon bei Immanuel Kant findet (Kant 2010 [1765–1766], 73). Das Ziel des schulischen Philosophieunterrichts ist dementsprechend *Philosophieren-Können* und nicht *Philosophie-Wissen* (Martens 2014, 16): Lernenden sollen die Fähigkeiten und Fertigkeiten vermittelt werden, die sie benötigen, um sich selbständig mit philosophischen Fragen auseinanderzusetzen.

Inwieweit könnte nun eine Spannung zwischen der Ausrichtung des Philosophie- und Ethikunterrichts am Prinzip der Kompetenzorientierung und den Forderungen der Wissensvermittlungskonzeption bestehen? Dass es *grundsätzlich* keinen Widerspruch zwischen der direktiven Vermittlung von Inhalten und der Förderung von Kompetenzen gibt, ist mittlerweile auch in der Philosophiedidaktik breit akzeptiert. So wurde zum einen darauf hingewiesen, dass die angemessene Erarbeitung fachphilosophischer Inhalte einerseits den Erwerb philosophischer Kompetenzen bereits voraussetzt (Meyer 2017, 104 f.) und andererseits unverzichtbar für eine Vertiefung bzw. einen Zuwachs dieser Kompetenzen ist (Henke 2017, 91). Zum anderen wurde auch darauf hingewiesen, dass spezifische philosophische Wissensbestände konstitutiv für bestimmte philosophische Fähigkeiten sind (Tichy 2016a, 46 ff.; Tiedemann 2016b, 71): Um beispielsweise die Fähigkeit zu besitzen, ein Argument auf seine Gültigkeit hin zu überprüfen, muss man unter anderem wissen, was der Unterschied zwischen einer Prämisse und einer Konklusion ist, wie Prämissen und Konklusion im Rahmen argumentativer Strukturen miteinander zusammenhängen usw. Diese Wissensbestände müssen dementsprechend direktiv vermittelt werden, um Lernenden den Erwerb dieser Fähigkeit zu ermöglichen.

Sofern es also überhaupt eine Spannung zwischen der Wissensvermittlungskonzeption und dem Prinzip der Kompetenzorientierung gibt, besteht diese darin, dass die *spezifischen* Inhalte, die im Rahmen dieser Konzeption vermittelt werden sollen, mit dem Erwerb der *spezifischen* Kompetenzen konfligieren, die im Rahmen des Philosophie- und Ethikunterrichts herkömmlicherweise gefördert werden sollen. Um welche Kompetenzen handelt es sich hierbei? Während eine vollständige Liste der in unterrichtlichen Kontexten herkömmlicherweise zu vermittelnden philosophischen Kompetenzen nicht nur lang wäre, sondern auch von Bundesland zu Bundesland und zwischen verschiedenen Schulformen variieren

---

[30] Das bedeutet wiederum nicht, dass es in der Philosophiedidaktik keine kritische Diskussion über die Hinwendung zur Kompetenzorientierung gegeben hätte. Für kritische Stimmen siehe etwa Kraus 2012, Roeger 2016, Tichy 2012, Tiedemann 2016b.

würde, gibt es in der Philosophiedidaktik doch einen grundsätzlichen Konsens hinsichtlich einer zentralen Fähigkeit, auf die unterrichtliche Prozesse abzielen und deren Ausbildung der Erwerb anderer fachspezifischer Kompetenzen unterzuordnen ist. Grundlegendes Ziel des schulischen Philosophie- und Ethikunterrichts, so die einhellige Meinung, ist die Befähigung zur *eigenständigen philosophischen Urteilsbildung* – in diesem Zusammenhang ist auch von der Ausbildung einer sogenannten *Urteilskompetenz* als „Hauptaufgabe" des Philosophie- und Ethikunterrichts die Rede (Henke 2017, 86). Angesichts dieser Aufgabe wird nun deutlich, inwiefern sich vor dem Hintergrund des Prinzips der Kompetenzorientierung tatsächlich ein weiterer Einwand gegen die Wissensvermittlungskonzeption ergeben könnte. Denn wenn es im kompetenzorientierten Philosophie- und Ethikunterricht in erster Linie um die Befähigung zur Bildung eines eigenständigen philosophischen Urteils geht, dann hat die Vermittlung spezifischer moralischer Ansichten in einem solchen Unterricht auf den ersten Blick wenig zu suchen – besteht eine solche Vermittlung doch scheinbar gerade in der gezielten *Vorwegnahme* eines solchen Urteils. Das ist der Grundgedanke des Einwandes der Kompetenzorientierung.[31]

In gewisser Weise kann dieser Einwand als unterrichtspraktische Reprise des Einwandes der Mündigkeit angesehen werden: Selbst wenn auf einer bildungstheoretischen Ebene das Ideal der Mündigkeit im Sinne einer situativ angemessenen *Regulation* der eigenen urteilsbildenden Kapazitäten interpretiert werden sollte, so die Überlegung, dürfte auf einer rein unterrichtspraktischen Ebene klar sein, dass schon allein die bloße *Ausbildung* dieser Kapazitäten ein hochgestecktes Ziel darstellt. Um im Sinne des Mündigkeitsideals verantwortungsvoll entscheiden zu können, wann eine eigenständige und unabhängige Urteilsbildung epistemisch angemessen ist, müssen Lernende überhaupt erst einmal zu einer solchen Urteilsbildung befähigt werden. Eine solche Befähigung gelingt jedoch nicht nebenbei durch sporadisches Einüben, sondern nur auf der Grundlage eines steten und konsequenten Einforderns eigener Urteile. Dieser Punkt wurde in der Debatte zu intellektueller Autonomie auch bereits gesehen, wo einige Autor:innen explizit fordern, Lernende in Bildungskontexten auch dann zu einer eigenständigen Urteilsbildung zu ermuntern, wenn aus epistemischer Sicht eine solch hohe Beanspruchung der eigenen kognitiven Kapazitäten als unangemessen zu bewerten wäre (siehe etwa Elgin 2013, Matheson 2022).

Sollte also, unabhängig von den in Abschn. 3.2.3 angestellten pädagogischen Grundsatzüberlegungen, die Einforderung eigenständiger philosophischer Urteile auf unterrichtspraktischer Ebene doch ein obligatorischer Bestandteil des schulischen Philosophie- und Ethikunterrichts sein? Um bewerten zu können, welche konkreten Forderungen sich aus der für die philosophische Fächergruppe typischen Fokussierung auf die Förderung der Urteilskompetenz ergeben und inwiefern diese Forderungen mit den Forderungen der Wissensvermittlungskonzeption in Einklang

---

[31] Eine explizite Formulierung dieses Einwandes findet sich etwa bei Irmler 2021, 232 f.

zu bringen sind, benötigen wir zunächst ein besseres Verständnis davon, um was für eine Kompetenz es sich hierbei überhaupt handelt. Eine in diesem Zusammenhang einschlägige Charakterisierung philosophischer Urteilsbildung stammt von Roland Henke (Henke 2017, 86):

> Ein Urteil zu fällen bedeutet, [...] eine Wertung vorzunehmen und damit eine Entscheidung zu treffen im Hinblick auf die Übernahme oder Ablehnung von Aussagen bzw. Überzeugungen – eine Wertung allerdings, die durch Gründe und Argumente legitimiert werden muss.

Folgt man dieser Charakterisierung, sollen in einem Unterricht, der auf die Bildung philosophischer Urteile ausgerichtet ist, Lernende also dazu befähigt werden, unterrichtlich erarbeitete Argumente und Theorien auf ihre Überzeugungskraft hin zu bewerten, um auf dieser Grundlage dann eine begründete Entscheidung hinsichtlich der Wahrheit oder Falschheit einer philosophischen Aussage zu treffen.[32] Vor dem Hintergrund eines solchen Verständnisses sollte unmittelbar deutlich werden, dass auch im Rahmen direktiver Unterrichtsarrangements eine philosophische Urteilsbildung der Lernenden problemlos möglich ist. Der einzige Unterschied zu nicht-direktiven Unterrichtsarrangements besteht hier lediglich darin, dass die unterrichtliche Beschäftigung mit argumentativen Zusammenhängen von Vornherein auf ein spezifisches Ergebnis der Urteilsbildung abzielt.

Diese Besonderheit sollte jedoch einigermaßen unproblematisch sein, insofern das Desiderat der philosophischen Urteilsbildung in einer didaktisch plausiblen Lesart nicht lediglich fordert, dass Lernende dazu befähigt werden, eigenständig philosophische Urteile zu fällen. Vielmehr sollen Lernende dazu befähigt werden, *fachlich angemessene* philosophische Urteile zu fällen. Dabei wird die Angemessenheit eines philosophischen Urteils unter anderem davon abhängen, (i) in welchem Maße dieses Urteil durch die verfügbaren Argumente und Evidenzen tatsächlich gestützt wird und (ii) ob dieses Urteil korrekt ist.[33] Dementsprechend gilt es in anderen Fächern auch als didaktische Selbstverständlichkeit, die Urteilsbildung von Lernenden im Rahmen direktiver Unterrichtsarrangements in eine spezifische Richtung zu lenken. Betrachten wir etwa noch einmal das bereits mehrfach bemühte Beispiel der unterrichtlichen Vermittlung der synthetischen

---

[32] Die somit als zentrale Zielvorgabe schulischen Philosophie- und Ethikunterrichts identifizierte Fähigkeit wurde mit Blick auf den konkreten Kontext moralischer Fragestellungen als „Ethische Urteilskraft" spezifiziert, worunter „das Vermögen, normative Werturteile in Kenntnis zustimmender und kontroverser Positionen, durch begriffliche Genauigkeit und argumentative Konsistenz vor sich und anderen rechtfertigen zu können" (Tiedemann 2017c, 155) verstanden wird.

[33] Während der erste Aspekt als philosophiedidaktischer Konsens gelten kann (siehe etwa Henke 2017, 91), findet sich der zweite Aspekt eher selten explizit in der philosophiedidaktischen Literatur. Tatsächlich wäre allerdings überhaupt nicht verständlich, *warum* Lernende zur Bildung argumentativ gut gestützter Urteile befähigt werden sollten, wenn es nicht letztendlich um die Befähigung zu einem möglichst *korrekten* Urteilen ginge – schließlich ist es gerade die Funktion erfolgreicher Argumente, die Wahrheit der durch sie gestützten Aussagen anzuzeigen (für eine fachdidaktische Diskussion siehe Balg 2024).

Evolutionstheorie: Ein Unterricht, in dem Lernenden der christliche Schöpfungs-
mythos als prima facie gleichberechtigte Alternativposition vorgesetzt wird, oder
in dem nicht interveniert wird, wenn Lernende die ihnen präsentierten Argumente
missverstehen und falsch interpretieren, stärkt nicht, sondern unterminiert die
eigenständige Bildung eines angemessenen biologischen Urteils, indem er die Lernenden entweder aktiv in die Irre führt oder zumindest unkorrigiert im Dunkeln
tappen lässt.

Ein an dieser Stelle wichtiger Hinweis ist zwar sicherlich, dass Schüler:innen
dazu befähigt werden müssen, eigenständig angemessene Urteile in realistischen
außerschulischen Kontexten zu bilden. Und in diesen Kontexten, so die weitere
Überlegung, ist es sicherlich nicht so, dass relevante Argumente bereits sorgfältig
aufbereitet und irreführende Überlegungen vorsichtshalber ausselektiert wurden.
Um philosophische Urteilskompetenz für konkrete lebensweltliche Kontexte auszubilden, müssen Lernende also dazu befähigt werden, eigenständig relevante von
irrelevanten und überzeugende von irreführenden Argumenten zu unterscheiden.
Angesichts eines näheren Blickes ist jedoch unklar, inwiefern sich hieraus ein
Problem mit Blick auf direktive Vermittlungen spezifischer philosophischer Ansichten ergeben sollte. Denn zum einen haben wir schon bei der Diskussion des
Einwandes der Indoktrination gesehen, dass eine didaktisch sinnvolle Umsetzung
solcher Vermittlungen nicht mit einer schlichten Nichtbeachtung von Gegenargu-
menten und Alternativpositionen einhergeht. Dementsprechend werden Lernende
nicht nur in ihrer außerunterrichtlichen Lebenswelt, sondern auch in direktiv angelegten Unterrichtsarrangements mit Argumenten und Positionen konfrontiert,
die letztendlich als irrelevant oder irreführend zu bewerten sind.

Zum anderen werden Lernende nicht dazu befähigt, mangelhafte oder irreführende Argumente auch als solche zu erkennen, indem sie einfach mit diesen
Argumenten *konfrontiert* werden. Zwar wird diese Sichtweise in der bildungsphilosophischen Literatur bisweilen vertreten – so schreiben etwa Bryan Warnick
und Spencer Smith (Warnick und Smith 2014, 238):

> If the arguments supporting a settled position are powerful enough, as they should be if
> one side is clearly superior to the other, little seems to be gained by exposing students to a
> teacher's guidance and steering […]. The reasons why someone would believe something
> should become apparent in the discussion of the competing arguments if, indeed, the argu-
> ments are conclusive.

Das hier skizzierte Bild scheint jedoch letztendlich viel zu optimistisch.
Realistischerweise werden selbst Lernende, die bereits über grundlegende
Argumentationskompetenzen und gewisse philosophische Vorkenntnisse verfügen,
in vielen Fällen nicht ohne Weiteres zuverlässig erkennen können, welche Argumente fehlerhaft und welche Positionen wenig überzeugend sind.[34] Denn selbst
in den wenigen Fällen, in denen ein inhaltlicher Konsens unter professionellen

---

[34] Für eine ähnlich gelagerte Kritik siehe Yacek 2021, 91 f.

Philosoph:innen erzielt werden konnte, sind alternative Positionen meist nicht durch klare argumentative Fehler oder offensichtliche inhaltliche Schwächen gekennzeichnet. Philosophische Probleme sind komplex, und die Schwächen philosophischer Positionen können oft erst auf der Grundlage intensiver philosophischer Forschungsbemühungen herausgearbeitet werden. Wären fehlerhafte oder irreführende Argumente immer ohne Weiteres erkennbar, dürften tatsächlich die meisten philosophischen Probleme bereits gelöst und die Geschichte der Philosophie entsprechend kurz sein. Dass dem nicht so ist, bedeutet jedoch weder, dass alle philosophischen Argumente und Positionen, die nicht offensichtlich fehlgeleitet sind, gleich gut sind, noch, dass die hier relevanten Unterschiede nicht durch genaue – und teilweise recht langwierige – Analysen erfolgreich ermittelt werden können.

Mit Blick auf außerschulische Bildungskontexte besteht unter dem Begriff der *falschen Ausgewogenheit* bereits eine ausgeprägte Sensibilität gegenüber der hier notwendigen Differenzierung zwischen der Eindeutigkeit und der Offensichtlichkeit evidentieller Asymmetrien (siehe bspw. Imundo und Rapp 2022, Koehler 2016): Nur weil in einem kontroversen Diskurs eine Seite eindeutig durch die stärkeren Argumente gestützt wird, bedeutet das nicht, dass diese argumentative Überlegenheit auch ohne Weiteres – und insbesondere für Lai:innen – ersichtlich ist. Und genau so wie es in journalistischen Kontexten unverantwortlich wäre, fehlgeleitete Positionen ohne weitere Kontextualisierung als gleichberechtigte Alternativen zu präsentieren, um dann schlicht den Konsument:innen die Beurteilung zu überlassen, wäre es auch in didaktischen Kontexten unverantwortlich, Lernende in ihrer Urteilsbildung alleinzulassen.

Dass es für Lernende oftmals äußerst schwierig ist, fehlerhafte oder irreführende Argumente als solche zu erkennen, dürfte aufgrund des hier regelmäßig hohen Maßes an emotionaler und persönlicher Involviertheit vielleicht insbesondere mit Blick auf moralische Fragestellungen gelten. Um Schüler:innen dazu zu befähigen, in ihrer Auseinandersetzung mit solchen Fragestellungen irrelevante Überlegungen auszuklammern und wenig überzeugende Argumente als solche zu erkennen, sollte ihnen in unterrichtlichen Situationen exemplarisch aufgezeigt werden, wie und aufgrund welcher Überlegungen zunächst plausibel wirkende Argumentationslinien überzeugend zurückgewiesen werden können. Die direktive Vermittlung spezifischer moralischer Ansichten kann in diesem Sinne einen wertvollen Beitrag zur Beförderung moralischer Urteilskompetenz leisten. Der zu Beginn des Abschnitts angedeutete Konflikt zwischen einer unterrichtlichen Befähigung zur verantwortungsvollen *Regulation* der eigenen moralischen Urteilsfähigkeit und einer konsequenten unterrichtlichen *Ausbildung* dieser Fähigkeit entpuppt sich angesichts eines näheren Blickes somit als Scheinkonflikt.

Darüber hinaus gibt es zudem einen noch spezifischeren Beitrag, den direktive Vermittlungen moralischer Ansichten zu einer erfolgreichen und lebensweltlich wirksamen Förderung der moralischen Urteilskompetenz leisten können. Denn tatsächlich kann der soeben skizzierte Beitrag zur Förderung moralischer Urteilskompetenz prinzipiell auch durch nicht-direktive Unterrichtsformate geleistet werden, sofern diese Formate nicht lediglich durch eine neutrale Präsentation von,

sondern eine angeleitete Auseinandersetzung mit konfligierenden Argumentationslinien gekennzeichnet sind, in deren Rahmen durch die Lehrkraft sichergestellt
wird, dass „schlechter begründete und belegte Argumente […] zurückgestellt
und besser begründete und belegte Argumente […] gewürdigt" (DK 2016) werden. Ein spezifischerer Beitrag direktiver Unterrichtsformate wird in diesem Zusammenhang jedoch ersichtlich, wenn man sich vergegenwärtigt, dass moralische
Urteile nicht isoliert sind, sondern unmittelbar voneinander abhängen – so wird
die Bildung eines angemessenen moralischen Urteils in einer komplexen lebensweltlichen Situation direkt von einer ganzen Reihe weiterer moralischer Urteile
abhängen, die diesem Urteil jeweils zugrunde liegen.

Skizzieren wir diese Überlegung anhand eines einfachen Fallbeispiels: Angenommen, eine junge Frau ist bei den Eltern ihrer Partner:in zum Essen ein-
geladen und bekommt dort Oktopus serviert. Nun fragt sie sich, ob es moralisch
vertretbar ist, hiervon zu essen. Wie die junge Frau diese Frage letztendlich beurteilt, wird entscheidend und unmittelbar davon abhängen, wie sie eine ganze
Reihe weiterer moralischer Fragen beurteilt. Offensichtlich relevant wären hier
etwa Urteile hinsichtlich der Frage, welchen moralischen Status nicht-menschliche
Tiere haben, von welchen Fähigkeiten und Eigenschaften es abhängt, welches Maß
an moralischen Status welchen Tieren zukommt, wie die Haltungsbedingungen in
der Produktion von Tierprodukten jeweils zu bewerten sind, welche Verantwortlichkeiten dies für einzelne Konsument:innen mit sich bringt oder welche moralischen Verpflichtungen aus sozialen Nahbeziehungen erwachsen.

So ist leicht zu sehen, dass unsere moralischen Urteile einen direkten Einfluss
auf unsere weitere moralische Urteilsbildung haben. Und genau hier liegt der
Grund, warum direktive Vermittlungen spezifischer moralischer Ansichten auch
einen spezifischen Beitrag zur Befähigung von Kindern und Jugendlichen leisten können, in komplexen lebensweltlichen Situationen erfolgreich angemessene
moralische Urteile zu fällen. Denn wenn es in bestimmten Einzelfällen möglich
ist, hervorragend gestützte moralphilosophische Konsenspositionen zu vermitteln,
dann bietet dies insofern wertvolle Orientierung für das lebensweltliche moralische Urteilen von Lernenden, als dass moralische Urteile eben nicht nur mit Hilfe
spezieller Fähigkeiten, sondern auch auf der Grundlage bereits gebildeter – und
möglichst gut begründeter – moralischer Urteile gefällt werden müssen.

Insgesamt ist also nicht zu sehen, warum eine Spannung zwischen der Wissensvermittlungskonzeption und einer didaktischen Orientierung an der Beförderung
philosophischer Urteilskompetenz bestehen sollte. Unterrichtliche Kontexte, in
denen spezifische moralische Ansichten direktiv vermittelt werden, sind nicht nur
genauso wie nicht-direktive Unterrichtsarrangements dazu geeignet, Lernende
beim Fällen angemessener philosophischer Urteile zu unterstützen, sondern können darüber hinaus auch einen spezifischen Beitrag zur erfolgreichen und lebensweltlich wirksamen Förderung einer moralischen Urteilskompetenz leisten. Der
Einwand der Kompetenzorientierung lässt sich also ebenfalls zufriedenstellend
zurückweisen.

3.3.3   Der Einwand der Problemorientierung

Als letztes möchte ich nun die Kompatibilität der Wissensvermittlungskonzeption
mit einer didaktischen Orientierung am Prinzip der Problemorientierung diskutieren. Bei der Problemorientierung handelt es sich um ein fächerüber-
greifendes didaktisches Prinzip, das zwar einerseits zu substantiellen Teilen aus
der philosophiedidaktischen Forschung heraus entwickelt wurde (Tiedemann
2017, 70), dort jedoch andererseits bis heute nicht gänzlich unumstritten ist. Im
Kern besagt dieses Prinzip, dass unterrichtliche Lernprozesse *Problemlöseprozesse* sind. Angewandt auf den spezifischen Kontext des Philosophie- und
Ethikunterrichts bedeutet das, dass Lernende zu Beginn eines Lernprozesses mit
einem philosophischen Problem konfrontiert werden sollen, das sie dann im Verlauf des weiteren Prozesses selbständig zu lösen haben. Eine solche Sichtweise
auf philosophische Bildung fügt sich insofern nahtlos in etablierte (fach-)didak-
tische Theoriezusammenhänge ein, als dass erstens eine offensichtliche Nähe zu
den Prinzipien der Schüler- und Kompetenzorientierung besteht: Denn einerseits
handelt es sich bei unterrichtlich zu vermittelnden Kompetenzen laut didaktisch
einschlägigen Definitionen ohnehin um *Fähigkeiten der Problemlösung* (Weinert 2001, 27 f.), und andererseits ist ein Unterricht, der Lernen als gemeinsames
Problemlösen konzeptualisiert, auch gut geeignet, die kognitive Aktivität von
Lernenden als zentralen didaktischen Bezugspunkt zu respektieren. Zweitens
bestehen überdies offensichtliche Anknüpfungspunkte zum Ansatz der dialogisch-pragmatischen Philosophiedidaktik von Ekkehard Martens, der die fachdidaktische Theoriebildung bis heute prägt und dem ein Verständnis von philosophischer Bildung als „problemorientierte[m] Verständigungsprozess" (Martens
1979, 57) zugrunde liegt.

Auf einer metaphilosophischen Ebene kam es jedoch immer wieder zu kritischen Bewertungen einer problemorientierten Ausrichtung des Philosophie- und
Ethikunterrichts. So wurde etwa insbesondere vor dem Hintergrund hermeneuti-
scher Philosophietraditionen dafür argumentiert, dass sich philosophische Probleme immer nur aus bestehenden philosophischen Theoriezusammenhängen heraus ergeben, somit unmittelbar an diese gebunden sind und sich folglich nicht
ohne Weiteres als abstrakte Schemata in unterrichtliche Kontexte übertragen und
dort an die Lebenswelt von Lernenden ankoppeln lassen (für eine Diskussion
dieser Kritik siehe etwa Sistermann 2016). Hieran anknüpfend wird bis heute in
der philosophiedidaktischen Forschung kontrovers diskutiert, welche Rolle die
philosophische Tradition überhaupt in problemorientierten Unterrichtszusammen-
hängen spielen kann – beschäftigen sich klassische Texte der Philosophie-
geschichte überhaupt mit denselben philosophischen Problemen, die Lernende im
Klassenraum zu lösen versuchen (siehe etwa Balg und Lorenz 2025)?

Eine anders gelagerte Kritik ergibt sich vor dem Hintergrund einer skeptischen
Sichtweise auf philosophische Probleme als Scheinprobleme, wie sie bekanntermaßen im Wiener Kreis vertreten worden ist und die auch heute noch in Form
szientistischer Einlassungen in öffentlichen Diskursen immer wieder diskutiert

wird.[35] Gemäß einer solchen Sichtweise wäre eine unterrichtliche Orientierung an philosophischen Problemen schon insofern fehlgeleitet, als dass es solche Probleme streng genommen gar nicht gibt: Denn entweder, so die Überlegung, lassen sich die in der Philosophie gestellten Fragen durch die empirischen Einzelwissenschaften beantworten, oder aber sie entpuppten sich angesichts eines näheren Blickes als Ausdruck sprachlicher Verwirrungen und müssen dementsprechend keiner Beantwortung, sondern vielmehr einer Auflösung zugeführt werden (für eine philosophiedidaktische Diskussion dieser Sichtweise siehe etwa Bussmann 2020).

Trotz der hier angedeuteten Kontroversen besteht in der Philosophiedidaktik dennoch ein weitgehender Konsens, dass es sich bei dem Prinzip der Problemorientierung um ein substantielles Prinzip philosophischer Bildungsprozesse handeln sollte – manche Autor:innen sind sogar so weit gegangen, eine Orientierung an Problemen als jeglichem Philosophieren immanent und somit als *notwendige Voraussetzung* philosophischer Lernprozesse anzusehen (siehe etwa Tiedemann 2017b, 70 f.). Darüber hinaus haben wir es auch mit einem Prinzip zu tun, das die unterrichtliche Praxis de facto wie selbstverständlich prägt. Inwiefern steht dieses Prinzip nun in einer Spannung zu den im Rahmen der Wissensvermittlungskonzeption geforderten direktiven Vermittlungen spezifischer moralischer Erkenntnisse? Dass hier tatsächlich ein Problem lauern könnte, wird angesichts eines näheren Blicks auf den in diesem Zusammenhang einschlägigen Problembegriff deutlich. Was genau ist gemeint, wenn eine Ausrichtung des Philosophieunterrichts an *philosophischen Problemen* gefordert wird? Ein besonders einflussreicher Vorschlag zur didaktischen Ausschärfung des Problembegriffs stammt von Helmut Engels, demzufolge ein für den unterrichtlichen Einsatz geeignetes philosophisches Problem genau dann vorliegt, „wenn zwei Positionen gegeben sind (1), die aus guten Gründen Respekt verdienen (2), die aber in einem unvereinbaren Gegensatz zueinander stehen (3), den es […] aufzulösen gilt (4)" (Engels 1990, 128).

Folgt man diesem Definitionsvorschlag, ist die Existenz einer philosophischen Kontroverse *konstitutiv* für das Vorliegen eines philosophischen Problems – in der philosophiedidaktischen Literatur ist in diesem Zusammenhang auch die Rede von Kontroversität als zentralem *Strukturmerkmal* didaktisch geeigneter philosophischer Probleme (Thein 2020a). Im Kontrast hierzu zielt die Wissensvermittlungskonzeption jedoch gerade auf die Vermittlung spezifischer philo-

---

[35] Ein Beispiel hierfür wären die notorisch philosophiekritischen Bemerkungen des US-amerikanischen Physikers Neil DeGrasse Tyson, der sich etwa in einem Interview folgendermaßen äußerte (zitiert nach de Ronde 2020, 15): „How do you define ‚clapping'? All of a sudden it devolves into a discussion of the definition of words. And I'd rather keep the conversation about ideas. And when you do that, don't derail yourself on questions that you think are important because philosophy class tells you this. The scientist says [to the philosopher], ‚Look, I got all this world of unknown out there. I'm moving on. I'm leaving you behind. You can't even cross the street because you are distracted by what you are sure are deep questions you've asked yourself. I don't have the time for that'". Für eine konkrete Diskussion dieser spezifischen Einlassung siehe Bussman 2020, 49 f.

sophischer Konsense ab. Es scheint also, als würde die Wissensvermittlungskonzeption gezielt dort ansetzen, wo genau das nicht vorliegt, was ein an philosophischen Problemen orientierter Unterricht notwendigerweise voraussetzen
muss: Eine vernünftige philosophische Kontroverse. Wo philosophische Fragen als
hinreichend unstrittig angesehen werden können, ist eben nur noch eine Position
gegeben, die aus guten Gründen Respekt verdient. Das ist der Grundgedanke des
Einwandes der Problemorientierung.

Um diesen Einwand angemessen bewerten zu können, ist es hilfreich, sich zunächst die genauere *Struktur* unterrichtlicher Problemlöseprozesse vor Augen
führt, wie sie herkömmlicherweise im Philosophie- und Ethikunterricht durchgeführt werden. Einen in diesem Zusammenhang äußerst einflussreichen Ansatz
stellt das sogenannte Bonbonmodell von Rolf Sistermann dar, das eine spezifische
Abfolge verschiedener Lernphasen im Rahmen eines unterrichtlichen Problemlöseprozesses beschreibt. Sistermann entwickelt dieses Modell vor dem Hintergrund reformpädagogischer Arbeiten von John Dewey, in denen die Erfahrungs-
welt und Eigenaktivität von Lernenden als grundlegende Desiderate erfolgreicher
Lernprozesse eine zentrale Rolle spielen. In diesem Sinne sind auch die ersten
beiden, als *Problemhinführung* und *Problemfokussierung* bezeichneten Phasen des
Bonbomodells darauf ausgelegt, das dem Lernprozess zugrunde liegende philosophische Problem für die Lernenden erfahrbar und präzise greifbar zu machen.
Da die Lernenden philosophische Problemlösungen nicht nur nachvollziehen, sondern selbständig vornehmen sollen, müssen sie die zu lösenden philosophischen
Probleme nicht lediglich zur Kenntnis nehmen, sondern sich vielmehr aktiv an-
eignen. Sistermann beruft sich in diesem Zusammenhang auf Volker Gerhardt, der
schreibt (Gerhardt 1999, 47 f.):

> Probleme erkennt man nicht wie einen Gegenstand, von dem man sich jederzeit wieder
> abwenden kann. Wenn es echte Probleme sind, die uns ganz berühren, dann fordern sie
> uns auch ganz und verlangen eine eigene, aus uns selbst kommende Aktivität.

Das bedeutet, dass es sich bei den philosophischen Problemen, die unterrichtlichen
Lernprozessen zugrunde liegen, um *die Probleme der Lernenden* handelt. Ein
geeignetes Problem ist dementsprechend gegeben, wenn *aus der Sicht der Lernenden* zwei Positionen gegeben sind, die aus guten Gründen Respekt verdienen
(siehe auch Yacek 2021, 94 f.). Ob dies der Fall ist, ist zunächst völlig unabhängig
von der Frage, ob diese Positionen auch in der gegenwärtigen philosophischen
Forschung nach wie vor gleichermaßen vertreten oder anerkannt werden – entscheidend ist lediglich, dass zwei prima facie gleichermaßen rechtfertigbare Positionen vorliegen, die miteinander inkompatibel sind. Dementsprechend wurde in
der philosophiedidaktischen Literatur auch explizit darauf hingewiesen, dass sich
didaktisch geeignete Problemstellungen nicht notwendig vor dem Hintergrund
genuin fachphilosophischer Kontroversen entfalten müssen, sondern stattdessen
etwa auf der Grundlage eines Konflikts zwischen Fachphilosophie und Common
Sense oder auch alleine anhand von Widersprüchen auf der Ebene des alltäglichen

Denkens entwickelt werden können (siehe etwa Engels 1990; Menke 2001, 126; Thein 2020b, 29 ff.).

Dass das Vorliegen eines echten moralischen Problems somit also völlig vereinbar mit der direktiven Vermittlung einer spezifischen, in fachphilosophischen Kontexten hinreichend unkontroversen Lösung dieses Problems ist, lässt sich anhand eines Durchgangs durch die weiteren Lernphasen des Bonbonmodells veranschaulichen. Nachdem sich die Lernenden in den Phasen der Problemhinführung und -fokussierung ein philosophisches Problem zu eigen gemacht haben, sind sie in der darauffolgenden Phase der intuitiven Problemlösung gefordert, selbständig Lösungsansätze für dieses Problem zu entwickeln. Dies bedeutet in der Regel, dass die Lernenden für eine der beiden dem Problem zugrunde liegenden Positionen argumentieren. In der anschließenden angeleiteten Problemlösung werden die Lösungsansätze der Lernenden nun durch Lösungsansätze aus der philosophischen Forschung angereichert. Gemäß weit verbreiteter philosophiedidaktischer Modelle sollen dabei zwar nach Möglichkeit konträre philosophische Positionen ausgewählt werden, die unmittelbar an den eigenständigen Lösungsansätzen der Lernenden anknüpfen und diese vertiefen (siehe etwa Henke 2017; Lenssen 1980; Thein 2020b, 100). Auch wenn eine solche Vorgehensweise sicherlich spezifische didaktische Vorzüge hat, ergibt sie sich jedoch nicht bereits aus dem Prinzip der Problemorientierung. Ein diesem Prinzip verpflichteter und am Bonbonmodell philosophischer Lernprozesse orientierter Unterricht könte in der Phase der angeleiteten Problemlösung zumindest prinzipiell ebenfalls eine einseitige Auswahl philosophischer Positionen vornehmen, die lediglich an manchen – oder sogar an keinen – der von den Lernenden entwickelten Lösungsansätze anknüpfen. Entscheidend wäre lediglich, dass die Lernenden am Ende des Lernprozesses die Gelegenheit haben, ihre eigenen Lösungsansätze mit den erarbeiteten Fachpositionen abzugleichen und auf dieser Grundlage ein abschließendes Urteil hinsichtlich der zugrunde liegenden Problemfrage zu fällen. Dieses Urteil kann durch eine entsprechende Modellierung der angeleiteten Problemlösungsphase durchaus in eine spezifische inhaltliche Richtung gelenkt werden. Auch dieser Punkt wurde in der philosophiedidaktischen Literatur bereits prinzipiell zugestanden, wo die eindeutige Widerlegung und Zurückweisung von falschen Lösungsansätzen, „die einer wissenschaftlichen Überprüfung nicht standhalten" (Nida-Rümelin 2009, 22) als legitimes und in spezifischen Situationen klar gefordertes Ergebnis der angeleiteten Problemlösungsphase anerkannt ist (siehe etwa Engels 1990, 130 f.; Thein 2020b, 30).

In diesem Sinne sehen selbst solche Modelle, die eine Auswahl konträrer philosophischer Positionen für die angeleitete Problemlösung als obligatorisch fordern, keineswegs vor, dass diese Positionen auch *als gleichwertig* präsentiert werden müssen. Betrachten wir, um diesen Punkt zu verdeutlichen, etwa das Modell der „dialektischen Kontrastierungen" von Roland Henke, das in der deutschsprachigen Philosophiedidaktik vergleichsweise breit rezipiert wird und das der Kontrarität der für die Erarbeitung im Unterricht ausgewählten Positionen ein besonders hohes Maß an Bedeutung zumisst. Im Rahmen dieses Modells soll im Anschluss an die Phase der intuitiven Problemlösung zunächst eine erste Position aus der

Fachphilosophie erarbeitet werden (siehe hierzu und zum Folgenden Henke 2017). Diese Position soll dann einer philosophischen Kritik unterzogen werden, wobei in diesem Zusammenhang solche Einwände erarbeitet werden sollen, die die darauffolgende Erarbeitung einer zweiten Position aus der Fachphilosophie unmittelbar vorbereiten. Hiermit ist gemeint, dass „die präsentierte Kritik […] solche Defizite der bereits erarbeiteten Position geltend macht, die durch die folgende Contra-Position ausgeglichen werden" (ebd., 93 f.). Nun fordert Henke zwar explizit, im Anschluss an die Erarbeitung der zweiten Position „wiederum Argumente gegen sie […] anzubieten und in ihrer Plausibilität zu beurteilen" (ebd., 94). Diese Forderung ist jedoch nicht nur damit vereinbar, dass die Einwände gegen die zweite Position letztendlich weniger schwerwiegend sind als die Einwände gegen die erste Position, sondern wäre sogar dann erfüllt, wenn die gegen die zweite Position erhobenen Einwände angesichts einer näheren Betrachtung *überhaupt nicht* überzeugen können.

So stellt Henke auch selbst klar, dass der didaktische Zweck der Berücksichtigung entsprechender Gegenargumente zur zweiten Position nicht darin besteht, die beiden erarbeiteten Positionen als gleichwertig darzustellen, sondern vielmehr darin, den initiierten Lernprozess „nicht willkürlich zum Stillstand zu bringen" (ebd.). Hiermit ist – neben der grundsätzlichen Forderung, etwaige wissenschaftliche Kontroversen nicht zu unterschlagen – plausiblerweise gemeint, dass Lernende nicht einfach mit spezifischen Positionen abgefertigt werden sollen, sondern vielmehr in die Lage versetzt werden sollen, die erarbeiteten Positionen in ihrer fachlichen Tragfähigkeit angemessen einzuordnen und bestehende Anschlussfragen sowie verbleibende Forschungsdesiderate zu identifizieren. Dieses Ziel kann sowohl in symmetrischen Konstellationen verfolgt werden, in denen philosophisch gleichwertige Positionen erarbeitet werden, als auch in asymmetrischen Konstellationen, in denen eine der erarbeiteten Positionen überlegen ist und als solche auch erarbeitet wird.

Letzten Endes wäre eine direktive Vermittlung spezifischer moralischer Ansichten vermutlich selbst dann oftmals problemlos möglich, wenn man streng daran festhielte, dass im Rahmen unterrichtlicher Lernprozesse eine Erarbeitung konträrer Positionen *als gleichwertige philosophische Ansätze* obligatorisch ist. Denn in vielen Fällen, in denen hinsichtlich einer spezifischen moralischen Frage ein fachwissenschaftlicher Konsens besteht, wird es immer noch eine Kontroverse hinsichtlich der besten *Begründung* der Konsensposition geben (Hand 2018, Kap. 4). Nehmen wir als Beispiel zur Illustration etwa die Bewertung der auch in didaktischen Kontexten berühmt-berüchtigten Trolley-Fälle: Unter den im Rahmen der jüngsten PhilPapers Survey befragten Moralphilosoph:innen[36] gibt es eine Mehrheit von 72,63 %, die darin übereinstimmt, dass in einem klassischen ‚*switch*'-Fall (fünf Personen auf Gleis A, eine Person auf Gleis B, Umleitung auf Gleis B erfordert das Umlegen eines Hebels) die einzelne Person für

---

[36] Spezifischer beziehen sich die folgenden Zahlen auf die Antworten derjenigen Teilnehmenden, die „normative Ethik" als Forschungsschwerpunkt angegeben haben.

die größere Zahl geopfert werden sollte, während lediglich eine Minderheit von 11,17 % davon ausgeht, dass eine solche Entscheidung illegitim wäre (Bourget und Chalmers 2023). Nehmen wir also im Folgenden probehalber an, dass diese Mehrheitsverhältnisse hinreichend eindeutig sind, um von einem klaren moralphilosophischen Konsens zu sprechen.

Selbst wenn wir von dieser Annahme ausgehen, ist es nun jedoch so, dass unter den Befürworter:innen der Mehrheitsposition explizit Uneinigkeit hinsichtlich der korrekten Begründung dieser Position besteht: Während etwa eine offensichtliche Begründung vor dem Hintergrund utilitaristischer Aggregationsprinzipien zur Verfügung steht, gibt es viele Autor:innen, die eine solche Begründung dezidiert zurückweisen, obwohl sie mit der höheren Gewichtung der größeren Zahl übereinstimmen. So wurde etwa dafür argumentiert, dass eine solche Höhergewichtung nicht aufgrund eines Vergleichs der aggregierten Gesamtinteressen, sondern auf der Grundlage eines paarweisen Interessenvergleichs zwischen individuellen Betroffenen gerechtfertigt ist (Kamm 1993, 101 ff.; 2000).[37] Alternativ wurde vor dem Hintergrund autonomiebasierter Ansätze dafür argumentiert, dass eine entsprechende Höhergewichtung auf der Grundlage einer Berücksichtigung des individuellen Mitspracherechts der Betroffenen gerechtfertigt werden sollte (Henning 2023).

Angesichts dieser Kontroverse wäre es illegitim, einfach einen spezifischen Begründungsansatz auszuwählen und in unterrichtlichen Kontexten direktiv zu vermitteln. Das bedeutet, dass eine direktive Vermittlung der Konsensposition, dass in Rettungsszenarien eine Höhergewichtung der größeren Zahl moralisch geboten ist, mit einem nicht-direktiven Angebot verschiedener konträrer Begründungsansätze kombiniert werden müsste. Konkret ermöglicht würde ein solches Unterrichtsarrangement nun durch die Formulierung einer entsprechenden Problemfrage: Anstatt zu fragen, *ob* man in Notsituationen die größere Zahl retten sollte, wäre zu fragen, *warum* in Notsituationen eigentlich die größere Zahl gerettet werden sollte. Indem diese Fragestellung spezifisch auf die tatsächliche fachwissenschaftliche Kontroverse abzielt, ermöglicht sie einerseits eine direktive Vermittlung dessen, worüber hinreichende Einigkeit herrscht – nämlich der Ansicht, dass Zahlen in moralischen Kontexten durchaus eine gewichtige Rolle spielen. Andererseits ermöglicht sie aber auch eine kontroverse Diskussion verschiedener Begründungen dieser Position und trägt somit der hier zugestandenen didaktischen Forderung Rechnung, eine freie Urteilsbildung hinsichtlich des zugrunde liegenden philosophischen Problems auf der Grundlage konträrer, als gleichwertig erarbeiteter Fachpositionen zu provozieren.

Insgesamt ist also auch mit Blick auf das Prinzip der Problemorientierung nicht ersichtlich, warum sich hier ein grundsätzliches Problem hinsichtlich der praktischen Umsetzung der Wissensvermittlungskonzeption ergeben sollte. Wie wir gesehen haben, ist die Vermittlung spezifischer moralphilosophischer

---

[37] Für eine Kritik dieses Begründungsansatzes siehe etwa Otsuka 2000.

Konsenspositionen nicht nur mit dem Vorliegen eines didaktisch geeigneten moralischen Problems kompatibel, sondern auch mit der im Rahmen problemorientierter Lernprozesse üblichen Erarbeitung konträrer philosophischer Positionen. Dementsprechend kann auch der Einwand der Problemorientierung zufriedenstellend zurückgewiesen werden.

3.3.4   Zwischenfazit

In diesem Abschnitt haben wir drei verschiedene Ausformulierungen der grundsätzlichen Sorge diskutiert, dass die im Rahmen der Wissensvermittlungskonzeption geforderten direktiven Vermittlungen spezifischer moralischer Ansichten, wenngleich aus (meta-)philosophischer und pädagogischer Sicht womöglich vertretbar, aus rein didaktischer Sicht nicht vereinbar mit einschlägigen Prinzipien der Planung und Gestaltung von Unterricht sind. Die Diskussion hat sich dabei an drei grundlegenden didaktischen Prinzipien orientiert, die für den schulischen Philosophie- und Ethikunterricht maßgeblich sind und auf deren Grundlage sich jeweils ein spezifischer Einwand gegen die praktische Umsetzung der Wissensvermittlungskonzeption formulieren lässt: Dem Prinzip der Schülerorientierung, dem Prinzip der Kompetenzorientierung und dem Prinzip der Problemorientierung.

Das Ergebnis dieser Diskussion ist, dass die Vermittlungen spezifischer moralischer Ansichten, so wie sie von der Wissensvermittlungskonzeption gefordert werden, problemlos in Einklang mit den berücksichtigten didaktischen Prinzipien in konkreten unterrichtlichen Kontexten umgesetzt werden können. Einige grundsätzliche Bedenken lassen sich dabei schon angesichts eines bloßen Blickes auf direktive Unterrichtsarrangements in anderen Fächern aus dem Weg räumen, für die die entsprechenden Prinzipien ebenfalls einschlägig sind. So stehen unterrichtliche Vermittlungen domänenspezifischer Erkenntnisse im Rahmen lebensweltorientierter und binnendifferenzierter Lernprozesse, die an den Vorstellungen und Erfahrungen der Lernenden ansetzen, in anderen Schulfächern wie selbstverständlich auf der Tagesordnung. Die philosophiedidaktische Forschung kann sich an den hier erarbeiteten fachdidaktischen Konzepten unmittelbar orientieren, um konkrete Vorgaben für die Gestaltung entsprechender Vermittlungsprozesse im Philosophie- und Ethikunterricht zu entwickeln. Hierbei sollte es sich letztendlich auch um kein allzu kontroverses oder auch nur neues Ergebnis handeln – so wurde in der jüngeren philosophiedidaktischen Forschung bereits verschiedentlich auf die Bedeutung fachspezifischer Wissensvermittlungen für die philosophische Kompetenzentwicklung hingewiesen und ein entsprechender Diskurs über zu vermittelnde Basis- und Fachkonzepte gefordert.

Abgesehen von diesen allgemeineren Überlegungen lassen sich auch die spezifischeren Bedenken, die sich vor dem Hintergrund der berücksichtigten Prinzipien mit Blick auf die Wissensvermittlungskonzeption ergeben, weitgehend aus dem Weg räumen. So ist etwa eine Sorge, dass trotz einer grundsätzlichen Vereinbarkeit von Wissensvermittlung und Kompetenzorientierung die Vermittlungen der spezifischen Inhalte, die im Rahmen der Wissensvermittlungskonzeption gefordert sind, mit der Entwicklung der spezifischen Kompetenzen, die im Rahmen des schulischen Philosophie- und Ethikunterrichts vorgesehen ist, unvereinbar sind. Konkret ist die Sorge, dass die Vermittlung spezifischer moralischer Urteile die Förderung der Urteilskompetenz als Hauptziel des Philosophie- und Ethikunterrichts unmittelbar untergräbt. Tatsächlich hat hier eine nähere Diskussion jedoch gezeigt, dass eine solche Vermittlung nicht nur völlig vereinbar damit ist, Lernende beim Fällen angemessener philosophischer Urteile zu unterstützen, sondern darüber hinaus auch einen spezifischen Beitrag zur erfolgreichen und lebensweltlich wirksamen Förderung einer moralischen Urteilskompetenz leisten kann: Denn wenn es in bestimmten Einzelfällen möglich ist, hervorragend gestützte Ergebnisse moralphilosophischer Forschung zu vermitteln, dann bietet dies insofern wertvolle Orientierung für das lebensweltliche moralische Urteilen von Lernenden, als dass moralische Urteile eben nicht nur mit Hilfe spezieller Fähigkeiten, sondern auch auf der Grundlage bereits gebildeter moralischer Urteile gefällt werden müssen.

Ein weitere spezifische Sorge ergab sich vor dem Hintergrund des Prinzips der Problemorientierung: Denn auch wenn im Rahmen problemorientierter Lernprozesse grundsätzlich spezifische Inhalte, die für die jeweilige Problemlösung von unmittelbarer Relevanz sind, durchaus direktiv vermittelt werden dürfen, setzt das bloße Vorhandensein eines geeigneten philosophischen Problem, so die naheliegende Sorge, bereits das Vorliegen einer echten philosophischen Kontroverse voraus, die es im Rahmen des Problemlöseprozesses zu erarbeiten gilt. Wie wir gesehen haben, lässt sich allerdings auch diese Sorge zufriedenstellend zurückweisen. Die direktive Vermittlung spezifischer moralphilosophischer Konsenspositionen ist nicht nur mit dem Vorliegen eines didaktisch geeigneten moralischen Problems kompatibel, sondern auch mit der im Rahmen problemorientierter Lernprozesse üblichen Erarbeitung konträrer philosophischer Positionen.

Es scheint also, als wäre eine Umsetzung der Wissensvermittlungskonzeption nicht nur aus (meta-)philosophischer und pädagogischer Sicht grundsätzlich vertretbar, sondern auch auf einer unterrichtspraktischen Ebene problemlos im Einklang mit einschlägigen didaktischen Prinzipien umsetzbar. Doch wie könnte eine solche Umsetzung im Rahmen des schulischen Philosophie- und Ethikunterrichts konkret aussehen? Das folgende Kapitel soll diesbezüglich anhand einiger exemplarischer Unterrichtskonzepte Aufschluss geben.

Unterrichtspraktische Umsetzung

4

Wenn im Folgenden konkrete Unterrichtskonzepte zur praktischen Umsetzung der Wissensvermittlungskonzeption vorgestellt werden, dann sollten diese Konzepte nicht als unmittelbare *Vorschläge* aufgefasst werden. Bei der Wissensvermittlungskonzeption handelt es sich – auch vor dem Hintergrund der bisherigen Überlegungen – um eine offensichtlich kontroverse Konzeption moralischer Bildung, die, bevor sie in irgendeiner Form in der unterrichtlichen Praxis umgesetzt werden sollte, zunächst auf fachdidaktischer Ebene intensiver diskutiert werden muss. Dementsprechend stellen die in diesem Kapitel angestellten Überlegungen auch keinen Versuch dar, das Ergebnis einer solchen Diskussion vorwegzunehmen und vorschnell eine Implementierung auf unterrichtspraktischer Ebene einzufordern.

Die hier vorgestellten Unterrichtsvorhaben dienen zunächst vielmehr dazu, die bisher vergleichsweise abstrakt diskutierte Wissensvermittlungskonzeption anhand einiger unterrichtspraktischer Implikationen weiter zu veranschaulichen und somit zu einem vollständigeren Verständnis dieser Konzeption beizutragen. Vor diesem Hintergrund sind die entwickelten Vorhaben auch nicht als rein summarische Aneinanderreihung beispielhafter Umsetzungsmöglichkeiten zu verstehen. Das Ziel besteht vielmehr darin, anhand verschiedener Unterrichtsvorhaben jeweils *unterschiedliche* Implikationen der Wissensvermittlungskonzeption zu verdeutlichen. Tatsächlich möchte ich anhand dieser Vorhaben aufzeigen, dass die Wissensvermittlungskonzeption durchaus reichhaltigere Implikationen für die Unterrichtspraxis haben dürfte, als man auf den ersten Blick meinen könnte. So werde ich mich anhand eines ersten Vorhabens zunächst der vermutlich offensichtlichsten Implikation widmen, die durch die vorangegangene Diskussion auch schon unmittelbar angebahnt worden ist: Wenn die Wissensvermittlungskonzeption als spezifische Konzeption moralischer Bildung im schulischen Philosophie- und Ethikunterricht Anwendung finden sollte, würde dies bedeuten, dass manche moralische Problemfragen in einem weitaus geringeren Maße als kontrovers unterrichtet werden sollten, als dies üblicherweise der Fall ist. Diese Konsequenz werde

ich anhand eines exemplarischen Vorhabens zum Thema Schwangerschaftsabbrüche näher skizzieren.

Wie wir bereits in der vorangegangenen Diskussion des Einwandes der
Problemorientierung gesehen haben, gehen die unterrichtlichen Implikationen der
Wissensvermittlungskonzeption jedoch über diese naheliegende Konsequenz hinaus. Dementsprechend möchte ich anhand zweier weiterer Vorhaben einige weitere Implikationen aufzeigen, die eine Implementierung der Wissensvermittlungskonzeption im Rahmen des schulischen Philosophie- und Ethikunterrichts auch
mit Blick auf solche moralischen Problemfragen hätte, die nach wie vor als kontrovers zu unterrichten wären. So werde ich zunächst auf Grundlage eines exemplarischen Unterrichtsvorhabens zur Tierethik zeigen, dass die Wissensvermittlungskonzeption auch mit Blick auf nach wie vor kontrovers zu unterrichtende
Problemfragen Auswirkungen darauf hat, welche spezifischen Positionen zu diesen Problemfragen unterrichtet werden sollten. Zusätzlich werde ich schließlich
auf Grundlage eines exemplarischen Unterrichtsvorhabens zur normativen Ethik
zeigen, dass die Wissensvermittlungskonzeption auch in solchen Fällen, in denen
klar ist, anhand welcher Positionen ein kontroverses moralphilosophisches Thema
zu unterrichten ist, immer noch Auswirkungen darauf hat, unter welcher konkreten
Problemfrage dieses Thema unterrichtet werden sollte.

Gegeben die soeben erläuterte Funktion sollte auch klar sein, dass die im
Folgenden skizzierten Unterrichtsvorhaben nicht primär entlang persönlicher
Einschätzungen ihrer erwartbaren Effektivität bewertet werden sollten. Da die
direktive Vermittlung spezifischer philosophischer Ansichten in der philosophiedidaktischen Theorie bisher ein eher stiefmütterliches Dasein gefristet hat, ist
es zum jetzigen Zeitpunkt schlicht ein Stück weit unklar, wie genau eine solche
Vermittlung in fachspezifischen Unterrichtskontexten am besten umzusetzen ist.
Die folgenden Unterrichtsvorhaben erheben dementsprechend lediglich den Anspruch, realistische direktive Unterrichtsformate zu skizzieren, die – im Sinne
der im letzten Kapitel angestellten Überlegungen – im Einklang mit herkömmlichen Prinzipien der Unterrichtsplanung stehen. Ob es darüber hinaus auch andere
Herangehensweisen gibt, die effektiver und dennoch pädagogisch und didaktisch
vertretbar wären, ist eine Frage, die auf einem anderen Blatt steht. Nichtsdesto-
trotz gehe ich persönlich davon aus, dass die folgenden Unterrichtsskizzen nicht
ohne Weiteres als ineffektiv verworfen werden sollten. In der fachdidaktischen
Literatur wird nämlich oft und meiner Meinung nach mit einiger Berechtigung
gleichzeitig darauf hingewiesen, dass Lernende leicht – und dementsprechend bisweilen auch unabsichtlich – in ihrer Urteilsbildung beeinflusst werden können.
Eine solche Beeinflussung als nur schwer umsetzbar zu bewerten, würde dieser
auch vor dem Hintergrund der Wissensvermittlungskonzeption nach wie vor in
vielen Fällen berechtigten Sorge vor unrechtmäßiger Manipulation vorschnell ihre
Plausibilität absprechen.

4.1 Die moralische Beurteilung von Schwangerschaftsabbrüchen

4.1.1 Vorüberlegungen

Dass die Frage nach der moralischen Beurteilung von Schwangerschaftsabbrüchen ein geeignetes und relevantes Problem für den schulischen Philosophie- und Ethikunterricht darstellt, dürfte grundsätzlich einigermaßen unstrittig sein. Abgesehen von einem potentiell hohen Maß an Lebensweltbezug – der gleichzeitig natürlich ein hohes Maß an pädagogischer Sensibilität erfordert – eignet sich dieses Problem nämlich hervorragend, um grundlegende Fragen nach dem Wert menschlichen Lebens oder nach den Grenzen einer freien persönlichen Lebensführung in unterrichtlichen Kontexten zu thematisieren. Eine gewisse Brisanz erhält dieses Problem zusätzlich dadurch, dass die Kontroverse um die Legitimität von Schwangerschaftsabbrüchen im Zuge des gegenwärtigen Erstarkens rechtskonservativer Kräfte auf gesellschaftlich-politischer Ebene in den letzten Jahren eine denkwürdige Renaissance erlebt hat. Besonders deutlich ist dies in den USA zu beobachten: Nachdem im Jahr 1973 durch das Urteil *Roe v. Wade* eine Grundsatzentscheidung des Obersten Gerichtshofs gefällt worden war, die schwangeren Personen ein grundsätzliches Recht auf Abtreibung zusprach und die im Jahr 1992 durch das Urteil *Planned Parenthood v. Casey* bestätigt werden konnte, wurde diese Grundsatzentscheidung im Jahr 2022 wieder aufgehoben. Seitdem kam es in vielen Bundesstaaten zu teilweise massiven Einschränkungen des Rechts auf Abtreibung. Zu Beginn des Jahres 2024 hatte dies bereits zur Folge, dass schätzungsweise knapp 60.000 Schwangerschaften, die durch Vergewaltigungen zustande gekommen sind, nicht abgetrieben werden konnten (Dickman et al. 2024). Währenddessen sind in Europa ähnliche Tendenzen zu beobachten: So hat etwa im Jahr 2020 das Verfassungsgericht in Polen weitgehende Einschränkungen des Rechts auf Abtreibung beschlossen. Und in Deutschland hat die *Alternative für Deutschland* im Jahr 2023 einen Leitantrag verabschiedet, in dessen Rahmen Schwangerschaftsabbrüche nur in absoluten Ausnahmesituationen erlaubt werden sollen.

In einem scharfen Kontrast zu diesen gesellschaftlichen und politischen Kontroversen steht nun das Bild, das sich in der akademischen Philosophie mit Blick auf die Frage nach der Legitimität von Schwangerschaftsabbrüchen abzeichnet. So gab etwa, wie wir bereits gesehen haben, bei der jüngsten Auflage der Phil-Papers Survey (Bourget und Chalmers 2023) eine große Mehrheit der Befragten an, Schwangerschaftsabbrüche während des ersten Trimesters unter gewöhnlichen Umständen für moralisch zulässig zu halten. Dabei lohnt es sich durchaus, die Zahlen in etwas größerer Detailschärfe zu betrachten. Nimmt man etwa die Voten aller Befragten, ergibt sich ein Mehrheitsverhältnis von 79,88 % zu 14,51 %. Hierzu zählen alle Personen, die als Nutzer:innen auf der Online-Plattform *Phil-Papers* angemeldet sind. Da es sich hierbei um ein soziales Netzwerk für wissenschaftlich publizierende Philosoph:innen handelt, ist trotz fehlender Zulassungsbeschränkungen davon auszugehen, dass wir es dabei großteils mit Personen zu tun haben, die eine offizielle philosophische Hochschulausbildung genossen haben. Betrachtet man demgegenüber die Voten der kontrollierten Zielgruppe, die aus festangestellten Philosoph:innen an universitären Philosophieinstituten besteht, ergibt sich ein Mehrheitsverhältnis von 81,73 % zu 13,10 %. Betrachtet man die Voten derjenigen Personen aus der fokussierten Zielgruppe, die normative Ethik als Forschungsschwerpunkt angegeben haben, ergibt sich ein Mehrheitsverhältnis von 82,08 % zu 12,5 %. Und betrachtet man schließlich die Voten derjenigen Personen, die angewandte Ethik als Forschungsschwerpunkt angegeben haben, ergibt sich ein Mehrheitsverhältnis von 86,11 % zu 11,11 %.

Vergleicht man diese Zahlen nun mit den aktuellen Ergebnissen bevölkerungsweiter Umfragen zum Thema Abtreibung, wo etwa 54 % der Befragten angeben, dass Schwangerschaftsabbrüche eine Straftat bleiben sollen,[1] liegt die Vermutung nahe, dass mit wachsender Kompetenz, moralische Fragen argumentativ angemessen zu beurteilen und mit wachsender Vertrautheit mit der relevanten Evidenz die Bereitschaft stark steigt, Schwangerschaftsabbrüche grundsätzlich als moralisch unproblematisch zu bewerten. In jedem Fall sollte klar sein, dass die obigen Mehrheitsverhältnisse vor dem Hintergrund der Wissensvermittlungskonzeption didaktisch höchst relevant sind. Zwar könnte es gut es sein, dass diese Mehrheitsverhältnisse letzten Endes durch weitere Erhebungen bestätigt oder durch andere Faktoren supplementiert werden müssten – prima facie haben wir es hier jedoch mit einem substantiellen philosophischen Konsens zu tun. Was folgt hieraus für die unterrichtliche Praxis?

Vor dem Hintergrund der Wissensvermittlungskonzeption besteht die vermutlich offensichtlichste Implikation darin, dass die Frage nach der moralischen Bewertung von Schwangerschaftsabbrüchen in unterrichtlichen Kontexten weitaus weniger kontrovers unterrichtet werden sollte, als dies üblicherweise der Fall sein dürfte und auch in der philosophiedidaktischen Forschung explizit gefordert wird (siehe etwa Meyer 2011, 231).[2] Insbesondere der in manchen kommerziellen Unterrichtsmaterialien zu diesem Thema verfolgte Ansatz, eine ergebnisoffene Kontroverse unter Einbezug von Texten religiöser Vertreter in den Unterricht zu tragen, ist im

---

[1] https://www.zdf.de/nachrichten/panorama/schwangerschaft-abbruch-abtreibung-umfrage-paragraf-218-100.html

[2] Diese Implikation ergibt sich zumindest unter der Annahme, dass es sich bei dem Problem der Vertretbarkeit von Schwangerschaftsabbrüchen um ein herkömmliches ethisches Problem handelt, das ein geeigneter Gegenstand moralphilosophischer Forschung ist und mit rationalen Methoden einer argumentativ dimensionierten Lösung zugeführt werden kann. Diese Annahme ist nicht unumstritten (siehe etwa Dworkin 1993). Sollte sie sich als falsch erweisen, würde dies jedoch offensichtlich dagegen sprechen, dass es sich beim Problem der Vertretbarkeit von Schwangerschaftsabbrüchen überhaupt um ein geeignetes Thema für den Philosophie- und Ethikunterricht handelt. Im Folgenden werde ich die in fachdidaktischer Hinsicht wenig kontroverse Annahme voraussetzen, dass es sich beim Problem der Vertretbarkeit von Schwangerschaftsabbrüchen prinzipiell um ein geeignetes Thema für den Philosophie- und Ethikunterricht handelt.

Rahmen dieser Konzeption abzulehnen.[3] Gleichzeitig bedeutet das umgekehrt natürlich nicht, dass nun jede beliebige liberale Position als unproblematisch zu gelten
hat oder dass es in unterrichtlichen Kontexten keinen Raum für die kritische Diskussion der Grenzen und Einschränkungen einer befürwortenden Haltung gegenüber Schwangerschaftsabbrüchen geben sollte. Die folgende Skizze eines konkreten
Unterrichtsvorhabens soll exemplarisch aufzeigen, wie dieser komplexen Gemengelage in der Unterrichtspraxis angemessen Rechnung getragen werden könnte.

4.1.2   Eine Unterrichtsskizze

Bei der folgenden Unterrichtsskizze handelt es sich um die grobe Darstellung
einer am Bonbonmodell philosophischer Lernprozesse (Sistermann 2016) orientierten Sequenz zur Abtreibungsthematik, die in leistungsstarken Lerngruppen
ab der 9. Klasse umgesetzt werden kann. Die dieser Sequenz zugrunde liegende
Problemfrage lautet: *„Sind Schwangerschaftsabbrüche eigentlich moralisch problematisch?"* Die Hinführung zu dieser Fragestellung kann vergleichsweise un-
kompliziert, etwa anhand der Überschriften einiger aktueller Zeitungsartikel oder
mit Hilfe prägnanter Zitate, in kurzer Zeit realisiert werden. Zur Fokussierung und
intuitiven Bearbeitung der eingeführten Problemfrage bietet sich ein fiktives Fall-
beispiel an – denkbar wäre etwa folgende leicht modifizierte Version des Falls „Julias Entscheidung" (Chucholowski 2017, 27):

> Julia, 16 Jahre, ist eine talentierte Eiskunstläuferin und trainiert hart für einen Wettkampf.
> Bei einem Training ist ihr plötzlich übel und sie bricht das Training ab. Auf der Toilette
> schließt sie sich ein und übergibt sich. Einer Freundin vertraut sie an, dass sie schwanger
> ist. Bei einer Jugendfreizeit hatte sie eine kurze Affäre mit einem Jungen, aber nichts Ern-
> stes, und seitdem hatte sie auch keinen Kontakt mehr zu ihm. Julias Freundin rät ihr zur
> Abtreibung, immerhin sei es ihr Bauch, sie sei noch viel zu jung für ein Kind und solle
> sich nicht ihr Leben kaputtmachen. Außerdem könnte sie dann nicht mehr die Schule be-
> enden, und mit der Eiskunstlaufkarriere wäre es auch vorbei.
>   Julia ist sich aber nicht sicher. Zu Hause erfährt sie, dass ihre Mutter wieder ihr
> Medizinstudium aufnimmt, das sie wegen Julia damals unterbrochen hatte, um sie al-
> lein aufzuziehen. Für ihre Mutter sei Abtreibung nie infrage gekommen. Am Abend fei-
> ern Mutter, Julia und ihre Großmutter dieses Ereignis. Die Großmutter ist sehr zufrieden,
> dass ihre Tochter das Studium wieder aufnimmt, obwohl sie damals deren Entscheidung,
> Julia zu bekommen, unterstützte. Julia beschließt, zum Frauenarzt zu gehen und sich be-
> raten zu lassen. Dort stößt sie mit Mareike zusammen, sie vertauschen versehentlich ihre

---

[3] Ein Beispiel hierfür wäre etwa das von Alexander Chucholowski entwickelte und in *Ethik &
Unterricht* publizierte Unterrichtsvorhaben „Julias Entscheidung", in dem einem philosophischen
Text von Norbert Hoerster ein kritischer Text des ehemaligen Mainzer Bischofs Karl Kardinal
Lehmann gegenübergestellt wird (Chucholowski 2017). Angesichts der lebensweltlichen Relevanz religiöser Ansichten könnte es zwar durchaus angezeigt sein, solche Ansichten grundsätzlich auch in unterrichtlichen Kontexten zu berücksichtigen. Entscheidend ist jedoch, dass sie
nicht als gleichberechtigte Lösungsansätze in ergebnisoffenen Problemlöseprozessen erarbeitet
werden sollten.

Geldbörsen und treffen sich, um sie wieder auszutauschen. Dabei erfährt Julia, dass Mareike schon seit vielen Jahren versucht, schwanger zu werden, und es erst jetzt geklappt hat. Allerdings besteht eine hohe Wahrscheinlichkeit, dass das Kind behindert sein wird. Bekommen wollen sie und ihr Mann das Kind trotzdem, weil sie es sich schon so lange gewünscht haben und weil das Kind ein Recht darauf habe.

Obwohl Julia durch das Gespräch mit Mareike verunsichert ist, entscheidet sie sich nach einiger Überlegung dazu, eine Abtreibung durchzuführen.

Ein Vorteil dieses Fallbeispiels besteht darin, dass es direkt auf das im Kern der Abtreibungsdebatte liegende philosophische Problem abzielt, das auch dem Unterrichtsgeschehen zugrunde liegen sollte: Die Frage ist, ob Schwangerschaftsabbrüche *per se* als moralisch problematisch zu bewerten sind – und nicht, ob Schwangerschaftsabbrüche *in spezifischen Situationen* (etwa im Falle einer Schwangerschaft aufgrund von Vergewaltigung, im Falle substantieller medizinischer Risiken für die schwangere Person, im Falle eines schwer behinderten Embryos, …) moralisch gerechtfertigt werden können. Letztendlich geht es somit um eine Auflösung des Konflikts zwischen dem (vermeintlichen) Lebensrecht des Embryos und dem Selbsbestimmungsrecht der schwangeren Person. Die Schüler:innen können anhand des obigen Fallbeispiels dieses Problem herausarbeiten und eigene begründete Lösungsversuche entwickeln – etwa im Rahmen einer klassischen Dilemmadiskussion nach Lind (für eine genauere Erläuterung des Vorgehens siehe etwa Blesenkemper 2017). Wichtig ist es hier, verbindlich gesicherte Zwischenergebnisse in Form klarer Argumente für oder gegen die moralische Vertretbarkeit eines Schwangerschaftsabbruchs zu erarbeiten, auf die im weiteren Verlauf wieder zurückgegriffen werden kann.

In der darauffolgenden Phase der angeleiteten Problemlösung sollen nun die von den Schüler:innen erarbeiteten Argumente vertieft, ergänzt, und kritisch reflektiert werden. Dabei bietet es sich an, direkt zu Beginn ein zentrales abtreibungskritisches Argument genauer in den Blick zu nehmen, das nicht nur in der moralphilosophischen Literatur prominent diskutiert wurde, sondern mit hoher Wahrscheinlichkeit auch – zumindest in seinem Grundgedanken – in der intuitiven Problemlösephase bereits zur Sprache gekommen ist. Die zentrale Idee dieses Arguments ist, dass Schwangerschaftsabbrüche deshalb moralisch problematisch sind, weil sie mit dem Töten menschlichen Lebens einhergehen. Im Hintergrund steht hierbei der Gedanke, dass menschliches Leben absolut schutzbedürftig ist – in der moralphilosophischen Literatur ist auch die Rede von der *Doktrin der Heiligkeit menschlichen Lebens*. Die hier relevante Argumentationslinie können die Schüler:innen etwa mit Hilfe des folgenden Textauszugs von Helga Kuhse erarbeiten, in dem diese Doktrin in größerer Detailschärfe entwickelt wird (Kuhse 2016, 81 ff.):

Die Doktrin von der Heiligkeit des Lebens ist absolut, soweit es um die Unverletzlichkeit menschlichen Lebens geht. […] Wenn ich die Lehre der Heiligkeit des Lebens absolut nenne, will ich nicht sagen, dass das Verbot des Tötens von Menschen immer in universeller Form aufrechterhalten wurde; denn dies würde völligen Pazifismus bedeuten […] und Töten aus Notwehr ausschließen […]. Was die Lehre der Heiligkeit des Lebens verbietet, ist vielmehr das absichtliche Beenden unschuldigen Lebens. Es ist deshalb nach der Lehre nicht immer moralisch falsch zu töten, aber immer falsch, absichtlich ein unschuldiges menschliches Wesen zu töten. […] Aber eine weitere Qualifikation in Bezug auf das absolute

Verbot, Leben zu beenden, ist nötig. Da es immer Situationen geben wird, in denen nicht einmal ein Absolutist es vermeiden kann, eine andere Person zu töten, muss jedes absolute Verbot wie das des Tötens darauf beschränkt werden, wie Menschen einander gegenüber absichtlich handeln. Es ist beispielsweise nicht absolut auszuschließen, dass man für den Tod eines unschuldigen Menschen verantwortlich wird, wie ein von der Philosophin Philippa Foot geschildertes Beispiel zeigt. In diesem Beispiel versagen die Bremsen einer Straßenbahn, und der Fahrer hat die Wahl, entweder auf dem augenblicklichen Gleis zu bleiben (und so fünf Menschen zu töten), oder die Straßenbahn auf ein anderes Gleis zu steuern (und dabei die eine Person auf dem Gleis zu töten). Was immer der Fahrer tun wird, es wird entweder einen Toten oder fünf Tote geben [...]. Wenn das absolute Verbot das Verbot von allem enthielte, was zum Tod einer unschuldigen Person führen könnte, so könnte es (wenn überhaupt) nur durch vollständige Inaktivität befolgt werden. Die Lehre der Heiligkeit des Lebens verbietet daher, dass wir bestimmte Dinge tun, nicht, dass wir bestimmte Ergebnisse herbeiführen; sie fordert, dass wir das absichtliche Beenden eines Lebens auf jeden Fall vermeiden, nicht, dass wir den Tod in jedem Fall verhindern. Das führt zu Prinzip P1:

(P1) Es ist absolut verboten, einen Patienten absichtlich zu töten.

Obwohl es meistens zutrifft, dass Töten von uns verlangt, etwas zu tun, wie eine tödliche Injektion verabreichen, trifft es aber auch zu, dass wir absichtlich den Tod herbeiführen können, indem wir nichts tun, wie ein behindertes Neugeborenes nicht mit Nahrung versorgen und zu Tode hungern lassen. Etwas allgemeiner gibt es zwei Verhaltensweisen, mit denen man den Tod herbeiführen kann: die eine besteht darin, etwas zu tun, was jemandes Tod zur Folge hat; die andere besteht darin, zu unterlassen, etwas zu tun, was zur Folge hat, dass jemand sterben wird. [...] Nach all dem ist es nötig, das Prinzip P1 zu ersetzen durch Prinzip P2:

(P2) Es ist absolut verboten, einen Patienten absichtlich zu töten oder absichtlich sterben zu lassen.

[...] Wenn die Lehre von der Heiligkeit des Lebens, wie sie der medizinischen Praxis zugrunde liegt, im obigen Sinn absolut ist, folgt auch, dass sie ebenso in einem anderen Sinn absolut ist: Indem sie das absichtliche Beenden jedes menschlichen Lebens absolut verbietet, muss sie die Qualität oder Beschaffenheit des Lebens als moralisch relevante Faktoren bei der Entscheidung über Verlängerung oder Nichtverlängerung des Lebens eines Patienten ebenfalls absolut ausschließen. Nach dieser Sicht ist jedes Leben gleich und verdient denselben Schutz, ungeachtet seiner Qualität oder Beschaffenheit. [...]
Wenn aber menschliches Leben einen ‚irreduziblen Wert‘ darstellt und wenn die Qualität oder Beschaffenheit eines bestimmten Lebens bei Entscheidungen über Leben und Tod nicht berücksichtigt werden darf, folgt, dass der Verlängerung eines Lebens die gleiche Anstrengung gelten muss wie der Verlängerung eines anderen – auch wenn der eine Patient sich in irreversiblem Koma befindet und der andere eine gute Chance auf Genesung hat. [...] Während der Ausschluss von Berücksichtigungen der Lebensqualität in Prinzip P2 bereits implizit enthalten ist, soll Prinzip P3 diese wichtige Implikation explizit formulieren:

(P3) Es ist absolut verboten, Entscheidungen über Verlängerung oder Verkürzung eines menschlichen Lebens auf Beurteilungen seiner Qualität oder Beschaffenheit zu gründen.

[...] Wenn wir jetzt P2 und P3 zusammenführen, haben wir den Verbotsbereich der Doktrin von der Heiligkeit des Lebens explizit gemacht und haben gewonnen, was ich das ‚Prinzip der Heiligkeit des Lebens‘ (PHL) nennen möchte:

(PHL) Es ist absolut verboten, einen Patienten absichtlich zu töten oder absichtlich sterben zu lassen, sowie Entscheidungen über Verlängerung oder Verkürzung menschlichen Lebens auf Beurteilungen seiner Qualität oder Beschaffenheit zu gründen.

Da es sich hierbei um einen vergleichsweise langen Textauszug handelt, können die einzelnen, aufeinander aufbauenden Prinzipien P1–P3 auch sukzessive in mehreren Arbeitsschritten erarbeitet werden. Auf der Grundlage eines adäquaten Verständnisses des *Prinzips der Heiligkeit des Lebens (PHL)* könnte nun ein möglicher Arbeitsauftrag folgendermaßen lauten: *„Viele Vertreter:innen des Prinzips der Heiligkeit des Lebens (PHL) vertreten auch eine ablehnende Haltung gegenüber Schwangerschaftsabbrüchen. Rekonstruieren Sie den hier bestehenden Zusammenhang, indem Sie ein Argument gegen die moralische Vertretbarkeit von Schwangerschaftsabbrüchen auf der Grundlage des Prinzips der Heiligkeit des Lebens formulieren."*
Ein mögliches Ergebnis könnte etwa folgendes Argument sein, das dann die weitere unterrichtliche Diskussion strukturiert:

P1. Es ist absolut verboten, ein unschuldiges menschliches Wesen absichtlich zu töten oder absichtlich sterben zu lassen.

P2. Ein menschlicher Fötus ist ein unschuldiges menschliches Wesen.

K. Es ist absolut verboten, einen menschlichen Fötus absichtlich zu töten oder absichtlich sterben zu lassen.

Dieses Argument ist offensichtlich gültig. Darüber hinaus ist die Wahrheit der zweiten Prämisse kaum bezweifelbar, insofern hier mit dem Ausdruck „menschliches Wesen" lediglich gemeint ist, dass es sich bei menschlichen Föten um lebende Organismen handelt, die der Spezies *homo sapiens* angehören. Wie sieht es mit der ersten Prämisse aus? Im Kern handelt es sich bei dieser Prämisse um einen Ausdruck der *Doktrin der Heiligkeit menschlichen Lebens*, also der Ansicht, dass einem Leben dann, wenn es sich um *menschliches* Leben handelt, ein besonderer moralischer Wert zukommt. Entscheidend für den weiteren Unterrichtsverlauf ist nun, dass diese Ansicht in der aktuellen philosophischen Diskussion von einer klaren Mehrheit abgelehnt wird und dementsprechend mehr oder weniger obsolet ist (siehe etwa McGinn 1991, 14 f.; Singer 2016, 173) – nicht zufälligerweise handelt es sich bei der zur Explikation dieser Ansicht herangezogenen Textpassage von Kuhse um eine *Darstellung*, nicht aber um eine *Verteidigung* des Gedankens, dass menschliches Leben absolut schutzbedürftig sei. Tatsächlich vertreten selbst die Autor:innen, die von einer besonderen moralischen Vorrangstellung menschlichen Lebens ausgehen, lediglich die Ansicht, dass Menschen *aufgrund spezifischer Eigenschaften* wie beispielsweise Vernunftbegabung (siehe bspw. Lee 2013, Spaemann 1996) oder sozialer Eingebundenheit (für eine Diskussion siehe McMahan 2002, Abschn. 2.3) einen privilegierten moralischen Status genießen, und nicht die als speziezistisch zu bewertende Ansicht, dass Wesen *qua Menschsein* ein solcher privilegierter Status zukommt (Singer 2016, 173 f.).
Ziel des weiteren Unterrichts sollte es entsprechend sein, gemeinsam mit den Schüler:innen zu erarbeiten, dass menschliches Leben nicht per se, also aufgrund

der alleinigen Tatsache, dass es sich hierbei um Leben der Spezies *homo sapiens* handelt, moralisch schutzbedürftig ist, dass in diesem Sinne die – aus einer vortheoretischen Sicht vielleicht plausibel scheinende und de facto gesellschaftlich weit verbreitete – *Doktrin der Heiligkeit menschlichen Lebens* nicht haltbar ist und dass sich aus diesem Grund gegen die moralische Vertretbarkeit von Schwangerschaftsabbrüchen nicht durch den schlichten Hinweis argumentieren lässt, dass es sich hierbei um eine Tötung menschlichen Lebens handle. Auf das obige Argument bezogen bedeutet das, dass die Schüler:innen für die philosophischen Schwächen von Prämisse 1 sensibilisiert werden sollen. Hierfür bieten sich prinzipiell eine ganze Reihe verschiedener moralphilosophischer Perspektiven an. Tatsächlich handelt es sich bei der Ablehnung der *Doktrin der Heiligkeit menschlichen Lebens* um eine Position, für die vor dem Hintergrund ganz unterschiedlicher Moraltheorien argumentiert worden ist. Naheliegend wäre in diesem Zusammenhang sicherlich eine utilitaristische Argumentation, die statt der Zugehörigkeit zu einer bestimmten Spezies die Leidensfähigkeit bzw. das Vorliegen zukunftsgerichteter Präferenzen als ausschlaggebend für die Zuschreibung moralischer Schutzbedürftigkeit etabliert. Alternativ hierzu ließe sich jedoch auch eine rechtebasierte Argumentation erarbeiten, etwa in Form des folgenden Textauszugs von Michael Tooley (Tooley 2016, 163 ff.):

> Um das Problem der moralischen Beurteilung von Abtreibung […] zu lösen, ist es nötig, die folgenden Fragen zu beantworten: Welche Eigenschaften muss etwas haben, um […] über ein gewichtiges Lebensrecht zu verfügen? An welchem Punkt in der Entwicklung eines Angehörigen der Spezies Homo sapiens besitzt ein Organismus […] [diese] Eigenschaften […] ? […]
>
> Wenden wir uns […] der ersten und grundlegendsten Frage zu: Welche Eigenschaften muss etwas haben, um […] ein gewichtiges Lebensrecht zu besitzen? Die Behauptung, die ich verteidigen will, ist diese: Ein Organismus besitzt ein gewichtiges Lebensrecht nur, wenn er über einen Begriff des Selbst als eines fortdauernden Subjekts von Erfahrungen und anderen mentalen Zuständen verfügt sowie glaubt, dass er selbst eine solche fortdauernde Entität darstellt.
>
> Mein wichtigstes Argument zugunsten dieser Behauptung, die ich die ‚Bedingung des Selbstbewusstseins‘ nennen will, wird am ehesten verständlich werden, wenn ich zuerst eine vereinfachte Version angebe und dann eine nötige Abwandlung betrachte. Die vereinfachte Version meines Arguments ist diese: Einem Individuum ein Recht zuschreiben heißt, etwas über die prima-facie-Verpflichtung seitens anderer Individuen zu sagen, auf bestimmte Weise zu handeln oder sich des Handelns zu enthalten. Die betreffenden Verpflichtungen sind jedoch konditionaler Art, abhängig vom Vorliegen bestimmter Wünsche des Individuums, dem das Recht zugeschrieben wird. Wenn beispielsweise ein Individuum einen bittet, etwas zu zerstören, worauf es ein Recht hat, so verletzt man sein Recht auf dieses Ding nicht, wenn man es daraufhin zerstört. Dies legt die folgende Analyse nahe: […] ‚A hat ein Recht auf X‘ ist ungefähr gleichbedeutend mit ‚A ist von der Art, dass es ein Subjekt von Erfahrungen und anderen mentalen Zuständen ist; A ist fähig, x zu wünschen; und wenn A x wünscht, stehen andere unter der *prima-facie*-Verpflichtung, sich solcher Handlungen zu enthalten, die ihn um die Erfüllung des Wunschs brächten.‘
>
> Der nächste Argumentationsschritt besteht im Wesentlichen darin, diese Analyse auf den Begriff des Lebensrechts anzuwenden. Unglücklicherweise ist der Ausdruck ‚Recht auf Leben‘ nicht besonders günstig […], denn worum es wirklich geht, ist nicht einfach die fortdauernde Existenz eines biologischen Organismus, sondern das Recht eines Subjekts mit Erfahrungen und anderen mentalen Zuständen auf fortdauernde Existenz. […]

> Die letzte Stufe des Arguments besteht einfach darin, zu fragen, was der Fall sein muss, damit etwas fähig sein kann, einen Wunsch nach fortdauernder Existenz als ein Subjekt von Erfahrungen und anderen mentalen Zuständen zu haben. Der entscheidende Punkt dabei ist, dass die Wünsche, die ein Wesen haben kann, durch die Begriffe begrenzt sind, über die es verfügt. [...] Dies auf den vorliegenden Fall anzuwenden führt zu dem Ergebnis, dass eine Entität nicht etwas sein kann, das die Existenz eines Subjekts von Erfahrungen und anderen mentalen Zuständen wünscht, wenn sie nicht den Begriff von einem solchen Subjekt besitzt. Darüber hinaus kann eine Entität nicht wünschen, dass sie selbst als ein Subjekt von Erfahrungen und anderen mentalen Zuständen fortdauert, wenn sie nicht glaubt, im Augenblick ein solches Subjekt zu sein. Das vervollständigt die Rechtfertigung der Behauptung, eine notwendige Bedingung dafür, dass etwas ein gewichtiges Lebensrecht hat, bestehe darin, dass es über den Begriff des Selbst als eines fortdauernden Subjekts von Erfahrungen verfügt und dass es glaubt, selbst ein solches Wesen zu sein.

Anhand dieser Passage sollten die Schüler:innen zunächst in einem ersten Schritt die dort etablierte *„Bedingung des Selbstbewusstseins"* und die dahinterliegende Argumentation erarbeiten, um dann in einem zweiten Schritt die Implikationen dieser Bedingung für die *„Doktrin der Heiligkeit menschlichen Lebens"* zu diskutieren. Ein möglicher Arbeitsauftrag könnte hier etwa lauten: *„Entwickeln Sie ein möglichst überzeugendes Argument, (i) das die ‚Bedingung des Selbstbewusstseins' als Prämisse enthält und (ii) dessen Konklusion in einer Verneinung der ‚Doktrin der Heiligkeit menschlichen Lebens' besteht."*

An dieser Stelle wird es von der spezifischen Unterrichtssituation und der jeweiligen Lerngruppe abhängen, ob bzw. welche Positionen im Weiteren zusätzlich erarbeitet werden sollten. Das übergeordnete Ziel sollte es sein, anhand einer exemplarischen Erarbeitung spezifischer Diskurslinien den Schüler:innen zu verdeutlichen, dass klassische Versuche einer grundlegenden Argumentation gegen die moralische Vertretbarkeit von Schwangerschaftsabbrüchen mit schwerwiegenden Problemen zu kämpfen haben. So könnte es zunächst nötig sein, weitere Argumentationen gegen die *Doktrin der Heiligkeit des menschlichen Lebens* zu erarbeiten, um den Schüler:innen die Schwächen dieser Position zu verdeutlichen. Gleichzeitig sollten die Schüler:innen so auch erkennen können, dass eine Zurückweisung dieser Position nicht auf die von Tooley in Anspruch genommene, und ihrerseits durchaus kontroverse, Bedingung des Selbstbewusstseins angewiesen ist.

Je nachdem, welche Argumente von den Schüler:innen im Rahmen der intuitiven Problemlösung entwickelt wurden, könnte es zudem angezeigt sein, weitere abtreibungskritische Positionen aufzugreifen. Beispielsweise wäre es wenig überraschend, wenn Potentialitätsüberlegungen in der intuitiven Problemlösung der Schüler:innen eine gewichtige Rolle gespielt haben. In diesem Fall sollten neben den für Potentialitätsargumente notorischen Abgrenzungsschwierigkeiten auch die absurden Implikationen diskutiert werden, die diese Argumente vor dem Hintergrund neuerer Fortschritte in der biologischen Forschung mit sich bringen: So konnte mittlerweile auf einer rein empirischen Ebene gezeigt werden, dass induzierte pluripotente Stammzellen (iPS-Zellen) ebenfalls das Potential haben, sich zu vollständigen Organismen zu entwickeln. Somit müsste vor dem

Hintergrund klassischer Potentialitätsargumente letztendlich allen somatischen Zellen, die zu iPS-Zellen umprogrammiert werden können, eine eigene Würde zugeschrieben werden. Die offensichtliche Absurdität dieser Konsequenz hat in jüngster Zeit die bis dahin bisweilen als festgefahren empfundene philosophische Debatte entscheidend dynamisiert und eine klare Zurückweisung von Potentialitätsargumenten ermöglicht (siehe etwa Stier 2014, Stier und Schöne-Seifert 2013). Eine Erarbeitung dieser Zusammenhänge könnte – ganz im Sinne eines lebensweltlich-wissenschaftsbasierten Ansatzes (Bussmann 2014) – den Schüler:innen das produktive Ineinandergreifen empirischer und philosophischer Forschungsbemühungen im Rahmen lebensweltlich orientierter Problemlöseprozesse unmittelbar vor Augen führen.

Der zweite und abschließende Teil der angeleiteten Problemlösung sollte nun der kritischen Diskussion abtreibungsbefürwortender Positionen gewidmet werden. Tatsächlich folgt aus der Diagnose, dass grundlegende Argumente gegen die moralische Vertretbarkeit von Abtreibungen mit schwerwiegenden Problemen konfrontiert sind, in keiner Weise, dass deshalb befürwortende Positionen automatisch als unproblematisch zu bewerten sind, und zu genau dieser Differenzierung sollen die Schüler:innen in dieser abschließenden Phase befähigt werden. Als Ausgangspunkt der Diskussion bietet sich dabei Judith J. Thomsons berühmter Geigerfall an. So könnten die Schüler:innen vor dem Hintergrund einer initialen Diskussion des Gedankenexperiments etwa folgenden Textauszug von Thomson erarbeiten (Thomson 2016, 108 f.):

> Ich schlage [...] vor, dass wir [probeweise] zugestehen, dass der Fötus vom Augenblick der Konzeption an eine Person ist. Wie entwickelt sich das Argument [gegen Abtreibung] von da aus? Ungefähr so, nehme ich an. Jede Person hat ein Recht auf Leben. Deshalb hat der Fötus ein Recht auf Leben. Ohne Zweifel hat die Mutter das Recht, zu entscheiden, was in und mit ihrem Körper geschehen wird; jeder würde das zugestehen. Aber zweifellos ist das Lebensrecht einer Person stärker und zwingender als das Entscheidungsrecht der Mutter darüber, was in und mit ihrem Körper geschieht, und wiegt es deshalb auf. Also darf der Fötus nicht getötet, eine Abtreibung nicht ausgeführt werden.
>
> Das klingt plausibel. Aber jetzt möchte ich Sie bitten, sich folgendes vorzustellen. Sie wachen morgens auf und finden sich in einem Bett liegend, Kopf an Kopf mit einem bewusstlosen Geiger. Einem berühmten bewusstlosen Geiger. An ihm wurde eine bedrohliche Nierenkrankheit diagnostiziert, und die Gesellschaft der Freunde der Musik hat alle verfügbaren Patientenunterlagen durchsucht und herausgefunden, dass allein Sie die richtige Blutgruppe haben, um helfen zu können. Sie hat Sie deshalb gekidnappt, und letzte Nacht wurde der Blutkreislauf des Geigers an den Ihren angeschlossen, sodass Ihre Nieren dazu benutzt werden können, Gift ebenso aus seinem wie aus Ihrem Blut herauszuziehen. Der Krankenhausdirektor sagt jetzt zu Ihnen: ‚Sehen Sie, wir bedauern sehr, dass Ihnen die Gesellschaft der Freunde der Musik das angetan hat – wir hätten es nie erlaubt, wenn wir davon gewusst hätten. Aber sie haben es eben getan, und jetzt ist der Geiger an Sie angeschlossen. Sie abzukoppeln würde bedeuten, ihn zu töten. Aber keine Angst, es handelt sich nur um neun Monate. Nach dieser Zeit wird er sich von seinem Leiden erholt haben und kann ohne Gefahr von Ihnen abgekoppelt werden.'
>
> Ist Ihnen unter dem Gesichtspunkt der Moral auferlegt, sich in diese Situation zu fügen? Es wäre zweifellos ausgesprochen nett von Ihnen, wenn sie es täten, von großer Freundlichkeit. Aber *müssen* Sie sich fügen? Wie, wenn es nicht neun Monate, sondern neun Jahre wären? Oder noch länger? Wie, wenn der Krankenhausdirektor sagte:

‚Wirklich Pech, muss ich sagen, aber jetzt müssen Sie den Rest Ihres Lebens im Bett ver-
bringen, der Geiger an Sie angeschlossen. Denn rufen Sie sich folgendes in Erinnerung.
Alle Personen haben ein Lebensrecht, und Geiger sind Personen. Zugegeben, Sie haben
ein Recht, zu entscheiden, was in und mit Ihrem Körper geschieht, aber das Lebensrecht
einer Person wiegt stärker als Ihr Recht, zu entscheiden, was in und mit Ihrem Körper
geschieht. Deshalb können Sie nie mehr von ihm abgekoppelt werden.' Ich vermute, Sie
würden das als lächerlich ansehen, was nahelegt, dass tatsächlich etwas falsch ist an dem
plausibel klingenden Argument, das ich zuvor erwähnte.

In der Diskussion der hier angebotenen Argumentation dürften vermutlich einige Schüler:innen bereits von sich aus zu einer durchaus kritischen Beurteilung
der Intuition kommen, die Thomson am Ende der Textpassage ihrer Leserschaft
unterstellt. Ist es wirklich offensichtlich lächerlich, von der Protagonist:in im
Geigerfall zu erwarten, am Geiger angeschlossen zu bleiben? Die hier naheliegende
Diskussion kann dann im Folgenden anhand einer genaueren Herausarbeitung der
moralphilosophischen Hintergrundannahmen von Thomsons Urteil vertieft werden,
etwa mit Hilfe der folgenden Passage von Peter Singer (Singer 2013, 240 ff.):

Die Parallele [von Thomsons Gedankenexperiment] zur Schwangerschaft, insbesondere
zu einer durch Vergewaltigung verursachten Schwangerschaft, ist offensichtlich. Eine
durch Vergewaltigung schwangere Frau findet sich, ohne ihre eigene Entscheidung,
ebenso mit einem Fötus verbunden, wie die betreffende Person mit dem Geiger verbunden
ist. […] Wenn wir also mit Thomson übereinstimmen, dass es kein Unrecht wäre, sich von
dem Geiger loskoppeln zu lassen, so müssen wir auch akzeptieren, dass ein Schwanger-
schaftsabbruch kein Unrecht ist, welchen Status auch immer der Fötus haben mag; zumindest gilt das, wenn die Schwangerschaft durch eine Vergewaltigung verursacht worden
ist.

Lässt sich Thomsons Argument aber über den Fall der Vergewaltigung hinaus verwenden? Angenommen, du findest dich an den Geiger angeschlossen, nicht weil du von
Musikliebhabern gekidnappt wurdest, sondern weil du im Krankenhaus eine kranke
Freundin besuchen wolltest; doch im Lift hast du versehentlich auf den falschen Knopf
gedrückt und bist in einer Abteilung gelandet, die normalerweise nur von denjenigen auf-
gesucht wird, die sich freiwillig zur Verfügung stellen, um an Patienten angeschlossen zu
werden, die andernfalls nicht überleben würden. Ein Ärzteteam hat dich für den nächsten
Kandidaten gehalten, du hast eine Betäubungsspritze bekommen und bist angeschlossen
worden. Wenn Thomsons Argument im Entführungsfall stichhaltig war, so ist es dies vermutlich auch hier, weil unfreiwillige Hilfe für einen andern neun Monate lang ein hoher
Preis ist für Unwissen oder Nachlässigkeit. Auf diese Weise lässt sich das Argument über
den Fall einer Vergewaltigung hinaus auf eine viel größere Zahl von Frauen anwenden, die
durch Unwissen, Nachlässigkeit oder mangelhafte Verhütung schwanger werden.

Aber ist das Argument stichhaltig? Die kurze Antwort lautet: Ja, sofern die spezielle
Rechtstheorie, die ihm zugrunde liegt, stichhaltig ist; und es ist nicht stichhaltig, wenn
jene Rechtstheorie nicht stichhaltig ist.

Die betreffende Rechtstheorie lässt sich durch ein weiteres von Thomsons phantasie-
vollen Beispielen illustrieren: Angenommen, ich leide an einer äußerst gefährlichen
Krankheit, und das einzige, was mich retten kann, ist, dass mein Lieblingsfilmstar mir
eine kühle Hand auf meine fiebrige Stirn legt. Nun, sagt Thomson, obwohl ich ein Recht
auf Leben habe, bedeutet das nicht, dass ich ein Recht hätte, den Filmstar zu zwingen, zu
mir zu kommen, oder dass er irgendeine moralische Pflicht hätte, das nächste Flugzeug zu
nehmen und mich zu retten – obwohl es schrecklich nett von ihm wäre. Thomson akzeptiert also nicht, dass wir stets verpflichtet sind, nach Abwägung aller Umstände den besten

Weg des Handelns einzuschlagen oder das zu tun, was die besten Konsequenzen hat. Vielmehr akzeptiert sie ein System von Rechten und Verpflichtungen, die es uns erlauben, unsere Handlungen unabhängig von ihren Konsequenzen zu rechtfertigen. […]

[Man könnte jedoch auch] folgenden Standpunkt vertreten: Meine Empörung über meine Entführung mag noch so groß sein; aber wenn die Konsequenzen meiner Abkoppelung von dem Geiger – alles in allem und unter Berücksichtigung der Interessen aller Betroffenen – schlimmer sind als die Konsequenzen für mich, wenn ich angeschlossen bleibe, dann sollte ich angeschlossen bleiben.

Vor dem Hintergrund einer Erarbeitung der in diesen Passage vorgenommenen Explikation der theoretischen Voraussetzungen von Thomsons Argumentation sollte eine ergebnisoffene Diskussion ermöglicht werden, in der die Schüler:innen die Gelegenheit haben, eigenständig Stellung zu der in dieser Argumentation zum Ausdruck kommenden feministischen Sichtweise zu nehmen. Dieser Sichtweise zufolge dürfte selbst dann, wenn menschlichen Embryonen plausiblerweise ein substantielles Recht auf Leben zugeschrieben werden könnte, dieses Lebensrecht nicht zu einer Einschränkung des Selbstbestimmungsrechts von schwangeren Personen führen. Schwangerschaftsabbrüche wären dementsprechend auch dann als moralisch unproblematisch zu bewerten, wenn es sich bei menschlichen Embryonen um vollwertige Personen handeln würde. Diese Sichtweise ist in der moralphilosophischen Forschung genuin kontrovers und sollte dementsprechend auch in unterrichtlichen Kontexten als kontrovers erscheinen.

In der darauffolgenden Sicherungsphase sollen die Schüler:innen nun die in der angeleiteten Problemlösung erarbeiteten Argumentationslinien in ihren Zusammenhängen rekapitulieren, zu den eigenen Lösungsversuchen der intuitiven Problemlösung in Beziehung setzen und auf ihre epistemische Bedeutung reflektieren. Das Ergebnis dieser Reflexion sollte in etwa folgendermaßen aussehen: Obwohl es auf den ersten Blick einige Argumente gibt, die ganz grundsätzlich gegen die moralische Vertretbarkeit von Schwangerschaftsabbrüchen zu sprechen scheinen, sehen sich diese Argumente mit schwerwiegenden Problemen konfrontiert. Insbesondere die Ansicht, dass Abtreibungen per se moralisch verwerflich sind, weil es sich bei Embryonen um unschuldiges menschliches Leben handelt, kann im Lichte einer genaueren Betrachtung kaum überzeugen. Eine kategoriale Ablehnung von Schwangerschaftsabbrüchen scheint dementsprechend insgesamt wenig plausibel. Das bedeutet jedoch wiederum nicht, dass abtreibungsbefürwortende Positionen per se als unkritisch anzusehen sind. So beruht etwa die in gesellschaftlichen Diskursen ebenfalls weit verbreitete Ansicht, dass sich die moralische Vertretbarkeit von Abtreibungen schon alleine aus dem Selbstbestimmungsrecht schwangerer Personen ableiten lässt, auf durchaus kontroversen moralphilosophischen Hintergrundannahmen, die aus guten Gründen abgelehnt werden können.

Um diese dialektische Gemengelage in ihrer epistemischen Bedeutung angemessen reflektieren zu können, dürfte es an dieser Stelle auch gewinnbringend sein, die Lernenden einfach direkt mit der Tatsache eines robusten moralphilosophischen Konsenses hinsichtlich der moralischen Bewertung von Schwangerschaftsabbrüchen zu konfrontieren. Insbesondere in fortgeschrittenen Lerngruppen mit tiefergehenden moralphilosophischen Vorkenntnissen kann dieser Konsens vor dem Hintergrund der erarbeiteten Dialektik kontextualisiert und in entsprechende Theoriezusammenhänge eingeordnet werden: Da etwa rechtebasierte und konsequentialistische Ansätze mit Blick auf autonomiebasierte Argumente bereits zu tendenziell widersprüchlichen Urteilen kommen, scheint die auffällige Einigkeit unter Moralphilosoph:innen eher darauf zurückführbar, dass viele der klassischen SKIP-Argumente[4], die einen substantiellen moralischen Status menschlicher Embryonen zu etablieren versuchen, letztendlich vor dem Hintergrund ganz verschiedener Moraltheorien nicht zu überzeugen vermögen. Die Schüler:innen haben somit die Möglichkeit, auf Grundlage einer eigenständigen Auseinandersetzung mit exemplarisch ausgewählten Diskurslinien nachzuvollziehen, warum die gesellschaftliche Kontroverse zur Bewertung von Schwangerschaftsabbrüchen auf moralphilosophischer Ebene nicht gespiegelt wird.

Das ebenso erwartbare wie wünschenswerte Ergebnis eines solchen Nachvollzugs dürfte nun darin bestehen, dass viele Schüler:innen erkennen, dass eine grundsätzliche moralische Ablehnung von Schwangerschaftsabbrüchen einer tiefergehenden moralphilosophischen Reflexion nicht standhalten kann, und dementsprechend eine solche Position als philosophisch wenig überzeugend bewerten. Die so angebahnte Urteilsbildung der Schüler:innen kann im Anschluss an die Sicherung im Rahmen einer optionalen Vertiefungsphase erweitert werden, etwa in Form einer kritischen Auseinandersetzung mit gesellschaftlich prominenten Stimmen, die sich grundsätzlich gegen die Vertretbarkeit von Schwangerschaftsabbrüchen aussprechen. So könnte man die Schüler:innen etwa mit einer schriftlichen Beantwortung folgender rhetorischer Frage beauftragen, mit der Papst Franziskus im Rahmen einer Generalaudienz im Jahr 2019 Schwangerschaftsabbrüche mit Auftragsmorden verglichen hat:[5] *„Ist es richtig, einen Auftragsmörder anzuheuern, um ein Problem zu lösen?"*

---

[4] SKIP ist ein aus den Bezeichnungen für vier klassische abtreibungskritische Argumentationslinien (Speziesargument, Kontinuumsargument, Identitätsargument, Potentialitätsargument) abgeleitetes Akronym. Grob zusammengefasst besagen Speziesargumente, dass menschliche Embryonen einen besonderen moralischen Status besitzen, weil sie Mitglieder der Spezies Homo sapiens sind. Kontinuumsargumente berufen sich auf die Überlegung, dass erwachsene Menschen klarerweise einen moralischen Status haben, und dass die Entwicklung vom Embryo zum erwachsenen Menschen kontinuierlich, also ohne moralisch relevante Brüche verläuft. Identitätsargumente verweisen ebenfalls auf den unstrittigen moralischen Status erwachsener Menschen und versuchen vor diesem Hintergrund die Identität von Embryo und erwachsenem Menschen zu etablieren. Potentialitätsargumente basieren auf der Überlegung, dass menschliche Embryonen das Potential haben, erwachsene Menschen zu werden. Für eine genauere Diskussion siehe etwa Damschen und Schönecker 2002. Siehe hierzu allerdings auch Abschn. 3.1.3, Fußnote 35.

[5] https://www.tagesschau.de/ausland/papst-abtreibung-101.html

4.2 Tierethik

4.2.1 Vorüberlegungen

Wenn es um Fragen nach Kontroversität und Direktivität im schulischen Philosophie- und Ethikunterricht geht, sind tierethische Fragestellungen ebenso interessant wie aufschlussreich. Wie wir im Rahmen der vorangegangenen Diskussion zur moralischen Vertretbarkeit von Schwangerschaftsabbrüchen gesehen haben, können speziezistische Sichtweisen, die die Zugehörigkeit zu einer spezifischen Spezies als moralisch relevantes Merkmal erachten, mittlerweile als obsolet betrachtet und eindeutig zurückgewiesen werden. Darüber hinaus akzeptieren heutzutage in der Regel auch solche Autor:innen, die Menschen gegenüber nicht-menschlichen Tieren einen besonderen moralischen Status zuschreiben, dass nicht-menschlichen Tieren ebenfalls ein substantieller moralischer Status zugeschrieben werden muss. Die zentrale Frage, um die sich grundsätzliche tierethische Debatten in der gegenwärtigen Forschungsliteratur drehen, ist also nicht, *ob* nicht-menschliche Tiere einen moralischen Status haben, sondern vielmehr, worin dieser moralische Status besteht bzw. worauf er gegründet ist (Gruen 2021).

Vor dem Hintergrund der Wissensvermittlungskonzeption bedeutet das, dass die Ansicht, dass Tiere substantiellen moralischen Status haben, direktiv vermittelt werden darf. Eine Problemfrage wie *„Darf man mit Tieren machen, was man will?"* sollte dementsprechend im Unterricht nicht kontrovers erscheinen. Gleichzeitig dürfte es sich hierbei ohnehin um keine Problemfrage handeln, die für unterrichtliche Kontexte sonderlich einschlägig wäre. Wie sieht es demgegenüber mit tierethischen Problemfragen aus, die tatsächlich regelmäßig zum Gegenstand schulischen Unterrichts gemacht werden – etwa der Frage, ob man Tiere essen darf? Angesichts des eingangs skizzierten Konsenses hinsichtlich des moralischen Status nicht-menschlicher Tiere liegt die Vermutung nahe, dass vor dem Hintergrund der Wissensvermittlungskonzeption eine negative Antwort auf diese Frage direktiv vermittelt werden dürfte. Und tatsächlich gibt es in der philosophischen Literatur einen breiten Konsens darüber, dass die Produktionsbedingungen von Fleischprodukten moralisch nicht zu rechtfertigen sind (Schmitz 2022, 8) und es dementsprechend moralisch besser wäre, wenn in westlichen Industrienationen weniger Fleisch konsumiert würde (Adams 2015, Camosy 2013, DeGrazia 1996, Gruen 2012, Huemer 2019, Korsgaard 2018, Pollan 2006, Regan 1983, Scruton 2004, Singer 2009). Dass es sich hierbei um eine didaktisch relevante Beobachtung handelt, wurde in der philosophischen Literatur bereits angemerkt – so haben etwa Eric Schwitzgebel, Bradford Cokelet und Peter Singer vor dem Hintergrund dieses Konsenses die explizite Erwartung formuliert, dass in unterrichtlichen Kontexten die moralischen Vorzüge eines reduzierten Fleischkonsums direktiv vermittelt werden (Schwitzgebel, Cokelet und Singer 2023).

Angesichts dessen ist es auf den ersten Blick umso überraschender, dass in der jüngsten Auflage der PhilPapers Survey lediglich 26,47 % der Befragten eine vegetarische und 18,37 % der Befragten eine vegane Lebensweise als moralisch geboten bewertet haben (Bourget und Chalmers 2023).[6] Ein etwas anderes Bild ergibt sich wiederum, wenn man auf die Antworten der angewandten Ethiker:innen fokussiert, von denen immerhin 28 % eine vegetarische und 28,89 % eine vegane Lebensweise für moralisch obligatorisch halten. Wenngleich diese Zahlen vermutlich stark von der Verteilung entsprechender Ansichten in der Gesamtbevölkerung abweichen,[7] kann von einem Konsens in diesem Zusammenhang keine Rede sein. Wie lässt sich dieses Ergebnis erklären?

Tatsächlich sollte angesichts eines näheren Blickes schnell deutlich werden, dass wir es hier nicht unbedingt mit einem Widerspruch zu tun haben. Der Konsens, auf den sich Schwitzgebel, Cokelet und Singer berufen, bezieht sich auf die Frage, ob es moralisch besser wäre, wenn Bürger:innen westlicher Industrienationen insgesamt weniger Fleisch konsumieren würden – wohingegen sich die Ergebnisse der PhilPapers Survey auf die Frage beziehen, ob ein individueller Verzicht auf Fleischkonsum moralisch geboten wäre. Dass zwischen diesen beiden Fragen ein Unterschied besteht, ist leicht ersichtlich. Dementsprechend scheinen die obigen Zusammenhänge letztendlich folgendes Bild nahezulegen: Während es in der moralphilosophischen Forschung als hinreichend unkontrovers gelten kann, dass der Umgang mit Tieren in der industriellen Fleischproduktion moralisch nicht gerechtfertigt werden kann und es somit auch moralisch besser wäre, wenn die Nachfrage nach Fleischprodukten deutlich zurückgehen würde, besteht eine genuine Kontroverse hinsichtlich der Frage, ob sich hieraus individuelle Verpflichtungen zum persönlichen Verzicht auf Fleischkonsum ergeben.

Welche Implikationen ergeben sich hieraus mit Blick auf die unterrichtliche Erarbeitung tierethischer Fragestellungen? Vor dem Hintergrund der Wissensvermittlungskonzeption sollte die Ansicht, dass nicht-menschliche Tiere einen substantiellen moralischen Status haben und dass dementsprechend die derzeitigen Verhältnisse der industriellen Fleischproduktion aus moralischer Sicht inakzeptabel sind, in unterrichtlichen Kontexten direktiv vermittelt werden. Das bedeutet wiederum, dass philosophische Positionen, die nicht-menschlichen Tieren einen nennenswerten moralischen Status grundsätzlich absprechen, im Unterricht zwar thematisiert werden dürfen, aber nicht als vermeintlich gleichberechtigte Positionen in offenen Kontroversen erscheinen sollten. Die in herkömmlichen Schulmaterialien regelmäßig anzutreffende Vorgehensweise, unter Einbezug von

---

[6]Diese Zahlen beziehen sich auf die Ergebnisse der kontrollierten Zielgruppe.

[7]Diese Einschätzung ist insofern ein Stück weit spekulativ, als dass Umfragen in der Gesamtbevölkerung in der Regel auf den tatsächlichen Konsum, und nicht auf die *moralische Bewertung* verschiedener Konsumformen abzielen.

Positionen wie etwa Descartes' Sichtweise auf Tiere als seelenlose Automaten[8] oder Kants Sichtweise auf Tiere als bloße Mittel[9] eine solche Kontroverse künstlich zu generieren, wäre dementsprechend abzulehnen. Solche Positionen sollten auch nicht erarbeitet werden, insofern sie Antworten auf moralische Fragestellungen bereithalten, die in der moralphilosophischen Forschung tatsächlich kontrovers sind und dementsprechend auch in unterrichtlichen Kontexten kontrovers erscheinen sollten. An dieser Stelle tritt also eine weitere Implikation der Wissensvermittlungskonzeption zutage: Vor dem Hintergrund dieser Konzeption sollten nicht nur spezifische moralische Fragestellungen im Unterricht in einem geringeren Maße als kontrovers erscheinen, sondern es sollten auch solche Fragestellungen, die nach wie vor als kontrovers zu unterrichten sind, nur unter Einbezug spezifischer Positionen erarbeitet werden. Im Folgenden werde ich ein konkretes Unterrichtsvorhaben skizzieren, das diese Implikation anhand des konkreten Beispiels einer tierethischen Fragestellung veranschaulicht.

4.2.2 Eine Unterrichtsskizze

Bei der folgenden Unterrichtsskizze handelt es sich um die grobe Darstellung einer am Bonbonmodell philosophischer Lernprozesse (Sistermann 2016) orientierten Sequenz zur moralischen Vertretbarkeit von Fleischkonsum. Wie wir im vorangegangenen Abschnitt gesehen haben, dreht sich die moralphilosophische Kontroverse zu diesem Thema nicht um die Frage, ob nicht-menschliche Tiere einen moralischen Status haben, sondern in erster Linie vermutlich um die Frage, ob aus der moralischen Verwerflichkeit der Massentierhaltung individuelle Verpflichtungen zur Konsumänderung folgen. Dass diese Frage nicht nur wesentlich kontroverser, sondern auch wesentlich komplexer als die Frage nach dem moralischen Status von Tieren ist, sollte Auswirkungen darauf haben, in welchen Jahrgangsstufen welche tierethischen Themen unterrichtet werden. So sollte in jüngeren Jahrgangsstufen die Frage im Vordergrund stehen, ob Tiere einen moralischen Status haben. Diese Frage sollte in unterrichtlichen Kontexten letztendlich wenig kontrovers erscheinen. Die Ansicht, dass nicht-menschlichen Tieren ein substantieller moralischer Status zuzuschreiben ist, lässt sich beispielsweise anhand vergleichsweise einfacher Überlegungen zu Bewusstsein, Empfindungsfähigkeit und kognitiver Komplexität altersgerecht mit jüngeren Schüler:innen erarbeiten. Die Frage, welche Implikationen sich hieraus mit Blick auf individuelle

---

[8] Ein Beispiel hierfür wäre etwa das Kapitel „Tiere als Mit-Lebewesen" im Schulbuch *Denkträume wagen 1* des Cornelsen Verlags (Brüning und Henke 2020, 108), wenngleich hier zumindest kurz darauf mit Blick auf die ebenfalls als speziezistisch zu bewertende Position von Aristoteles kritisch erwähnt wird, dass wenigstens Wirbeltieren von einer Mehrheit der Philosoph:innen und Biolog:innen die Fähigkeit zur Schmerzempfindung zugesprochen wird.

[9] Ein Beispiel hierfür wäre etwa das Kapitel „Erst der Mensch, dann das Tier?" im Schulbuch *weiter denken Band A* des Schroedel Verlags (Sistermann 2017, 116).

Konsumentscheidungen ergeben, sollte demgegenüber erst in etwas älteren Jahrgangsstufen diskutiert werden. Das im Folgenden vorgestellte Unterrichtsvorhaben wäre entsprechend in leistungsstarken Lerngruppen ab der 8. Klasse umsetzbar.

Die dem Unterrichtsvorhaben zugrunde liegende Problemfrage lautet: *„Lässt sich Fleischkonsum moralisch rechtfertigen?"*. Um diese Frage als Ausdruck eines echten und relevanten Problems zu begreifen, sollten die Lernenden in der Hinführungs- und Fokussierungsphase mit folgenden zwei Tatsachen konfrontiert werden, die auf den ersten Blick in einer gewissen Spannung zueinander stehen: Auf der einen Seite ist dies die Tatsache, dass die aktuellen Produktionsbedingungen von Fleischprodukten in der Massentierhaltung moralisch eindeutig abzulehnen sind. Wenngleich diese Tatsache einigermaßen leicht ersichtlich ist und nicht allzu kontrovers sein sollte, ist es dennoch wichtig, darauf zu achten, dass sie von den Lernenden auf rationale Weise nachvollzogen wird. Insbesondere der Einsatz emotional aufgeladener Bilder und Videos, auf denen etwa leidende Tiere zu sehen sind, wäre unangemessen.[10] Stattdessen sollte an dieser Stelle mit Informationen zu artgerechter Haltung, tatsächlichen Haltungsbedingungen und Empfindungsfähigkeit bzw. kognitiv-emotionaler Komplexität von Nutztieren gearbeitet werden.[11] Diese Informationen legen das im höchsten Maße gerechtfertigte Urteil nahe, dass die Massentierhaltung aus moralischer Sicht eindeutig abzulehnen ist. Je nach Lerngruppe und Unterrichtssituation kann die moralische Signifikanz dieses Urteils auch durch vertiefende philosophische Überlegungen zusätzlich verdeutlicht werden. So könnte etwa – falls der Lerngruppe noch nicht bekannt – der

---

[10] Für eine Diskussion des hier leicht drohenden Überwältigungspotentials siehe Bussmann und Haase 2016.

[11] So könnte man etwa in dieser Phase schon die für den weiteren Verlauf charakteristische, exemplarische Fokussierung auf den Bereich der Geflügelhaltung vornehmen. Hierbei handelt es sich insofern um eine sinnvolle Fokussierung, als dass einerseits Hühner auch in Deutschland mit 156 Millionen Tieren im Jahr 2023 die mit Abstand größte Nutztiergruppe bilden (Bundesministerium für Ernährung und Landwirtschaft 2024). Andererseits werden jedoch selbst im Vergleich zu anderen Nutztieren die kognitiv-emotionalen Kapazitäten von Hühnern massiv unterschätzt. So neigen Menschen dazu, Hühnern ein vergleichsweise niedriges Intelligenzniveau zuzuschreiben (Eddy, Gallup und Povinelli 1993; Nakajima, Arimitsu und Lattal 2002; Phillips und McCulloch 2005) bzw. Hühner nicht einmal als vollwertige Vertreter der Klasse der Vögel zu akzeptieren (Malt und Smith 1984). Diese verbreitete Sichtweise auf Hühner als reine Massenware steht jedoch in einem starken Kontrast zu den Ergebnissen ihrer biologischen Beforschung (für eine Übersicht siehe etwa Marino 2017): So haben Hühner nicht nur ein ausgeprägtes Empfindungsvermögen, sondern auch Fähigkeiten der Selbstwahrnehmung und -kontrolle, des sozialen Lernens sowie grundlegende arithmetische und inferentielle Fähigkeiten, die Menschen erst in einem Alter von etwa 6 Jahren entwickeln. Sie haben ein Bewusstsein für Zeit und zeigen individuelle Persönlichkeitsmerkmale. Eine – gegebenenfalls interdisziplinär zu gestaltende – unterrichtliche Erarbeitung dieser biologischen und kognitionswissenschaftlichen Befunde und eine Kontrastierung dieser Befunde mit den realen Bedingungen der industriellen Geflügelhaltung würde im Sinne eines lebensweltlich-wissenschaftsorientierten Ansatzes (siehe etwa Bussmann 2024) die fachlich angemessene Fokussierung und lebensweltliche Anbindung der zugrunde liegenden philosophischen Problemfrage ermöglichen.

Speziezismus-Begriff eingeführt werden, um so mit den Lernenden zu erarbeiten, dass das immense Leid, das durch die Massentierhaltung verursacht wird, aus moralischer Sicht nicht weniger problematisch ist, nur weil es nicht von Menschen empfunden wird.

Auf der anderen Seite sollten Lernende mit der Tatsache konfrontiert werden, dass trotz der offenbaren Verwerflichkeit der Produktionsbedingungen nach wie vor viele Menschen Fleisch konsumieren, und dass ein solcher Konsum auch von vielen Moralphilosoph:innen als völlig vertretbar angesehen wird – und das, obwohl die grundsätzliche Verwerflichkeit der Produktionsbedingungen hier keineswegs bestritten wird. Insbesondere der letztgenannte Sachverhalt, der etwa anhand einer Präsentation und Diskussion der oben angesprochenen Meinungsverteilung unter professionellen Philosoph:innen erarbeitet werden kann, scheint dafür zu sprechen, dass es Möglichkeiten gibt, den individuellen Konsum von Fleischprodukten trotz der eindeutigen Verwerflichkeit der Produktionsbedingungen zu rechtfertigen. Doch worin bestehen diese Möglichkeiten konkret, und handelt es sich hierbei um plausible Möglichkeiten? Dies ist das Problem, das von den Lernenden im Folgenden bearbeitet werden soll.

In der intuitiven Problemlösephase sollen die Lernenden nun zunächst versuchen, eigene Rechtfertigungsmöglichkeiten für individuellen Fleischkonsum zu entwickeln. Zu diesem Zweck, und um nicht vorschnell in einen zu persönlich gefärbten Meinungsaustausch abzuleiten, können sie sich beispielsweise in eine Person hineinversetzen, die versucht, ihren eigenen Fleischkonsum bei gleichzeitigem Zugeständnis der moralischen Inakzeptabilität der Produktionsbedingungen gegenüber anderen zu verteidigen. So könnten Sie etwa selbständig folgenden fiktiven Dialog vervollständigen:

Miro und Ada gehen in der großen Pause in die Schulmensa, um gemeinsam zu Mittag zu essen. In der Schlange zur Essensausgabe entspinnt sich folgende Unterhaltung zwischen den beiden.

Miro:	Das riecht schon richtig lecker, ich glaube, ich nehme das Kohlrabischnitzel!
Ada:	Ich nehme das normale Schnitzel.
Miro:	Was meinst du mit „normal", etwa das Geflügelschnitzel?
Ada:	Ganz genau.
Miro:	Verstehe. Na gut, wenn du das mit deinem Gewissen vereinbaren kannst …
Ada:	Warum sollte ich das nicht mit meinem Gewissen vereinbaren können?
Miro:	Ist das nicht offensichtlich? Wir haben doch erst letztens in Erdkunde über die Haltungsbedingungen in der Massentierhaltung gesprochen. Weißt du nicht, dass Hühner dort in Käfige gesteckt werden, die kaum größer sind als …
Ada:	Doch, natürlich weiß ich das.

Miro:	Und das ist dir einfach egal?
Ada:	Das ist mir alles andere als egal, ich finde das wirklich schrecklich. Ich denke auch nicht, dass irgendjemand, der da einmal ernsthaft drüber nachgedacht hat, anderer Meinung sein kann.
Miro:	Und trotzdem bestellst du dir jetzt erst mal schön ein Hähnchenschnitzel?
Ada:	Jetzt ist aber auch mal gut! Pass auf, nur weil die Haltungsbedingungen in der Fleischproduktion eine moralische Katastrophe sind, heißt das noch lange nicht, dass ich jetzt auf einmal verpflichtet bin, auf Fleisch zu verzichten.
Miro:	Ach echt? Das musst du mir genauer erklären.

Eine mögliche Aufgabenstellung zu diesem Dialog könnte etwa lauten: „Wie könnte Ada ihren Standpunkt begründen? Verfasse eine Fortsetzung des Dialogs, in dem Ada ihren Fleischkonsum gegenüber Miro rechtfertigt. Diese Rechtfertigung sollte möglichst überzeugend sein. Berücksichtige jedoch auch, mit welchen Kritikpunkten Miro darauf reagieren könnte."

Als Ergebnis dieser bewusst offen gestalteten Erarbeitungsphase sind ganz verschiedene Begründungsansätze zu erwarten. So könnten einige Schüler:innen etwa Ada argumentieren lassen, dass sie selbst keine Verantwortung für die Gräuel der Massentierhaltung trage, sondern dass diese Verantwortung eher bei den entsprechenden Konzernen oder bei der Politik liege. Dieser Begründungsansatz ließe sich in der angeleiteten Problemlösung etwa anhand der philosophischen Debatte zu individuellen Verantwortlichkeiten für strukturelle Übel vertiefen (siehe bspw. Young 2010, 2011; Zheng 2018). Eine weitere Begründung, die Ada in den Mund gelegt werden könnte, wäre, dass fleischlose Ersatzprodukte aus moralischer Sicht ebenso problematisch sind wie Fleischprodukte – etwa, insofern sie in einer direkten Verbindung mit der Palmölproduktion und der damit einhergehenden Abholzung von Regenwäldern stehen. Ein solcher Begründungsansatz ließe sich prinzipiell ebenfalls ein Stück weit vertiefen, wobei eine nähere Beschäftigung mit den hier relevanten deskriptiven Zusammenhängen jedoch nicht zu weit vom normativen Kern der zugrunde liegenden Problemfrage wegführen sollte.

Ein dritter naheliegender Begründungsansatz, der im Folgenden exemplarisch vertieft werden soll, dreht sich um den erwartbaren *Unterschied*, den individuelle Konsumentscheidungen mit Blick auf strukturelle Übel machen. So könnte Ada etwa darauf hinweisen, dass es für das Fortbestehen der problematischen Produktionsbedingungen in der Massentierhaltung völlig irrelevant ist, ob sie persönlich in diesem Moment ein Kohlrabischnitzel oder ein Hähnchenschnitzel bestellt. Tatsächlich, so die naheliegende Vermutung, würde es wohl nicht einmal einen Unterschied machen, wenn Ada beschließen würde, sich von nun an *vollständig* vegetarisch zu ernähren.

Dieser Begründungsansatz ließe sich in der angeleiteten Problemlösung gewinnbringend anhand der philosophischen Debatte zum erwartbaren Nutzen individueller Konsumentscheidungen vertiefen. So wurde etwa die Sorge, dass ein persönlicher Verzicht auf Fleisch überhaupt keine nennenswerten Auswirkungen auf die produzierte Fleischmenge hat, auch in der Forschungsliteratur geäußert – beispielsweise schreibt Simon Gaus (Gaus 2013, 258):

> [Obwohl] [...] Produzenten ihre Produktion natürlich an Veränderungen in der Gesamt-nachfrage anpassen, werden minimale Nachfrageschwankungen in der Regel keinerlei Veränderung in der Produktion bewirken. Endproduzenten registrieren die Entscheidung eines einzelnen Käufers, ein Huhn zu kaufen oder nicht zu kaufen, oft gar nicht. Es ist deshalb für jede einzelne Kaufentscheidung sehr unwahrscheinlich, dass das Unterlassen dieses Kaufes irgendetwas am Verhalten der Endproduzenten geändert hätte. In aller Regel machen unsere einzelnen Kaufentscheidungen also keinen Unterschied für das Leben oder Wohlergehen auch nur eines einzelnen Tieres.

Mit Hilfe dieser Passage können Schüler:innen den intuitiv naheliegenden Verdacht, dass individuelle Verzichtentscheidungen wirkungslos sind, philosophisch genauer fassen und sinnvoll begründen: Das Problem, das hier letztendlich im Hintergrund steht, besteht nämlich darin, dass die großen Lieferketten, die an die Fleischproduktion der industriellen Massentierhaltung angebunden sind, nicht hinreichend sensitiv sind, um auf vergleichsweise kleine Schwankungen der Nachfrage, so wie sie durch individuelle Konsumentscheidungen verursacht werden, zu reagieren. Dieses Problem wird in der moralphilosophischen Literatur insbesondere mit Blick auf utilitaristische Theorien diskutiert, die auf den ersten Blick problematisch wirkende individuelle Konsumentscheidungen nur dann als moralisch problematisch bewerten können, wenn davon auszugehen ist, dass diese Entscheidungen tatsächlich schlechte Auswirkungen haben.

Die diesbezüglich naheliegende Skepsis, die in der obigen Passage von Gaus zum Ausdruck kommt und die auch von Seiten der Lernenden zu erwarten ist, sollte nun im weiteren Unterrichtsverlauf kritisch diskutiert werden. Als Grundlage für eine solche Diskussion böte sich etwa folgende Passage von Shelly Kagan an, in der er den *tatsächlichen* Nutzen eines persönlichen Konsumverzichts dem *erwartbaren* Nutzen eines solchen Verzichts gegenüberstellt (Kagan 2011, 121 ff., meine Übersetzung):

> [Stellen wir uns eine Metzgerei vor] [...], wo im Geflügelregal eine große Anzahl an Hähnchen zum Kauf bereitsteht. Intuitiv macht es für die Person, die die Metzgerei leitet, keinen Unterschied, ob ich eines dieser Hähnchen kaufe oder nicht. Der Metzger ist nicht aufmerksam genug, um genau zu wissen, wie viele Hähnchen er verkauft hat. Die Dinge wären ganz anders, wenn der Metzger jedes Mal, wenn ich ein Hähnchen kaufe, mit der Hühnerfarm telefonieren und sie anweisen würde, ein anderes Huhn [...] zu schlachten und rüberzuschicken. Dann würde offensichtlich jeder Kauf eines Hähnchens einen Unterschied machen. Und wenn man davon ausgeht (was ich als gegeben annehme), dass das Leiden, das ein Huhn erleidet (weil es unter den Bedingungen der heutigen Massentierhaltung aufgezogen wird), größer ist als der Genuss, den ich aus seinem Verzehr ziehe, würde daraus unmittelbar folgen, dass ich mit dem Kauf eines Hähnchens mehr Schaden anrichte als Nutzen.
> Aber diese Fantasie von einem Metzger, der meine Entscheidung, ein Hähnchen zu kaufen, genau registriert, ist genau das: eine Fantasie. In der realen Welt hat ein Metzger diese Art von Aufmerksamkeit nicht, was aber nicht bedeutet, dass er Verkaufszahlen

gegenüber völlig unaufmerksam ist. Er tut gut daran, die Anzahl der [...] verkauften Hähnchen in irgendeiner Form zu registrieren. Andernfalls hat er nämlich keine Ahnung, wie viele Hähnchen er für die nächste Lieferung bestellen muss. Vermutlich funktioniert das in etwa so: In einer Lieferung sind vielleicht 25 Hähnchen. Der Metzger schaut also nach, wann 25 Hähnchen verkauft wurden, um 25 weitere zu bestellen. [...] Für den Metzger macht es also keinen Unterschied, ob 7, 13 oder 23 Hähnchen verkauft wurden. Wenn jedoch 25 verkauft wurden, wird der Anruf bei der Hühnerfarm ausgelöst, und 25 weitere Hühner werden getötet [...]. In erster Näherung können wir also sagen, dass nur der 25. Käufer eines Hähnchens einen Unterschied macht. Es ist dieser Kauf, der die Reaktion des Schlachters auslöst, dieser Kauf, der zu mehr Hühnerleid führt. [...]

Nehmen wir an, die Metzgertheke wäre so verkabelt, dass eine rote Leuchte zu blinken beginnt (um den Metzger zu benachrichtigen), wenn das 25. Hähnchen gekauft worden ist. Und stellen Sie sich vor, dass kurz davor, wenn 24 Hähnchen gekauft wurden, die Leuchte gelb blinkt. In der übrigen Zeit leuchtet sie grün. Wenn Sie sich der Metzgertheke nähern und die Leuchte grün ist, könnten Sie ein Hähnchen kaufen und wüssten, dass Ihre Handlung keinen Unterschied machen würde. Der Metzger achtet einfach nicht darauf, wie viele Hähnchen gekauft werden, während die Leuchte grün ist. Wäre die Leuchte jedoch gelb, während Sie sich nähern, wüssten Sie: Wenn Sie ein Hähnchen kaufen, werden 25 weitere Hühner [...] geschlachtet. Sie würden wissen, dass der Kauf dieses Hähnchens einen erheblichen Unterschied machen würde [...].

Vermutlich verfügt Ihr Metzger nicht über eine solche Leuchte, so dass Sie, wenn Sie sich der Theke nähern, nicht wirklich wissen, ob Sie eine neue Bestellung auslösen [...]. Alles, was Sie wissen, ist, dass die Wahrscheinlichkeit, dass Ihr Kauf tatsächlich eine neue Bestellung auslöst, bei 1 zu 25 liegt [...] Das bedeutet natürlich, dass es sehr wahrscheinlich ist, dass Ihre Handlung keinen Einfluss auf das Leiden der Hühner haben wird. Wenn sich Ihre Handlung jedoch als auslösende Handlung erweist, beeinflussen Sie das Schicksal von nicht nur einem, sondern von 25 Hühnern. Sie haben also eine Chance von 1/25, das Leiden von 25 Hühnern zu beeinflussen. Bezogen auf das Leiden von Hühnern entspricht [...] [dies] dem Leiden eines Huhns.

Die grundlegende Idee, die Kagan in dieser Passage entwickelt, ist, dass eine Entscheidung für oder gegen einen individuellen Konsumverzicht nicht vom *tatsächlichen*, sondern vom *erwartbaren* Unterschied abhängen sollte, den solch eine Entscheidung macht. Während ein individueller Verzicht nun im hypothetischen Falle einer perfekten Nachfragesensitivität mit an Sicherheit grenzender Wahrscheinlichkeit einen – wenngleich auch sehr geringen – Unterschied macht, macht ein solcher Verzicht unter Bedingungen, die Kagan als realistisch ansieht, mit geringer Wahrscheinlichkeit einen sehr großen Unterschied. Um diesen Gedanken anhand der fiktiven Zahlen aus Kagans Beispiel zu veranschaulichen: Ob ich mit an Sicherheit grenzender Wahrscheinlichkeit dafür sorge, dass ein Huhn weniger geschlachtet wird, oder ob ich mit einer Wahrscheinlichkeit von 1 zu 25 dafür sorge, dass 25 Hühner weniger geschlachtet werden, macht aus einer handlungstheoretischen Perspektive keinen Unterschied. Diesen Gedanken können Lernende Schritt für Schritt erarbeiten, indem sie etwa folgende Tabelle ausfüllen:

Situation	Mit (i) welcher Wahrscheinlichkeit werden durch den Kauf eines Hähnchens (ii) wie viele Hühner zusätzlich geschlachtet?	
	(i) Wahrscheinlichkeit	(ii) Zusätzlich geschlachtete Hühner
Perfekt aufmerksamer Metzger, der jeden Kauf registriert		
Herkömmlicher Metzger mit Leuchte an der Theke (gelb)		
Herkömmlicher Metzger mit Leuchte an der Theke (grün)		
Herkömmlicher Metzger, keine Leuchte an der Theke		

Vor dem Hintergrund dieser Tabelle können die Schüler:innen dann diskutieren, worin die entscheidende Gemeinsamkeit zwischen den in den Zeilen 1 und 4 skizzierten Entscheidungssituationen besteht und ob diese Gemeinsamkeit wirklich entscheidend dafür ist, ob man als Einzelperson auf Fleischkonsum verzichten sollte. Im Rahmen einer solchen Diskussion wird unweigerlich die Frage aufkommen, ob Kagan überhaupt von einer realistischen Beschreibung der Entscheidungssituation ausgeht, in der sich individuelle Konsument:innen de facto befinden. Ist die Wahrscheinlichkeit, durch persönlichen Konsumverzicht den entscheidenden Ausschlag für einen großen Unterschied zu geben, tatsächlich so hoch, wie Kagan behauptet? Als Grundlage für eine vertiefte Diskussion dieser Frage böte sich etwa folgender fiktiver Fall an:

Meta ist Metzgermeisterin und betreibt eine kleine Metzgereikette. Die Spezialität dieser Metzgereikette sind Brathähnchen. Der Einkauf der Hühner wird dabei folgendermaßen kalkuliert: Wenn 500–1000 Brathähnchen in einer Woche verkauft werden, werden für die nächste Woche 1000 Hühner bestellt, wenn 1000–1500 Brathähnchen verkauft werden, werden 1500 Hühner bestellt usw. Die Nachfrage an Brathähnchen liegt seit Jahren stabil zwischen 2200 und 2400 Brathähnchen pro Woche, sodass jede Woche 2500 Brathähnchen bestellt werden. Marek kauft sich jeden Freitag zum Start in das Wochenende ein Brathähnchen. Er ist Stammkunde in der örtlichen Filiale von Metas Metzgereikette. Seit er eine Doku über die Produktionsbedingungen in der Massentierhaltung gesehen hat, überlegt er jedoch, ob es nicht besser wäre, darauf zu verzichten.

Dieser Fall verdeutlicht ein Problem, auf das auch in der philosophischen Literatur als Reaktion auf Kagans Argumentation hingewiesen worden ist (siehe etwa Gaus 2013): Die Wahrscheinlichkeit, durch persönlichen Konsumverzicht den entscheidenden Ausschlag für einen großen Unterschied zu geben, ist nur dann hinreichend hoch, wenn auch die Gesamtnachfrage sinkt. Ist die Gesamtnachfrage jedoch stabil – oder sogar steigend -, ist dies von Vornherein ausgeschlossen. Auf den obigen Fall angewandt: Nur wenn die Nachfrage nach Brathähnchen insgesamt sinken würde, hätte Marek Grund zur Annahme, dass sein persönlicher Verzicht mit einer gewissen Wahrscheinlichkeit den entscheidenden Unterschied machen könnte, der dazu führt, dass wöchentlich 500 Hühner weniger bestellt werden.

Unter Berücksichtigung dieser Differenzierung können Schüler:innen zu einem fundierten Urteil darüber gelangen, unter welchen Bedingungen individuelle Konsumentscheidungen welchen erwartbaren Nutzen bringen. In der abschließenden Sicherungsphase sollten sie dann unter Einbezug der in der intuitiven Problemlösung entwickelten Begründungsansätze und etwaiger zusätzlicher in der angeleiteten Problemlösung erarbeiteter Ansätze beurteilen, ob individueller Fleischkonsum trotz der moralischen Verwerflichkeit der Produktionsbedingungen rechtfertigbar ist. In einer möglichen Vertiefungsphase könnte schließlich reflektiert werden, inwiefern eine Beantwortung dieser Frage auch Implikationen mit Blick auf ähnlich gelagerte Zusammenhänge zwischen individuellem Verhalten und strukturellen Prozessen hat, etwa mit Blick auf Fragen des persönlichen Wahlverhaltens oder mit Blick auf klimaethische Fragestellungen.

4.3   Ethischer Egoismus

4.3.1   Vorüberlegungen

Anhand der obigen beiden Unterrichtsskizzen wurden bereits zwei wichtige Implikationen der Wissensvermittlungskonzeption für die unterrichtliche Praxis veranschaulicht: Anhand des Themas der moralischen Bewertung von Schwangerschaftsabbrüchen wurde verdeutlicht, dass es manche – für den Philosophie- und Ethikunterricht durchaus einschlägige – moralische Probleme gibt, die in der philosophischen Forschung weitaus weniger kontrovers sind, als man auf den ersten Blick meinen könnte, und die dementsprechend auch im schulischen Unterricht weniger kontrovers erscheinen sollten, als dies üblicherweise der Fall ist. Anhand des Themas der Tierethik wurde darüber hinaus verdeutlicht, dass es mit Blick auf solche moralische Problemfragen, die kontrovers in der philosophischen Forschung diskutiert werden, wichtig ist, den tatsächlichen Kern der zugrunde liegenden Kontroverse genau herauszuarbeiten und dementsprechend im Rahmen einer offenen unterrichtlichen Diskussion dieser Kontroverse auch nur solche Positionen erarbeiten zu lassen, die in diesem Zusammenhang als einschlägig gelten können.

Im Folgenden möchte ich nun abschließend anhand einer weiteren Unterrichtsskizze eine dritte wichtige Implikation der Wissensvermittlungskonzeption veranschaulichen. Diese Implikation bezieht sich auf die Wahl der jeweiligen Problemfrage, unter der kontroverse Positionen im Unterricht erarbeitet werden sollten. Die leitende Überlegung ist dabei, dass sich philosophische Kontroversen oftmals vor dem Hintergrund geteilter Annahmen und tieferliegender Konsense entwickeln, die in unterrichtlichen Kontexten nicht einfach vorausgesetzt werden können und dementsprechend explizit erarbeitet werden sollten.

Um diese Implikation in ihrer unterrichtspraktischen Bedeutung zu veranschaulichen, werde ich mich exemplarisch auf die Kontroverse zwischen verschiedenen Theorien normativer Ethik beziehen. Wie wir in Abschn. 3.1.3 gesehen haben, ist es zwar in der philosophischen Forschung nicht unumstritten, ob bzw. inwiefern hier tatsächlich eine genuine Kontroverse im Sinne eines Vorliegens inkompatibler Positionen vorliegt – die auch für den schulischen Kontext nach wie vor einschlägige Standardauffassung ist jedoch, dass wir es bei klassischen Theorieansätzen normativer Ethik wie Deontologie, Konsequentialismus oder Tugendethik mit einander widersprechenden Moralauffassungen zu tun haben. So gehört beispielsweise eine unterrichtliche Gegenüberstellung der Ethik Kants und utilitaristischer Moraltheorien zum klassischen Repertoire des Philosophie- und Ethikunterrichts in der gymnasialen Oberstufe. Gleichzeitig haben wir jedoch auch bereits gesehen, dass es sich bei den verschiedenen Theorien normativer Ethik selbst dann, wenn wir es mit einer genuinen Kontroverse zu tun haben, nicht um völlig unterschiedliche Moralauffassungen, sondern um verschiedene Ausformulierungen eines gemeinsamen Grundgedankens handelt – nämlich des Gedankens der *Unparteilichkeit*.

Während dieser gemeinsame Grundgedanke nun aus einer moralphilosophischen Perspektive vergleichsweise unspektakulär erscheinen mag, ist er für didaktische Kontexte durchaus relevant: So ist keineswegs davon auszugehen, dass Kinder und Jugendliche die Idee, dass zwei Situationen, die sich lediglich in der Identität der beteiligten Personen unterscheiden, moralisch gleich zu bewerten sind, für selbstverständlich oder auch nur für sonderlich plausibel halten. Ein Grund hierfür ist, dass diese Idee im direkten Widerspruch zu egoistischen Positionen steht, die sich unter philosophischen Lai:innen durchaus einer gewissen Beliebtheit erfreuen. In der philosophischen Literatur wird in diesem Zusammenhang zwischen drei verschiedenen Spielarten einer egoistischen Sichtweise unterschieden (siehe hierzu und zum Folgenden Shaver 2023): Eine als *psychologischer Egoismus* bezeichnete Position besagt im Kern, dass Menschen bei ihren Entscheidungen und Handlungen de facto lediglich das eigene Wohlergehen als ultimatives Ziel voraussetzen und verfolgen. Hierbei handelt es sich also um eine rein deskriptive – und empirisch wenig plausible – These darüber, wie Menschen sich verhalten. Aus philosophischer Sicht interessanter sind nun normative Spielarten einer egoistischen Sichtweise, die etwas darüber aussagen, wie sich Menschen verhalten *sollten*: Eine erste Spielart ist hier der *ethische Egoismus*, der im Kern besagt, dass man eine Handlung aus moralischer Sicht genau dann ausführen sollte, wenn diese Handlung im eigenen Selbstinteresse ist. Eine hiervon verschiedene, wenngleich eng verwandte zweite Position ist der rationale Egoismus, der sich nicht auf moralische Gründe beschränkt und besagt, dass man eine Handlung genau dann ausführen sollte, wenn diese Handlung im eigenen Selbstinteresse ist.

Didaktisch entscheidend ist nun, dass normative Spielarten des Egoismus in der philosophischen Forschung kaum vertreten werden, in der breiteren Öffentlichkeit jedoch durchaus eine Rolle spielen. Aus philosophischer Sicht ist es dabei nicht nur so, dass diese Theorien von Vornherein sämtlichen klassischen Theorien normativer

Ethik widersprechen – schließlich folgt aus dem Grundgedanken der Unparteilich-keit bereits, dass man seinen eigenen Interessen oder seinem eigenen Wohlergehen keinen privilegierten Status zuweisen sollte, nur weil es sich dabei um die Interes-sen oder das Wohlergehen einer bestimmten Person (nämlich der eigenen) handelt. Darüber hinaus sind diese Theorien auch mit schwerwiegenden Einwänden kon-frontiert (für eine Übersicht siehe Shaver 2023) und letztendlich ist nicht einmal klar, ob sie *überhaupt* von kanonischen Autor:innen vertreten wurden.[12]

Demgegenüber spielen normativ egoistische Theorien im öffentlichen Diskurs durchaus eine Rolle. Der hier zutage tretende Kontrast zwischen philosophischer Forschung und außerakademischer Öffentlichkeit lässt sich sinnbildlich anhand der wohl prominentesten Vertreterin eines normativen Egoismus veranschaulichen: Ayn Rand. Während Rand in der akademischen Philosophie kaum eine Rolle spielt und vermutlich von den meisten Philosoph:innen überhaupt nicht als genuin philo-sophische Autorin angesehen wird, handelt es sich zumindest in den USA nach wie vor um eine der meistgelesenen politischen Autor:innen. Die Verkaufszahlen ihrer Werke haben sich in den ersten zehn Jahren nach der Weltwirtschaftskrise 2008 verdreifacht, zu deren prominenten Befürworter:innen Celebrities wie Brad Pitt, Eva Mendes oder Ted Cruz gehören (Mintz 2018).

Unabhängig von diesem spezifischen Kontext ist auf einer grundsätzlicheren Ebene als wichtiger Faktor hinsichtlich der öffentlichen Verbreitung egoisti-scher Ansichten der Einfluss des Neoliberalismus auf gesellschaftliche Diskurse zu nennen (für eine ausführlichere Diskussion siehe etwa Spiegel 2015; Zorn 2024, Kap. 3). Ohne an dieser Stelle potentiell kontroverse politische Positionie-rungen vorauszusetzen, dürfte zumindest unstrittig sein, dass (i) ein spezifisches Menschenbild, nach dem Gesellschaften letztendlich nichts anderes als An-sammlungen solitärer Individuen sind, die nach einer Maximierung ihres je eigenen Nutzens streben, für den Neoliberalismus kennzeichnend ist und dass (ii) die Ver-breitung dieses Menschenbildes durch neoliberale Netzwerke und Think Tanks wie etwa der *Mont Pèlerin Society* oder der *Heritage Foundation* aktiv vorangetrieben wird. Zwar handelt es sich hierbei zunächst lediglich um eine Ausformulierung des psychologischen Egoismus – dass davon ausgehend weitreichende politische Forde-rungen abgeleitet werden, zeigt jedoch, dass diese zunächst rein deskriptive Sicht-weise hier zumindest auf impliziter Ebene auch normativ legitimiert wird.

Wenngleich normativ egoistische Ansichten – glücklicherweise – vermutlich nicht gesellschaftlich mehrheitsfähig sind, prägen sie also dennoch viele öffentliche Diskurse und gelten dort als Ausdruck einer ernstzunehmenden oder zumindest ver-tretbaren philosophischen Position. Vor dem Hintergrund der Wissensvermittlungs-konzeption wäre es dementsprechend wünschenswert, Lernende darüber aufzuklären, dass es sich hierbei um keine philosophisch tragfähige Position handelt und dass diese

---

[12] So wurde in der philosophischen Literatur verschiedentlich der Verdacht geäußert, dass die meisten vermeintlichen Vertreter:innen normativ egoistischer Theorien tatsächlich entweder lediglich einen psychologischen Egoismus vertreten haben oder aber von der zusätzlichen An-nahme ausgegangen sind, dass Gott sicherstellt, dass es immer im eigenen Interesse ist, mora-lisch zu handeln (Shaver 2023).

Position auch keine nennenswerte Rolle in der philosophischen Forschung spielt. Eine aus didaktischer Sicht naheliegende Umsetzungsmöglichkeit bestünde nun darin zu erarbeiten, dass der normative Egoismus mit sämtlichen klassischen Theorien normativer Ethik unvereinbar ist. Das würde wiederum bedeuten, diese Theorien nicht in erster Linie mit Blick auf ihre Unterschiede, sondern mit Blick auf ihre Gemeinsamkeiten einzuführen. Um eine solche Erarbeitung klassischer Moraltheorien in unterrichtlichen Kontexten zu ermöglichen, bedarf es allerdings der Formulierung einer geeigneten Problemfrage, auf die diese Theorien auch tatsächlich dieselbe, oder wenigstens hinreichend ähnliche Antworten liefern. Im Folgenden soll ein konkretes Unterrichtsvorhaben auf der Grundlage einer solchen Problemfrage skizziert werden.

4.3.2 Eine Unterrichtsskizze

Bei der folgenden Unterrichtsskizze handelt es sich um die grobe Darstellung einer am Bonbonmodell philosophischer Lernprozesse (Sistermann 2016) orientierten Sequenz zum normativen Egoismus, die in der gymnasialen Oberstufe umgesetzt werden kann. Die dieser Sequenz zugrunde liegende Problemfrage lautet: *„Darf man sich selbst immer an erste Stelle setzen?"* Diese Problemfrage kann vermutlich vergleichsweise zügig eingeführt werden, etwa anhand der offenen Diskussion eines Zitats oder Sprichworts, das eine egoistische Sichtweise zum Ausdruck bringt, wie etwa *„Jeder ist sich selbst der Nächste"* oder *„Wenn jeder an sich denkt, ist an alle gedacht"*. In der intuitiven Problemlösungsphase sollen die Lernenden dann anhand einer Beschäftigung mit verschiedenen Fallbeispielen eigene Hypothesen darüber formulieren, ob bzw. unter welchen Umständen es vertretbar ist, seine Handlungen und Entscheidungen am eigenen Wohlergehen auszurichten. Mögliche Beispiele wären etwa folgende:

> Julia hat eine Festanstellung bei einer Versicherungsgesellschaft. Sie ist nicht unzufrieden in ihrem Job, hat nette Kolleg:innen und verdient gut, empfindet die Arbeit aber auch nicht als erfüllend. Deshalb bewirbt sie sich auf eine Stelle als Lektorin bei einem kleinen Verlag – und ist überglücklich, als sie die Zusage erhält. Dann erfährt sie jedoch durch Zufall, dass Martin, ein entfernter Bekannter von ihr, den sie seit Jahren nicht mehr gesehen hat, sich ebenfalls auf die Stelle beworben hat und auf dem zweiten Platz gelandet ist. Martin ist alleinerziehender Vater und versucht bereits seit längerer Zeit vergeblich, einen festen Job zu finden. Entscheidet sich Julia für die Stelle, droht Martin die Arbeitslosigkeit. Entscheidet sie sich dagegen, kriegt Martin den Job. Nach einiger Überlegung entscheidet Julia, ihre eigenen Wünsche nicht zurückzustellen und nimmt den Job.

> Ole ist Teilnehmer an einer neuen Fernseh-Quizshow. Das Preisgeld beträgt 500.000 Euro und es gelten die folgenden Spielregeln: Sollte Ole alle Fra-

gen richtig beantworten, hat er die Wahl zwischen zwei Optionen. Entweder er entscheidet sich, das Preisgeld an wohltätige Zwecke zu spenden. In diesem Fall verdoppelt der TV-Sender den Gewinn, sodass insgesamt 1000.000 Euro gespendet werden – eine Summe, mit der viele Menschenleben gerettet werden können. Oder er entscheidet sich, das Preisgeld selbst einzustreichen und bekommt 500.000 Euro. In diesem Fall verzichtet auch der TV-Sender auf eine entsprechende Spende. Ole beantwortet alle Fragen richtig und überlegt, was er tun soll. Da er aufgrund eines Hauskaufs verschuldet ist und das Geld deshalb selbst gut gebrauchen kann, entscheidet er sich letztendlich für die zweite Option.

Meryem arbeitet neben ihrem Studium als Webdesignerin. Aus Langeweile, und um sich einen Scherz zu erlauben, hat sie eine Fake-Website entwickelt und online gestellt, auf der eine fiktive Hilfsorganisation um Spenden bittet. Die Seite ist dabei absichtlich so aufgemacht, dass der Betrug möglichst offensichtlich ist. Dementsprechend geht Meryem auch nicht ernsthaft davon aus, dass wirklich jemand darauf hineinfällt. Doch nach einiger Zeit – Meryem hatte schon fast vergessen, dass die Website überhaupt online ist – bekommt sie tatsächlich eine E-Mail von einer alten Frau, die sich auf den fiktiven Spendenaufruf bezieht und Meryem ihre Kreditkartendaten nennt. Meryem hat zunächst Skrupel, aber denkt sich dann, dass der fiktive Spendenaufruf so offensichtlich ein Betrug war, dass die alte Frau selbst schuld ist, wenn sie darauf hereinfällt. Also benutzt sie die Kreditkartendaten der alten Frau dazu, sich online teure Designerschuhe zu kaufen.

Marco wurde im Schlaf von einer terroristischen Organisation betäubt und entführt und wacht nun gefesselt in einem fensterlosen Kellerraum auf. Neben ihm sieht er, ebenfalls gefesselt, ein junges Paar mit ihrem kleinen Sohn. Marcos Entführer kommen herein und erklären ihm die Situation: Marco soll die dreiköpfige Familie umbringen. Willigt er ein, wird er nach der Tat frei gelassen. Zudem wird ihm in diesem Fall ein Medikament verabreicht, das dafür sorgt, dass er sich an seine Tat nicht mehr erinnern wird. Willigt er jedoch nicht ein, wird die Familie freigelassen und er selbst umgebracht. Marco weiß zunächst nicht, was er in dieser verzweifelten Lage tun soll, entscheidet sich dann jedoch schweren Herzens dafür sein eigenes Leben zu retten und willigt ein.

Die obigen Fallbeispiele weisen einige wichtige Gemeinsamkeiten und Unterschiede auf. Eine erste Gemeinsamkeit besteht darin, dass die Protagonist:innen in allen Fällen egoistisch handeln und ihr eigenes Wohlergehen den ausschlaggebenden Faktor ihrer Entscheidungen darstellt. Eine zweite Gemeinsamkeit besteht darin, dass die Entscheidungen der Protagonist:innen zumindest in dem Sinne nicht offensichtlich zu verurteilen sind, als dass sie nicht auf reiner Böswilligkeit beruhen. Es ist dementsprechend davon auszugehen, dass sich bei vielen, vielleicht sogar bei allen Fällen einige Schüler:innen finden, die das jeweilige Verhalten für akzeptabel halten.

Gleichzeitig bestehen jedoch auch eindeutige Unterschiede zwischen den verschiedenen Fällen. Ein erster, offensichtlicher Unterschied besteht entlang der Unterscheidung zwischen Handlungen und Unterlassungen. Während sich etwa Meryem und Marco dazu entscheiden, anderen Personen aktiv zu schaden, entscheiden sich Julia und Ole lediglich dagegen, anderen Personen zu helfen. Ein weiterer wichtiger Unterschied besteht hinsichtlich dessen, was für die Protagonist:innen auf der einen Seite und für die weiteren durch die Entscheidung betroffenen Personen auf der anderen Seite jeweils auf dem Spiel steht: Während es in dem Fall von Marco etwa um Leben und Tod geht, geht es in dem Fall von Julia lediglich darum, wer einen Job bekommt. Angesichts dieser Gemeinsamkeiten und Unterschiede eignen sich die obigen Fälle hervorragend dazu, die Schüler:innen eigene Hypothesen über die spezifischen Bedingungen formulieren zu lassen, unter denen egoistisches Handeln vertretbar ist.

In der darauffolgenden Phase der angeleiteten Problemlösung sollen diese Hypothesen dann mit Ansätzen aus der philosophischen Forschung konfrontiert werden. Das grundlegende Anliegen ist es dabei wie gesagt, deutlich werden zu lassen, dass verschiedene klassische Theorien normativer Ethik bei allen Unterschieden dennoch eine gemeinsame und eindeutige Antwort hinsichtlich der zugrunde liegenden Problemfrage nahelegen. Eine Möglichkeit, dieses Anliegen umzusetzen, bestünde etwa darin, die obigen Fallbeispiele zunächst weiterhin zum Bezugspunkt des unterrichtlichen Geschehens zu machen und verschiedene philosophische Ansätze auf diese Beispiele anzuwenden. Um den roten Faden nicht aus den Augen zu verlieren, würde es sich in diesem Zusammenhang vermutlich anbieten, sich auf konkrete Moralprinzipien zu konzentrieren, die vergleichsweise einfach erarbeitet und angewandt werden können, ohne dabei im Detail auf die Theoriebildung im Hintergrund dieser Prinzipien einzugehen. Offensichtlich anbieten würden sich hier beispielsweise die Goldene Regel, Singers Prinzip der gleichen Interessenabwägung und Kants Kategorischer Imperativ – sofern letzterer den Schüler:innen noch nicht bekannt ist, würde sich vermutlich die Selbstzweckformel am besten eignen.

Ein wesentliches Ergebnis der Anwendung auf die obigen Fallbeispiele dürfte die Erkenntnis sein, dass diese Prinzipien zwar nicht in allen Fällen zu demselben Urteil kommen, dass aber keines der Prinzipien die Entscheidungen in allen Fällen als akzeptabel ausweist. Während vor dem Hintergrund des Prinzips der gleichen Interessenabwägung – abhängig von den jeweils zu ergänzenden Details – potentiell alle vier Entscheidungen als inakzeptabel zu bewerten sind, dürften die

Goldene Regel und der Kategorische Imperativ zumindest die Entscheidungen
von Meryem und Marco verurteilen. Dementsprechend implizieren alle drei Prinzipien eine eindeutig negative Antwort auf die zugrunde liegende Problemfrage:
Man darf sich selbst nicht immer an erste Stelle setzen. In einem weiteren Schritt
sollte dann mit den Schüler:innen eine tiefere Erklärung dafür erarbeitet werden,
dass die verschiedenen Moralprinzipien bei allen Unterschieden eine gemeinsame
Ablehnung des normativen Egoismus nahelegen. Die zu erarbeitende Erklärung
ist hier, dass diese Konvergenz dadurch zustande kommt, dass es sich bei den
verschiedenen Moralprinzipien um verschiedene Ausformulierungen eines gemeinsamen Gedankens der Unparteilichkeit handelt.

Um die jeweiligen Zusammenhänge zwischen dem Unparteilichkeitsgedanken
und den verschiedenen Moralprinzipien nachvollziehen zu können, müssen die
Schüler:innen diesen Gedanken erst in seinen Grundzügen erarbeiten. Zunächst
würde es sich anbieten, diesen Gedanken den Schüler:innen einfach zu präsentieren – etwa in der folgenden, simplen Formulierung von Tim Henning (Henning
2019, 21):

> **Unparteilichkeit:** Wenn sich zwei Situationen lediglich in der Identität der beteiligten
> Personen unterscheiden, so sind diese Situationen moralisch gleich zu beurteilen.

Auf dieser Grundlage können die Schüler:innen in einem ersten Schritt spontane
Reaktionen äußern und Rückfragen stellen. Wichtig ist es, in jedem Fall ein basales Verständnis des Unparteilichkeitsgedankens zu erarbeiten, bevor die Frage
nach seiner Begründung gestellt wird. Warum sollte man das Prinzip der Unparteilichkeit überhaupt akzeptieren? Zur Beantwortung dieser Frage sollen die
Schüler:innen die in der moralphilosophischen Forschung prominente Überlegung
nachvollziehen, dass das Prinzip der Unparteilichkeit im Einklang mit anderen
Neutralitätsprinzipien steht, die wir im Alltag wie selbstverständlich akzeptieren. So sind wir im Alltag etwa neutral gegenüber der zeitlichen Verteilung von
Übeln, die uns widerfahren: Wenn wir die Wahl haben, in einer Woche ein geringfügiges Übel, oder in einem Monat ein schwereres Übel zu erleiden, dann wäre es
klarerweise irrelevant, dass das schwerere Übel uns erst zu einem späteren Zeitpunkt widerfährt. Derek Parfit spitzt diesen Gedanken in seinem berühmten Gedankenexperiment der Indifferenz gegenüber zukünftigen Dienstagen zu, das auch
mit Schüler:innen problemlos erarbeitet werden kann (Parfit 1984, 123 f., meine
Übersetzung):

> Stellen wir uns einen Hedonisten vor, der großen Wert auf sein zukünftiges Wohlergehen
> legt. Mit einer Ausnahme sind ihm alle Teile seiner Zukunft gleich wichtig. Diese Ausnahme besteht darin, dass er eine Zukünftige-Dienstage-Indifferenz hat. An allen Dienstagen kümmert er sich zwar auf normale Weise um das, was mit ihm geschieht. Aber er
> kümmert sich nie um mögliche Schmerzen oder Vergnügen an einem *zukünftigen* Dienstag. So würde er sich für eine schmerzhafte Operation am nächsten Dienstag entscheiden
> und nicht für eine viel weniger schmerzhafte Operation am nächsten Mittwoch. Diese
> Entscheidung wäre nicht das Ergebnis einer falschen Überzeugung. Der Mann weiß,
> dass die Operation viel schmerzhafter sein wird, wenn sie am Dienstag stattfindet. Er hat
> auch keine falschen Vorstellungen über seine persönliche Identität. Er weiß, dass er es

ist, der am nächsten Dienstag leiden wird. Er hat auch keine falschen Vorstellungen von der Zeit. Er weiß, dass der Dienstag lediglich Teil eines konventionellen Kalenders, mit einem willkürlich gewählten Namen ist [...]. Er hat auch keine anderen Überzeugungen, die seine Gleichgültigkeit gegenüber dem Schmerz an künftigen Dienstagen rechtfertigen könnten. Diese Gleichgültigkeit ist eine bloße Tatsache. Wenn er seine Zukunft plant, ist es einfach so, dass er immer die Aussicht auf großes Leid an einem Dienstag dem geringsten Schmerz an irgendeinem anderen Tag vorzieht.

Das Verhalten dieses Mannes ist irrational. Warum zieht er die Qualen am Dienstag den leichten Schmerzen an einem anderen Tag vor? Ganz einfach, weil die Qualen an einem Dienstag auftreten werden. Doch das ist kein Grund. Wenn jemand zwischen Qualen am Dienstag und leichten Schmerzen am Mittwoch wählen muss, ist die Tatsache, dass die Qualen an einem Dienstag auftreten, kein Grund, sie vorzuziehen. Ohne Grund den schlimmeren von zwei Schmerzen zu bevorzugen, ist irrational.

Man könnte einwenden, dass es keinen Sinn macht darüber zu diskutieren, ob die Präferenzen dieses Mannes irrational sind, weil sie rein imaginär und völlig bizarr sind. Ich werde daher zwei andere Einstellungen vergleichen, die man zu der Zeit haben kann. Die eine ist sehr verbreitet: die Sorge um die nähere Zukunft. Wir nennen dies die Voreingenommenheit gegenüber der nahen Zukunft. Jemand mit dieser Neigung kann sich bewusst dafür entscheiden, einige Wochen später schlimmere Schmerzen zu haben als heute Nachmittag geringere Schmerzen. Eine solche Entscheidung wird häufig getroffen. Doch wenn der schlimmere von zwei Schmerzen weiter in der Zukunft liegen würde, kann das allein ein Grund dafür sein, sich für diesen Schmerz zu entscheiden? Ist die Bevorzugung der nahen Zukunft nicht irrational? Viele Autoren behaupten, dass dies der Fall ist.

Betrachten wir als Nächstes jemanden, der sich auf das nächste Jahr konzentriert. Dieser Mann kümmert sich gleichmäßig um seine Zukunft im Laufe des nächsten Jahres, kümmert sich aber nur halb so viel um den Rest seiner Zukunft. Auch hier hat dieser Mann keine falschen Vorstellungen über die Zeit, die persönliche Identität oder irgendetwas anderes. Er weiß, dass er in mehr als einem Jahr noch genauso lebendig sein wird und dass die Schmerzen in späteren Jahren genauso schmerzhaft sein werden.

Ausgehend von dieser Überlegung haben nun verschiedene Autor:innen dafür argumentiert, dass eine Zurückweisung des Prinzips der Unparteilichkeit auf eine inkohärente Kombination von Positionen hinausläuft (siehe etwa Nagel 1979; Parfit 1984, Teil 2; Sidgwick 1907, 418 f.). Dies lässt sich unmittelbar anhand einer egoistischen Sichtweise illustrieren: Die Vertreter:in einer egoistischen Sichtweise müsste vermutlich – vor dem Hintergrund der obigen Überlegungen – auch akzeptieren, dass das Prinzip der Unparteilichkeit zumindest auf einer zeitlichen Ebene gilt. Doch welchen Grund könnte es geben, auf einer zeitlichen Ebene dieses Prinzip zu akzeptieren und es gleichzeitig auf einer interpersonalen Ebene zurückzuweisen? Henry Sidgwick formuliert diese Überlegung folgendermaßen (Sidgwick 1907, 418 f., meine Übersetzung):

Vom abstrakten Standpunkt der Philosophie aus sehe ich nicht ein, warum das Prinzip des Egoismus eher unangefochten bleiben sollte als das Prinzip des Universalismus. Ich sehe nicht ein, warum das Axiom der Klugheit nicht in Frage gestellt werden sollte, wenn es der gegenwärtigen Neigung widerspricht, und zwar aus einem ganz ähnlichen Grund, aus dem die Egoisten das Axiom des rationalen Wohlwollens nicht anerkennen. Wenn der Utilitarist die Frage beantworten muss: „Warum sollte ich mein eigenes Glück für das größere Glück eines anderen opfern?", muss es doch erlaubt sein, den Egoisten zu fragen: „Warum sollte ich ein gegenwärtiges Vergnügen für ein größeres in der Zukunft opfern?

Warum sollte ich mich um meine eigenen zukünftigen Gefühle mehr kümmern als um die Gefühle anderer Personen?

Insofern die alleinige Tatsache, dass mir ein zukünftiges Übel an einem bestimmten Wochentag widerfahren wird, für sich genommen irrelevant ist, scheint also auch die alleinige Tatsache, dass ein spezifisches Übel mir – und nicht einer anderen Person – widerfährt, für sich genommen irrelevant. Vor dem Hintergrund einer Erarbeitung dieses Grundgedankens hinter dem Prinzip der Unparteilichkeit können die Schüler:innen nun in einem weiteren Schritt untersuchen, inwieweit auch die verschiedenen zuvor angewandten Moralprinzipien als Unparteilichkeitsprinzipien interpretiert werden können. Ein möglicher Arbeitsauftrag könnte etwa lauten: *„Erläutern Sie jeweils, inwiefern eine Person, die bei ihren Entscheidungen und Handlungen davon ausgeht, dass ihre eigenen Interessen wichtiger sind als die Interessen anderer Personen, gegen (a) das Prinzip der gleichen Interessenabwägung, (b) die Goldene Regel und (c) den Kategorischen Imperativ verstößt."*

Mit Blick auf das Prinzip der gleichen Interessenabwägung dürfte dieser Arbeitsauftrag den Schüler:innen vergleichsweise leicht fallen: Eine Person, die den eigenen Interessen eine besondere Bedeutung beimisst, gibt offensichtlich nicht – so wie von diesem Prinzip gefordert – den Interessen aller Personen, die von ihren Handlungen betroffen sind, das gleiche Gewicht. Mit Blick auf die Goldene Regel und den Kategorischen Imperativ sind die Zusammenhänge etwas komplizierter, allerdings immer noch hinreichend geradlinig, um selbständig von Schüler:innen expliziert werden zu können: Wer seinen eigenen Interessen eine besondere Bedeutung beimisst, der wird beispielsweise Frustrationen fremder Interessen als akzeptabel bewerten, die er hinsichtlich seiner eigenen Interessen nicht akzeptieren würde und dementsprechend gewillt sein andere Personen so zu behandeln, wie er selbst nicht behandelt werden möchte – was dem Prinzip der Goldenen Regel unmittelbar zuwiderläuft. Ähnliches gilt mit Blick auf den Kategorischen Imperativ: Personen, die ihren eigenen Interessen besondere Bedeutung beimessen, werden im Falle eines Interessenkonflikts, in dem die Erfüllung eigener Interessen nur durch eine Frustration fremder Interessen erreicht werden kann, gewillt sein, fremde Interessen den eigenen Interessen unterzuordnen – und somit andere Personen als Mittel zum Zweck der Erfüllung des Eigeninteresses zu gebrauchen.

Sind diese Zusammenhänge zufriedenstellend erarbeitet, sollen die Schüler:innen in der Sicherungsphase die in der intuitiven Problemlösungshase entwickelten eigenen Hypothesen zu den philosophischen Ansätzen in Beziehung setzen und vor diesem Hintergrund diskutieren. Zu diesem Zweck wäre es etwa sinnvoll, diese Hypothesen dahingehend zu befragen, ob auch hier ein Gedanke der Unparteilichkeit zum Ausdruck kommt. Zum Abschluss des Unterrichtsvorhabens sollte in einer Vertiefungsphase vor dem Hintergrund der zu Beginn aufgeworfenen Problemfrage noch einmal deutlich herausgearbeitet werden, dass klassische philosophische Ansätze bei aller Verschiedenheit im Kern eine gemeinsame Antwort auf diese Frage nahelegen, die unmittelbare praktische

Konsequenzen hat. An dieser Stelle würde es sich etwa anbieten, die bereits in Abschn. 3.1.3 zitierte Passage von Susan Wolf einzusetzen (nach Wolf 1982, 436 f., meine Übersetzung):

> Der moralische Standpunkt, so könnte man sagen, ist der Standpunkt, den man einnimmt, insofern man die Tatsache, dass man selbst nur eine Person unter vielen anderen ist, die ebenso die guten Dinge im Lebens verdienen, als eine Tatsache mit praktischen Konsequenzen anerkennt – als eine Tatsache, deren Anerkennung einen angemessenen Ausdruck in den eigenen Handlungen und in den eigenen Entscheidungen verlangt. Konkurrierende Moraltheorien bieten alternative Antworten auf die Frage, was die richtigste oder beste Art ist, dieser Tatsache in seinen Handlungen und Entscheidungen Rechnung zu tragen.

Auf Grundlage dieser Passage könnten Schüler:innen – etwa in Form eines ausführlicheren Schreibauftrags – eigene Überlegungen darüber anstellen, welche konkreten Implikationen eine konsequente Befolgung des Unparteilichkeitsprinzips mit sich brächte. Im Sinne der Handlungsorientierung kann dabei eine durchaus persönliche Perspektive eingenommen werden: Beispielsweise könnten die Schüler:innen in einem freien Tagebucheintrag (Pfister 2016) reflektieren, wie ihr eigenes Leben aussehen müsste, wenn sie es streng entlang des Prinzips der Unparteilichkeit ausrichten würden. Eine solche Reflexion würde es Ihnen unter anderem ermöglichen, vor dem Hintergrund des zuvor Erarbeiteten eine persönliche, für sie einleuchtende und bedeutsame Interpretation des für sich genommen noch recht abstrakten Unparteilichkeitsprinzips zu entwickeln.

4.4 Zwischenfazit

Die Kernidee der Wissensvermittlungskonzeption ist es, spezifische moralische Ansichten, die in der moralphilosophischen Forschung als hinreichend unkontrovers gelten können, in unterrichtlichen Kontexten direktiv zu vermitteln. Doch wie darf man sich eine solche Vermittlung vorstellen? Welche konkreten Möglichkeiten gibt es, die zentrale Forderung der Wissensvermittlungskonzeption in der Unterrichtspraxis umzusetzen?

Um diese Fragen zu beantworten, habe ich in diesem Kapitel drei verschiedene Unterrichtsvorhaben skizziert, die jeweils spezifische unterrichtspraktische Implikationen der Wissensvermittlungskonzeption veranschaulichen. Eine erste, recht offensichtliche und durch die Diskussion der vorangegangenen Kapitel auch bereits unmittelbar angebahnte Implikation besteht darin, spezifische moralische Ansichten als Antworten auf unterrichtliche Problemfragen direktiv zu vermitteln. Das bedeutet, dass vor dem Hintergrund der Wissensvermittlungskonzeption manche moralische Problemfragen weitaus weniger kontrovers unterrichtet werden sollten, als dies herkömmlicherweise der Fall ist. Ein Beispiel für eine solche Problemfrage ist die Frage nach der moralischen Vertretbarkeit von Schwangerschaftsabbrüchen: Ob sich eine solche Vertretbarkeit schon alleine aus dem Selbstbestimmungsrecht schwangerer Personen ableiten lässt, ist in der philosophischen Forschung zwar umstritten. Dass Schwangerschaftsabbrüche jedoch nicht per se moralisch verwerflich und dementsprechend in vielen Fällen vertretbar sind, gilt in der moralphilosophischen Forschung als Konsens und sollte dementsprechend vor dem Hintergrund der Wissensvermittlungskonzeption direktiv vermittelt werden. Insbesondere sollten klassische abtreibungskritische Argumente in unterrichtlichen Kontexten anhand ihrer notorischen Schwächen zurückgewiesen werden.

Es gibt jedoch auch noch weitere Möglichkeiten und Anlässe, spezifische moralphilosophische Konsenspositionen direktiv zu vermitteln. Solche Konsenspositionen liefern nämlich nicht nur Antworten auf unterrichtliche Problemfragen, sondern ermöglichen auch eine fachlich angemessene Fokussierung solcher Problemfragen, die nach wie kontrovers unterrichtet werden sollten. So können sie etwa vermittelt werden, um zu verdeutlichen, entlang welcher Positionen sich moralphilosophische Kontroversen entfalten. Ein Beispiel hierfür ist die Frage nach der moralischen Vertretbarkeit von Fleischkonsum: Diese Frage ist in der moralphilosophischen Forschung genuin kontrovers und sollte auch im Philosophie- und Ethikunterricht kontrovers diskutiert werden. Gleichzeitig sollte diese Frage nicht anhand einer ergebnisoffenen Kontroverse über den moralischen Status nicht-menschlicher Tiere diskutiert werden. Dass nicht-menschliche Tiere substantiellen moralischen Status haben, und dass die Produktionsbedingungen der industriellen Massentierhaltung moralisch eindeutig abzulehnen sind, ist moralphilosophisch unumstritten und sollte dementsprechend auch in unterrichtlichen Kontexten nicht kontrovers erscheinen. Die philosophische Debatte um die moralische Vertretbarkeit von Fleischkonsum dreht sich plausiblerweise um die Frage, ob aus der Verwerflichkeit der Fleischproduktion individuelle Pflichten des Konsumverzichts folgen – und um genau diese Frage sollte es auch im Philosophie- und Ethikunterricht gehen, wenn hier die moralische Vertretbarkeit von Fleischkonsum ergebnisoffen thematisiert wird. Um dies zu ermöglichen, sollte jedoch zunächst etabliert werden, dass die Produktionsbedingungen der Massentierhaltung moralisch inakzeptabel sind.

Eine dritte Möglichkeit der direktiven Vermittlung spezifischer moralischer Ansichten besteht darin, moralphilosophische Kontroversen mit Blick auf zugrunde liegende Konsense zu unterrichten, vor deren Hintergrund sich diese Kontroversen überhaupt erst entfalten. Dieses Vorgehen bietet sich insbesondere dann an, wenn diese tieferliegenden Konsense aus Sicht der Schüler:innen alles andere als offensichtlich sind. Ein Beispiel für eine solche Konstellation ist die Kontroverse zwischen verschiedenen Theorien normativer Ethik. Diese Kontroverse entfaltet sich vor dem Hintergrund eines geteilten Gedankens der Unparteilichkeit, der unter Schüler:innen nicht ohne Weiteres vorausgesetzt werden kann. Eine direktive Vermittlung dieses Unparteilichkeitsgedankens, so wie sie die Wissensvermittlungskonzeption fordern würde, hätte zwar keine Auswirkungen darauf, anhand welcher Positionen die philosophische Kontroverse zur korrekten Theorie normativer Ethik unterrichtet wird – dafür aber hinsichtlich der konkreten Problemfrage, anhand derer diese Kontroverse in den Unterricht getragen wird.

Die unterrichtspraktischen Implikationen der Wissensvermittlungskonzeption beschränken sich also nicht darauf, welche moralischen Problemfragen im Unterricht kontrovers erscheinen sollten, sondern beziehen sich auch auf die Auswahl philosophischer Positionen, anhand derer moralische Kontroversen im Unterricht geführt werden sollten und auf die Formulierung konkreter Problemfragen, anhand derer kontroverse Positionen im Unterricht zu erarbeiten sind. Direktive Vermittlungen spezifischer moralischer Ansichten können dementsprechend ganz verschiedene Funktionen im Unterricht einnehmen: Sie können Antworten auf unterrichtliche Problemfragen liefern, unterrichtliche Problemfragen fokussieren oder die unterrichtliche Erarbeitung philosophischer Kontroversen strukturieren.

Wie solche Vermittlungen im Detail umzusetzen sind, wird dabei von den jeweiligen Besonderheiten des konkreten didaktischen und inhaltlichen Kontextes abhängen. Eine Vorgehensweise, die jedoch oftmals eine wichtige Rolle spielen wird und die auch schon in den obigen Unterrichtsskizzen deutlich geworden ist, besteht in der expliziten unterrichtlichen Thematisierung philosophischer Konsense.[13] Grundsätzlich sollten, wie wir gesehen haben, Lernende die ihnen zu vermittelnden Ansichten zwar selbständig anhand einer direkten Auseinandersetzung mit einer Auswahl der diesen Ansichten zugrunde liegenden Argumenten erarbeiten. Das bedeutet jedoch nicht, dass die explizite Thematisierung philosophischer Konsense keine wertvolle ergänzende Rolle spielen kann – tatsächlich scheint eine solche Thematisierung direkt aus mehreren Gründen didaktisch vielversprechend: So ist erstens davon auszugehen, dass direktive Vermittlungen spezifischer moralischer Ansichten dadurch schlichtweg erfolgreicher gestaltet werden können: Die Tatsache eines wissenschaftlichen Konsenses unter professionellen Philosoph:innen liefert Schüler:innen einen zusätzlichen – und erkenntnistheoretisch völlig legitimen – Grund, die entsprechenden Ansichten zu akzeptieren. Zum anderen ermöglicht eine explizite Thematisierung philosophischer Konsense in diesem Zusammenhang aber auch ein wünschenswertes Maß an Transparenz: Schüler:innen sollen nicht einfach mit einer Auswahl spezifischer Ansichten abgespeist werden, sondern auf transparente Weise nachvollziehen können, warum ihnen welche Ansichten vermittelt werden. Drittens ermöglicht eine solche Vermittlung auch ein epistemisch hinreichend differenziertes Ergebnis direktiver Vermittlungen: Wie wir gesehen haben, sollen Schüler:innen die ihnen vermittelten Ansichten nicht dogmatisch als unumstößliche Wahrheiten, sondern als vorläufige Ergebnisse eines zwar leistungsfähigen, aber auch grundsätzlich fehlbaren und unabgeschlossenen Erkenntnisprozesses akzeptieren. Die Einsicht, dass die Auswahl der ihnen vermittelten Ansichten letztendlich auf gegenwärtige, also zukünftig prinzipiell revidierbare, Konsense zurückführbar ist, kann Lernenden helfen, diese Ansichten epistemisch entsprechend einzuordnen.

Um die soeben skizzierten Potentiale einer expliziten Thematisierung philosophischer Konsense jedoch tatsächlich voll ausschöpfen zu können, müsste

---

[13] Dass es sich bei der expliziten Thematisierung wissenschaftlicher Konsense um eine angesichts der herausragenden epistemischen Signifikanz wissenschaftlicher Mehrheitsverhältnisse naheliegende didaktische Implikation handelt, wurde mit Blick auf naturwissenschaftliche Konsense in der wissenschaftsphilosophischen Literatur bereits bemerkt (siehe Vickers 2022, Kap. 9).

wiederum gewährleistet sein, dass Schüler:innen ein grundlegendes Verständnis für die epistemische Signifikanz von Expert:innenkonsensen sowie den besonderen Status wissenschaftlicher Erkenntnisbemühungen entwickeln und in diesem Zusammenhang auch für die spezifischen Möglichkeiten und Grenzen philosophischer Forschung sensibilisiert werden. Dies würde wiederum eine verstärkte Berücksichtigung wissenschaftstheoretischer und metaphilosophischer Themen in unterrichtlichen Kontexten erfordern, so wie sie in der philosophie-didaktischen Forschung ohnehin bisweilen explizit gefordert wird (siehe etwa Bussmann 2014, Bussmann und Kötter 2018).

Fazit und Ausblick

5

An welchem Punkt stehen wir nun, vor dem Hintergrund der vorangegangenen Diskussion? Ziel dieser Diskussion war es, die Wissensvermittlungskonzeption als vielversprechende Perspektive für moralische Bildungsprozesse im schulischen Philosophie- und Ethikunterricht gegen naheliegende Bedenken und Einwände zu verteidigen. Sofern die in diesem Zusammenhang entwickelte Argumentation zumindest in Teilen überzeugen kann, sollte die Wissensvermittlungskonzeption nun deutlich weniger radikal und exzentrisch erscheinen, als man vielleicht auf den ersten Blick meinen konnte: Die Idee, dass im Philosophie- und Ethikunterricht spezifische moralische Erkenntnisse gezielt vermittelt werden können, steht nicht nur im Einklang mit breit akzeptierten fachdidaktischen Prinzipien und Annahmen, sondern kann zumindest in Teilen sogar als deren direkte Konsequenz und Weiterentwicklung angesehen werden.

So dürfte es aus philosophiedidaktischer Perspektive etwa unstrittig sein, dass philosophische Bildungsprozesse im Erfolgsfall zu einer epistemischen Verbesserung moralischer Urteile führen: Schüler:innen können, wenn sie erfolgreich am unterrichtlichen Geschehen teilgenommen haben, am Ende einer Unterrichtsreihe ein besseres Urteil als zu Beginn der Unterrichtsreihe fällen. Diese Verbesserung, so die einhellige Meinung, wird ermöglicht durch eine gezielte Anwendung spezifischer fachphilosophischer Methoden und eine Erarbeitung verschiedener moralphilosophischer Modelllösungen. Darüber hinaus, so ein ebenfalls weit verbreiteter philosophiedidaktischer Konsens, besteht die dadurch ermöglichte Verbesserung moralischer Urteile nicht lediglich in einer subjektiven Verbesserung, die etwa relativ zu persönlichen Standards oder Vorlieben besteht, sondern in einer schrittweisen Annäherung an objektive Erkenntnisse: Schließlich, so die etwa im Rahmen der Schülerrelativismus-Debatte breit akzeptierte Forderung, müssen Schüler:innen zu der Einsicht befähigt werden, dass argumentative Auseinandersetzungen mit normativen Fragen gewinnbringend und fruchtbar sind, weil sie zu einer gemeinsamen Annäherung an die Wahrheit führen können.

D. Balg, *Wissen, was gut ist,* Philosophische Bildung in Schule und Hochschule, https://doi.org/10.1007/978-3-662-70271-0_5

Und um dies zu erreichen, so ein weiterer Konsens, sollen im Laufe unterrichtlicher Problemlöseprozesse klare Ergebnisse in Form eindeutiger Bewertungen spezifischer Argumente und Positionen angebahnt werden.

In diesem Sinne kann die zentrale Forderung der Wissensvermittlungskonzeption schlicht als konsequente Auslegung des im Dresdener Konsens verankerten Gebots verstanden werden, „schlechter begründete und belegte Argumente aufgrund ihrer normativen, sachlichen oder logischen Fragwürdigkeit [zurückzustellen] […] und besser begründete und belegte Argumente demgegenüber [zu würdigen] […]" (DK 2016). Manchmal, so die grundlegende Idee, sollte ein solches Vorgehen tatsächlich zu einem eindeutigen Ergebnis führen. Mit Blick auf die Frage, welche Positionen und Argumente jeweils als fragwürdig und welche als besser begründet gelten sollten, wird dabei auf die Möglichkeit robuster Expert:innenkonsense verwiesen. Und auch hierbei handelt es sich zumindest im Kern um keine neue Idee: Schon Immanuel Kant, dessen Forderung, nicht Philosophie, sondern Philosophieren zu lehren, nach wie vor einen wichtigen Referenzpunkt der gegenwärtigen Philosophiedidaktik bildet, hat auf die zentrale Bedeutung philosophischer Meinungsverteilungen hingewiesen und sich somit klar von einem Verständnis des Philosophierens abgewandt, das auf die rein individuelle Entwicklung eigenständiger Gedanken beschränkt ist (Kant 1966 [1789], 873). Die Implikationen einer solchen Abwendung für unterrichtliche Kontexte wurde in der philosophiedidaktischen Literatur ebenfalls bereits grundsätzlich diskutiert (siehe etwa Tichy 2016b). Wie wir nun im Laufe der obigen Diskussion gesehen haben, ermöglicht die Berücksichtigung aktueller Forschungsergebnisse im Bereich der sozialen Erkenntnistheorie ein genaueres Verständnis dieser Implikationen: Philosophische Expert:innenkonsense wären unter anderem deshalb von potentiell hoher Relevanz, weil sie fundierte Einschätzungen darüber ermöglichen würden, welche der im Unterricht behandelten Argumente und Positionen letztendlich am besten begründet sind.

Wer vor dem Hintergrund all dieser Überlegungen die Möglichkeit unterrichtlicher Vermittlungen spezifischer moralischer Erkenntnisse dennoch von Vornherein ausschließen möchte, ist also auf einen Balanceakt zwischen folgenden beiden Positionen angewiesen: Einerseits kann die Philosophie mit ihren charakteristischen Methoden und Modellen Schüler:innen dabei helfen, mit Blick auf drängende moralische Fragen zu wichtigen Einsichten und Ergebnissen zu kommen. Andererseits hat die akademische Philosophie, in der seit sehr viel längerer Zeit und auf sehr viel höherem Niveau mit diesen Methoden und Modellen gearbeitet wird, selbst keine solchen Einsichten und Ergebnisse vorzuweisen. Eine solche Kombination von Optimismus hinsichtlich des möglichen philosophischen Erfolgs der Schüler:innen und Pessimismus hinsichtlich des möglichen philosophischen Erfolgs der akademischen Philosophie scheint nicht nur von der Sache her wenig überzeugend, sondern dürfte auch aus der Perspektive von Schüler:innen kaum nachvollziehbar sein: Schließlich wird ihnen somit ein paradox anmutendes Bild vermittelt, wonach es sich bei philosophischen Methoden um wichtige und vielversprechende Werkzeuge handelt, mit denen bei schwierigen moralischen Fragen echte Denkfortschritte erzielt werden können – die aber gleichzeitig trotz

jahrtausendelanger Anwendung in der philosophischen Forschung keine Beantwortung auch nur einiger dieser Fragen ermöglicht haben.

Angesichts dieser offensichtlichen Spannung wurde in der jüngeren philosophiedidaktischen Forschung bereits dafür plädiert, spezifische philosophische
Konsenspositionen direktiv zu vermitteln (Burkard 2020, 64 f.). Schaut man sich
die in diesem Zusammenhang konkret genannten Positionen jedoch an, fällt auf,
dass es sich hierbei in erster Linie um methodische Aspekte, begriffliche Unterscheidungen oder rein negative Ergebnisse handelt. So wurde etwa mit Blick auf
moralische Fragen gefordert, die Unzulänglichkeit von Sein-Sollen-Schlüssen
sowie die begriffliche Unterscheidung zwischen deskriptiven, normativen und
evaluativen Aussagen bzw. zwischen Tun und Unterlassen direktiv zu vermitteln
(ebd.). Wenngleich eine Vermittlung solcher und ähnlicher Erkenntnisse sicherlich wertvoll und im höchsten Maße zu begrüßen ist, stellt sich die Frage, warum
nicht auch positive philosophische Erkenntnisse in Form expliziter Antworten auf
moralische Fragen vermittelt werden sollten. Die kategorische Skepsis, die einem
solchen Vorschlag in der philosophiedidaktischen Forschung oftmals entgegen-
gebracht wird, ist letzten Endes wenig nachvollziehbar. Der naheliegende Hinweis, dass es entsprechende moralische Erkenntnisse angesichts der notorischen
Kontroversität moralischer Fragestellungen in der philosophischen Forschung
überhaupt nicht gibt, hält einem genaueren Blick jedenfalls nicht Stand: Wie wir
gesehen haben, haben wir guten Grund zur Annahme, dass es in der Philosophie
einige robuste moralische Expert:innenkonsense geben wird, die aus der Perspektive von Lai:innen alles andere als selbstverständlich sind.

Sofern sich die in diesem Buch präsentierte Argumentation als tragfähig erweist, spricht prinzipiell nichts dagegen, solche Konsense in unterrichtlichen
Kontexten direktiv zu vermitteln. Vielmehr spricht sogar einiges unmittelbar für
die Vermittlung solcher Konsense: Die Vermittlung spezifischer moralischer Erkenntnisse kann Schüler:innen nicht nur den epistemischen Wert einer sorgfältigen
philosophischen Reflexion moralischer Probleme vor Augen führen, sondern bietet darüber hinaus auch direkte Orientierung für lebensweltliche Entscheidungssituationen. Somit würde sie einen wichtigen Beitrag zur Erfüllung der an den
Philosophie- und Ethikunterricht herangetragenen Erwartung leisten, das Denken
und Handeln von Kindern und Jugendlichen moralisch zu verbessern. Gleichzeitig
bleiben selbst dann, wenn man der hier entwickelten Verteidigung der Wissensvermittlungskonzeption vollumfänglich zustimmt, viele offene Fragen, deren Beantwortung weiterer Forschungsbemühungen bedarf.

Eine erste Frage betrifft die Existenz und Verteilung robuster moralphilosophischer Konsense. Ob und in welchem Maße moralische Fragen in der philosophischen Forschung kontrovers sind, müsste klarerweise empirisch genauer
erforscht werden. Gegeben, wie prominent der Verweis auf die vermeintliche
Ubiquität philosophischer Dissense in der fachdidaktischen Literatur ist, ist es
dementsprechend erstaunlich, dass diese Frage noch nicht Gegenstand fundierte-
rer empirischer Forschung ist. Die in diesem Buch vertretene, optimistische Annahme, dass es substantielle Konsense unter professionellen Moralphilosoph:in-
nen gibt, wurde in weiten Teilen entlang der Ergebnisse der aktuellen PhilPapers

Survey entwickelt. Wenngleich es sich hierbei um eine verhältnismäßig junge und groß angelegte Studie handelt, dürfte insbesondere die demographische Zusammensetzung der Befragten Anlass zu Widerspruch und Kritik geben: So besteht eine klare Mehrheit der insgesamt 1785 Personen umfassenden kontrollierten Zielgruppe aus männlichen (1365) Philosophen, die an US-amerikanischen Universitäten (1004) angestellt sind und sich der analytischen Tradition (1430) zugehörig fühlen. Angesichts dieses hohen Maßes an Homogenität bedarf es in jedem Fall breiter angelegter Studien, um ein umfassenderes Bild der Meinungsverteilungen unter akademischen Philosoph:innen zu ermöglichen. Gleichzeitig ist es aber auch wichtig darauf hinzuweisen, dass die in diesem Buch entwickelte Argumentation für sich genommen in weiten Teilen unabhängig von irgendwelchen spezifischen Studienergebnissen ist. In Abwesenheit solider empirischer Daten einfach zu behaupten, dass (so gut wie) alle moralischen Fragen Gegenstand symmetrischer Meinungsverschiedenheiten unter professionellen Ethiker:innen sind, erscheint jedenfalls auch dann wenig plausibel, wenn man die Zahlen der PhilPapers Survey letztendlich für wenig belastbar hält. Wie wir gesehen haben, dürften viele professionelle Philosoph:innen die Kontroversität philosophischer Fragestellungen systematisch überschätzen. Und dass es für die unterrichtliche Vermittlung moralischer Expert:innenkonsense gute Gründe gibt, würde auch dann gelten, wenn sich angesichts eines näheren empirischen Blickes herausstellen sollte, dass sich diese Konsense auf ganz andere Positionen beziehen, als die hier angeführten Zahlen nahelegen.

Eine zweite Frage betrifft die epistemische Signifikanz moralphilosophischer Konsense. Wie wir gesehen haben, gibt es gute Gründe davon auszugehen, dass robuste Konsense unter professionellen Moralphilosoph:innen von hoher epistemischer Bedeutung sind. Vor dem Hintergrund des Condorcet-Jury-Theorems (s. Abschn. 3.1.2) spricht die alleinige Tatsache, dass Expert:innen in einer Frage übereinstimmen, schon für sich genommen dafür, dass die zugrunde liegende Konsensposition auch tatsächlich mit sehr hoher Wahrscheinlichkeit wahr ist. Gleichzeitig greift das Condorcet-Jury-Theorem nur unter spezifischen Voraussetzungen. So müsste insbesondere genauer untersucht werden, ob bei bestehenden moralphilosophischen Konsensen von einem hinreichend hohen Maß an Unabhängigkeit auszugehen ist. Eine Beantwortung dieser Frage wird auch von genuin philosophischen Überlegungen abhängen: Sollte sich etwa die weit verbreitete, in jüngster Zeit aber kritisch diskutierte Annahme bewahrheiten, dass verschiedene Theorien normativer Ethik genuin inkompatibel sind, würde dies direkt dafür sprechen, dass in angewandten moralischen Fragen grundsätzlich von einem hohen Maß an Unabhängigkeit unter professionellen Moralphilosoph:innen auszugehen ist.

Eine dritte Frage betrifft schließlich die erwartbaren Auswirkungen direktiver Vermittlungen spezifischer moralischer Ansichten auf die Entscheidungen und Handlungen von Schüler:innen. Auch hier scheint in der philosophiedidaktischen Forschung bisweilen ein vorschneller Pessimismus verbreitet zu sein, nach dem solche Vermittlungen lediglich auf Widerstand von Seiten der Lernenden stoßen oder zumindest insofern wirkungslos sind, als dass abstrakte moralische Urteile ohnehin keinen Einfluss auf konkrete Entscheidungs- und Handlungssituationen haben. Wie wir gesehen haben, wird ein solcher Pessimismus von aktuellen empirischen Studien nicht bestätigt. Neuere Forschungsergebnisse zur praktischen Wirksamkeit direktiver Vermittlungen im Zusammenhang tierethischer Fragestellungen legen vielmehr die Vermutung nahe, dass hier durchaus die Möglichkeit effektiver und nachhaltiger Beeinflussungen gegeben ist. Auch diese Vermutung müsste jedoch durch weitere empirische Erhebungen erhärtet werden.

Während einige der soeben skizzierten Desiderate von Seiten der Philosophiedidaktik erfüllt werden können, bedürfen andere der interdisziplinären Zusammenarbeit mit fachphilosophischer, psychologischer und soziologischer Forschung. Sollte sich auf dieser Grundlage die Wissensvermittlungskonzeption nach wie vor als plausibel erweisen, hätte dies nicht nur Auswirkungen darauf, wie moralische Bildungsprozesse im Philosophie- und Ethikunterricht gestaltet werden sollten, sondern offensichtlich auch auf die allgemeinere Gestaltung philosophischer Bildungsprozesse in schulischen Kontexten. Tatsächlich ist auf den ersten Blick davon auszugehen, dass sich die grundsätzliche Idee der Wissensvermittlungskonzeption auf nicht-moralische Bereiche philosophischer Bildung ohne Weiteres übertragen lässt. So sind auch etwa hinsichtlich erkenntnistheoretischer, metaphysischer oder existenzphilosophischer Fragestellungen einige robuste Konsense unter professionellen Philosoph:innen zu erwarten, deren direktive Vermittlung in unterrichtlichen Kontexten von großem Gewinn sein könnte.

Letztendlich sollten vermutlich selbst dann, wenn die Wissensvermittlungskonzeption als spezifische – und durchaus ambitionierte – Konzeption moralischer Bildung letzten Endes nicht vollends überzeugen kann, viele der in diesem Buch angestellten Überlegungen für breitere philosophiedidaktische Kontexte von einiger Bedeutung sein. Dass es in der philosophischen Forschung bei aller Kontroversität auch beachtliche Konsense gibt, und dass diese Konsense potentiell von hoher epistemischer Bedeutung sind, ist in der gegenwärtigen Philosophiedidaktik noch nicht hinreichend anerkannt worden. Selbst wenn sich herausstellen sollte, dass eine Vermittlung solcher Konsense im Bereich praktischer Fragestellungen keine nennenswerten Auswirkungen auf die außerunterrichtlichen Entscheidungen und Handlungen von Schüler:innen hat, oder dass es aus erkenntnistheoretischer Sicht vorschnell wäre, solche Konsense als philosophisches Wissen zu bezeichnen, sollte die Tatsache solcher Konsense direkte Auswirkungen auf die unterrichtliche Praxis haben. Denn dass Theorien, Positionen und Argumente aus der akademischen Philosophie im schulischen Unterricht eine wichtige Rolle spielen, da sie aufgrund ihrer besonderen philosophischen Qualität die Problemlösebemühungen der Schüler:innen effektiv verbessern können, dürfte unumstritten sein. Wenn hierin jedoch die zentrale didaktische Funktion fachphilosophischer Inhalte besteht, dann spricht dies zumindest ceteris paribus dafür, tatsächlich auch die *besten verfügbaren* Theorien, Positionen und Argumente in unterrichtlichen Kontexten zu vermitteln. Angesichts dessen ist es ein Stück weit befremdlich, dass philosophische Inhalte wie die cartesische Gleichsetzung von nicht-menschlichen Tieren und Automaten, das mechanistisch-egoistische Menschenbild eines Thomas Hobbes oder vorsokratische Urstoff-Postulate nach wie vor mit großer

Regelmäßigkeit unterrichtet werden. Hierbei handelt es sich um Positionen, die in der modernen philosophischen Forschung kaum noch vertreten werden und somit aus guten Gründen als überholt gelten können. Zwar mag eine eingehende Beschäftigung mit solchen Positionen prinzipiell auch für Schüler:innen durchaus gewinnbringend und wertvoll sein – als philosophische Gesprächspartner, die zur angemessenen Lösung systematischer Probleme beitragen, sind sie jedoch weitgehend ungeeignet. Eine Philosophiedidaktik, die die akademische Philosophie als zentrale wissenschaftliche Bezugsdisziplin des Philosophie- und Ethikunterrichts ernst nimmt, sollte Notiz davon nehmen, welche Positionen in der gegenwärtigen philosophischen Forschung überhaupt vertreten werden – und welche eben nicht (mehr). Dies gilt umso mehr, insofern es in der Philosophie nicht nur um abstrakte geistige Fingerübungen, sondern um bedeutsame moralische Probleme und grundsätzliche Fragen des guten Handelns geht. Wenn das vorliegende Buch hierzu einen kleinen Beitrag leisten könnte, wäre aus meiner Sicht bereits viel gewonnen.

Literatur

Adams, Carol J. 2015. *The sexual politics of meat*. New York: Bloomsbury.

Adler, Jonathan. 2004. Reconciling Open-Mindedness and Belief. *Theory and Research in Education* 2(2): 127–142.

Adorno, Theodor W. 1971. Erziehung zur Mündigkeit. In *Erziehung zur Mündigkeit*, Hrsg. Theodor W. Adorno, 133–147. Frankfurt: Suhrkamp.

Anders, Paul, und Nicholas Shudak. 2016. Criteria for Controversy: A Theoretic Approach. *Thresholds in Education* 29(1): 20–30.

Arthur, James. 2014. Traditional Approaches to Character Education in Britain and America. In *Handbook of Moral and Character Education*, 2. Aufl. Hrsg. Larry Nucci, Darcia Narvaez, und Tobias Krettenauer, 43–60. Routledge: London.

Arthur, James, Michael Fullard, und Catherine O'Leary. 2022. Teaching Character Education. What Works. Research Report. Birmingham: University of Birmingham. https://www.jubileecentre.ac.uk/wp-content/uploads/2023/08/TeachingCharacterEducation_WhatWorks_ResearchReport.pdf. Zugegriffen: 14.06 2024.

Arthur, James, und Tom Harrison. 2014. Schools of Character. Birmingham: University of Birmingham. https://www.jubileecentre.ac.uk/wp-content/uploads/2023/08/SchoolsOfCharacterPDF.pdf. Zugegriffen: 14.06.2024.

Arthur, James, Tom Harrison, David Carr, Kristján Kristjánsson, and Ian Davison. 2014. Knightly Virtues: Enhancing Virtue Literacy through Stories: Research Report. Birmingham: University of Birmingham. https://www.jubileecentre.ac.uk/wp-content/uploads/2023/08/KnightlyVirtuesReport.pdf. Zugegriffen: 14.06.2024.

Arthur, James, Kristján Kristjánsson, Tom Harrison, Wouter Sanderse, und Daniel Wright. 2017. *Teaching Character and Virtue in Schools*. Routledge: London.

Ayer, Alfred J. 1952. *Language, Truth, and Logic*. 2. Aufl. New York: Dover.

Baier, Kurt. 1958. *The Moral Point of View: A Rational Basis of Ethics*. Ithaca: Cornell University Press.

Balg, Dominik. 2020a. *Leben und leben lassen. Eine Kritik intellektueller Toleranz*. Stuttgart: Metzler.

Balg, Dominik. 2020b. Talking about Tolerance. A New Strategy for Dealing with Student Relativism. *Teaching Philosophy* 43(2): 1–16.

Balg, Dominik. 2023. Moral Disagreement and Moral Education: What's the Problem? *Ethical Theory and Moral Practice* 27: 5–24.

Balg, Dominik. 2024. Argumentieren – wozu eigentlich? *Zeitschrift für Didaktik der Philosophie und Ethik* 4.

Balg, Dominik, und Manuel Lorenz. 2025. Historische Klassiker im problemorientierten Philosophieunterricht – Wozu? *Zeitschrift für Philosophische Forschung*.

Ballantyne, Nathan, und E.J. Coffman. 2011. Uniqueness, Evidence, and Rationality. *Philosophers' Imprint* 11(18): 1–13.

© Der/die Herausgeber bzw. der/die Autor(en), exklusiv lizenziert an Springer-Verlag GmbH, DE, ein Teil von Springer Nature 2024
D. Balg, *Wissen, was gut ist*, Philosophische Bildung in Schule und Hochschule, https://doi.org/10.1007/978-3-662-70271-0

Barnett, Susan M., und Stephen J. Ceci. 2002. When and where do we apply what we learn? A taxonomy for far transfer. *Psychological Bulletin* 128(4): 612–637.

Baron, Robert A. 1997. The sweet smell of … helping: Effects of pleasant ambient fragrance on prosocial behavior in shopping malls. *Personality and Social Psychology Bulletin* 23(5): 498–503.

Battaly, Heather. 2022. Intellectual Autonomy and Intellectual Interdependence. In *Epistemic Autonomy*, Hrsg. Jonathan Matheson, und Kirk Lougheed, 153–172. New York: Routledge.

Bennack, Jürgen. 2002. *Schulaufgabe Unterricht. Zeitgemäß unterrichten können.* Neuwied: Luchterhand.

Bittner, Rüdiger. 2010. Was gut an Philosophie ist. In *Texte zur Didaktik der Philosophie*, Hrsg. Kirsten Meyer, 127–138. Stuttgart: Reclam.

Blesenkemper, Klaus. 2017. Dilemmadiskussion. In *Handbuch Philosophie und Ethik. Band I: Didaktik und Methodik*, 2. durchgesehene Aufl., Hrsg. Julian Nida-Rümelin, Irina Spiegel, und Markus Tiedemann, 178–187. Paderborn: Schöningh.

Bloom, Paul. 2016. *Against Empathy: The Case for Rational Compassion.* London: Ecco.

Boghossian, Paul. 2006. *Fear of knowledge: Against relativism and constructivism.* Oxford: Oxford University Press.

Böhm, Winfried. 2005. *Wörterbuch der Pädagogik.* Stuttgart: Alfred Kröner Verlag.

Bourget, David, und David Chalmers. 2014. What do philosophers believe? *Philosophical Studies* 170(3): 465–500.

Bourget, David, und David Chalmers. 2023. Philosophers on Philosophy. The 2020 PhilPapers Survey. *Philosopher's Imprint* 23(11): 1–53.

Brueckner, Anthony, und Alex Bundy. 2012. On 'Epistemic Permissiveness'. *Synthese* 188(2): 165–177.

Brüning, Barbara, und Roland Henke, Hrsg. 2020. *Denkträume wagen 1.* Berlin: Cornelsen.

Bryan, Christopher, Gabrielle Adams, und Benoît Monin. 2013. When cheating would make you a cheater: Implicating the self prevents unethical behavior. *Journal of Experimental Psychology* 142: 1001–1005.

Bundesministerium für Ernährung und Landwirtschaft. 2024. Geflügelhaltung. https://www.bmel-statistik.de/landwirtschaft/tierhaltung/gefluegelhaltung/. Zugegriffen: 18.08.2024.

Burkard, Anne. 2020. Durch philosophische Bildung die Welt verbessern? In *Die Welt verändern. Was kann die Philosophie beitragen?*, Hrsg. Georg Brun, und Claus Beisbart, 59–100. Basel: Schwabe.

Burkard, Anne. 2024. Philosophie als Leitdisziplin für das Fach Werte und Normen? In *Denken ohne fachliches Geländer? Ethik-Unterricht zwischen den Disziplinen*, Hrsg. Anne Burkard, und Laura Martena, 29–55. Heidelberg: Metzler.

Burkard, Anne, und Laura Martena. 2018. Zur Bedeutung von Präkonzepten im Philosophieunterricht. Theoretische Perspektiven und Möglichkeiten empirischer Forschung. In *Jahrbuch für Didaktik der Philosophie und Ethik*, Hrsg. Markus Tiedemann, 9–28. Dresden: Thelem.

Bussmann, Bettina. 2014. *Was heißt: Sich an der Wissenschaft orientieren? Untersuchungen zu einer lebensweltlich-wissenschaftsbasierten Philosophiedidaktik am Beispiel des Themas "Wissenschaft, Esoterik und Pseudowissenschaft".* Münster: LIT.

Bussmann, Bettina. 2017. Wissenschaftsorientierung. In *Handbuch Philosophie und Ethik. Band I: Didaktik und Methodik*, 2. durchgesehene Aufl., Hrsg. Julian Nida-Rümelin, Irina Spiegel, und Markus Tiedemann, 125–130. Paderborn: Schöningh.

Bussmann, Bettina. 2020. Philosophische Probleme und Interdisziplinarität. In *Fachlichkeit und Fachdidaktik. Beiträge zur Lehrerausbildung im Fach Ethik/Philosophie*, Hrsg. René Torkler, 45–62. Stuttgart: Metzler.

Bussmann, Bettina. 2024. Warum wissenschaftsorientiertes Philosophieren nicht nur in der Schule notwendig ist. In *Wissenschaftsleugnung. Fallstudien, philosophische Analysen und Vorschläge zur Wissenschaftskommunikation*, Hrsg. Alexander Christian, und Ina Gawel, 209–234. Berlin: De Gruyter.

Bussmann, Bettina, und Volker Haase. 2016. Was heißt es, Indoktrination zu vermeiden? *Zeitschrift für Didaktik der Philosophie und Ethik* 3: 87–99.

Bussmann, Bettina, Volker Haase, und Angela Pühringer. 2021. Empathieförderung im Unterricht. *Zeitschrift für Didaktik der Philosophie und Ethik* 2: 46–57.

Bussmann, Bettina, und Mario Kötter. 2018. Between scientism and relativism: epistemic competence as an important aim in science and philosophy education. *RISTAL* 1(1): 82–101.

Callan, Eamonn, und Dylan Arena. 2010. Indoctrination. In *The Oxford Handbook of Philosophy of Education*, Hrsg. Harvey Siegel, 104–121. Oxford: Oxford University Press.

Camosy, Charles. 2013. *For love of animals*. Cincinnati: Franciscan Media.

Carey, Brandon, und Jonathan Matheson. 2012. How skeptical is the equal weight view? In *Disagreement and skepticism*, Hrsg. Diego E. Machuca, 131–149. London: Routledge.

Carter, J. Adam. 2020. Intellectual Autonomy, Epistemic Dependence and Cognitive Enhancement. *Synthese* 197(7): 237–261.

Cholbi, Michael. 2007. Moral Expertise and the Credentials Problem. *Ethical Theory and Moral Practice* 10(4): 323–334.

Christensen, David. 2007. Epistemology of disagreement. *Philosophical Review* 116(2): 187–217.

Chucholowski, Alexander. 2017. Julias Entscheidung. Ein Recht auf Leben? *Ethik & Unterricht* 4: 26–29.

Comtesse, Dagmar. 2021. Ethikunterricht zwischen liberaler Neutralitätsannahme und kommunitaristischer Wertevermittlung. In *Werte im Ethikunterricht – An den Grenzen der Wertneutralität*, Hrsg. Minkyung Kim, Tobias Gutmann, Jan Friedrich, und Katharina Neef, 41–63. Opladen, Berlin und Toronto: Verlag Barbara Budrich.

Constantin, Jan. 2021. *Epistemic Defeat*. Berlin: De Gruyter.

Copp, David. 2009. Toward a Pluralist and Teleological Theory of Normativity. *Philosophical Issues* 19(1): 21–37.

Cuypers, Stefan E. 2012. R.S. Peters' 'The Justification of Education' Revisited. *Ethics and Education* 7(1): 3–17.

Damschen, Gregor, und Dieter Schönecker (Hrsg.). *Der moralische Status menschlicher Embryonen. Pro und contra Spezies-, Kontinuums-, Identitäts-, und Potentialitätsargument*. Berlin: de Gruyter.

Dancy, Jonathan. 1993. *Moral Reasons*. Oxford: Basil Blackwell.

Darm, Ricarda, und Dirk Lange. 2018. Mündigkeitsselbstbildung als Referenzpunkt der Demokratiebildung. In *Citizenship Education. Konzepte, Anregungen und Ideen zur Demokratiebildung*, Hrsg. Steve Kenner, und Dirk Lange, 49–59. Frankfurt a. M.: Wochenschau Verlag.

Davidson, Matthew L. 2005. Harness the Sun, Channel the Wind: The Art and Science of Effective Character Education. In *Character Psychology and Character Education*, Hrsg. Daniel Lapsley, und F. Clark Power, 218–244. Notre Dame: University of Notre Dame.

Dearden, Robert F. 1981. Controversial Issues and the Curriculum. *Journal of Curriculum Studies* 13(1): 37–44.

DeGrazia, David. 1996. *Taking animals seriously*. Cambridge: Cambridge University Press.

De Ronde, Christian. 2020. Understanding Quantum Mechanics (Beyond Metaphysical Dogmatism and Naive Empiricism). Unveröffentlichtes Manuskript. https://arxiv.org/abs/2009.00487. Zugegriffen: 18.08.2024.

Dellsén, Finnur, und Maria Baghramian (Hrsg.). 2021. Special Issue on Disagreement in Science. *Synthese* 198(25).

Dellsén, Finnur, Insa Lawler, und James Norton. 2023. Would Disagreement Undermine Progress? *Journal of Philosophy* 120(3): 139–172.

Detjen, Joachim, Peter Massing, Dagmar Richter, und Georg Weißeno. 2012. *Politikkompetenz – ein Modell*. Wiesbaden: Springer.

Detterman, Douglas K., und Robert J. Sternberg. 1993. *Transfer on trial: intelligence, cognition, and instruction*. Norwood: Ablex Publishing.

Dickman, Samuel L., Karl White, David U. Himmelstein, Emily Lupez, Elizabeth Schrier, und Steffie Woolhandler. 2024. Rape-Related Pregnancies in the 14 US States With Total Abortion Bans. *Journal of the American Medical Association* 184(3): 330–332.

DiPaolo, Joshua, und Robert Mark Simpson. 2016. Indoctrination anxiety and the etiology of belief. *Synthese* 193: 3079–3098.

Dittmer, Arne. 2010. *Nachdenken über Biologie. Über den Bildungswert der Wissenschaftsphilosophie in der akademischen Biologielehrerbildung.* Wiesbaden: VS Verlag.

Downie, Robert S., Eileen M. Loudfoot, und Elizabeth Telfer. 1974. *Education and Personal Relationships.* London: Methuen.

Draken, Klaus. 2017. Metamethoden – eine fachbezogene Methodenlehre über die Arbeits- und Unterrichtsmethoden. In *Handbuch Philosophie und Ethik, Band 1: Didaktik und Methodik,* 2., durchgesehene Aufl., Hrsg. Julian Nida-Rümelin, Irina Spiegel, und Markus Tiedemann, 160–170. Paderborn: UTB.

Drerup, Johannes. 2018. Zwei und zwei macht vier. Über Indoktrination und Erziehung. *Diskurs Kindheits- und Jugendforschung* 1: 7–24.

Drerup, Johannes. 2020. Demokratische Bildung in und für digitale Öffentlichkeiten. In *Demokratieerziehung und die Bildung digitaler Öffentlichkeiten,* Hrsg. Ulrich Binder, und Johannes Drerup, 29–53. Wiesbaden: Springer.

Drerup, Johannes. 2021. *Kontroverse Themen im Unterricht. Konstruktiv streiten lernen.* Stuttgart: Reclam.

Dresdener Konsens [DK]. 2016. *Zeitschrift für Didaktik der Philosophie und Ethik 3,* 106.

Driver, Julia. 2006. Autonomy and The Asymmetry Problem for Moral Expertise. *Philosophical Studies* 128(3): 619–644.

Dürr, Rolf, und Christina Prätsch-Koppenhöfer. 2019. Entwicklung und Förderung moralischer Kompetenz. In *Leitfaden Schulpraxis. Pädagogik und Psychologie für den Lehrberuf,* 11. Aufl., Hrsg. Gislinde Bovet, und Volker Huwendiek, 496–516. Berlin: Cornelsen.

Dworkin, Ronald. 1993. *Life's Dominion: An Argument about Abortion, Euthanasia, and Individual Freedom.* New York: Knopf.

Dworkin, Ronald. 1996. Objectivity and Truth: You'd Better Believe it. *Philosophy & Public Affairs* 25(2): 87–139.

Eddy, Timothy J, Gordon G. Gallup Jr, und Daniel J Povinelli. 1993. Attribution of cognitive states to animals: anthropomorphism in comparative perspective. *Journal of Social Issues* 49(1): 87–101.

Elga, Adam. 2007. Reflection and Disagreement. *Noûs* 41(3): 478–502.

Elgin, Catherine Z. 2013. Epistemic Agency. *Theory and Research in Education* 11(2): 135–152.

Elzinga, Benjamin. 2019. A relational account of intellectual autonomy. *Canadian Journal of Philosophy* 49(1): 22–47.

Engels, Helmut. 1990. Vorschlag, den Problembegriff einzugrenzen. *Zeitschrift für Didaktik der Philosophie* 12(90): 126–134.

Fantl, Jeremy. 2006. Is metaethics morally neutral? *Pacific Philosophical Quarterly* 87(1): 24–44.

Faria, Catia. 2022. *Animal Ethics in the Wild: Wild Animal Suffering and Intervention in Nature.* New York: Cambridge University Press.

Feldman, Richard. 2007. Reasonable Religious Disagreements. In *Philosophers Without Gods. Meditations on Atheism and the Secular Life,* Hrsg. Louise M. Antony, 194–214. Oxford: Oxford University Press.

Fine, Gary Alan, und Kent Sandstrom. 1993. Ideology in Action: A Pragmatic Approach to a Contested Concept. *Sociological Theory* 11(1): 21–38.

Forsa. 2007. Evolution und Kreationismus. https://fowid.de/meldung/evolution-und-kreationismus. Zugegriffen: 14.06 2024.

Forsa. 2018. Wertorientierung und Werterziehung. Ergebnisse einer Befragung von Lehrerinnen und Lehrern sowie von Eltern schulpflichtiger Kinder. https://www.vbe.de/fileadmin/user_upload/VBE/Service/Meinungsumfragen/2018-11-09_forsa-Bericht_Umfrage_Werteerziehung.pdf. Zugegriffen: 14.06.2024.

Forst, Rainer. 2003. *Toleranz im Konflikt. Geschichte, Gehalt und Gegenwart eines umstrittenen Begriffs.* Frankfurt a. M.: Suhrkamp.

Franz, Dietrich, und Kai Spiekermann. 2023. Jury Theorems. In *The Stanford Encyclopedia of Philosophy,* Spring 2023 Edition, Hrsg. Edward N. Zalta, und Uri Nodelman. https://plato. stanford.edu/archives/spr2023/entries/jury-theorems/. Zugegriffen: 14.06 2024.

Fricker, Elizabeth. 2006. Testimony and Epistemic Autonomy. In *The Epistemology of Testimony*, Hrsg. Jennifer Lackey, und Ernest Sosa, 225–250. Oxford: Oxford University Press.

Gaus, Simon. 2013. Folgt aus dem Unwert der Tierhaltung ein Verbot des Fleischkonsums? *Grazer Philosophische Studien* 88(1): 257–267.

Geissler, Erich. 2006. *Die Erziehung. Ihre Bedeutung, ihre Grundlagen und ihre Mittel. Ein Lehrbuch.* Würzburg: Ergon Verlag.

Gerhardt, Volker. 1999. *Selbstbestimmung. Das Prinzip der Individualität.* Stuttgart: Reclam.

Gibbard, Allan. 1990. *Wise Choices, Apt Feelings.* Cambridge: Harvard University Press.

Gibbard, Allan. 2003. *Thinking How to Live.* Cambridge: Harvard University Press.

Giesecke, Hermann. 2004. *Einführung in die Pädagogik.* Weinheim und München: Juventa Verlag.

Giesinger, Johannes. 2021. Vermitteln und Mitteilen. Die Meinung der Lehrperson in der Diskussion kontroverser Themen. In *Dürfen Lehrer ihre Meinung sagen? Demokratische Bildung und die Kontroverse über Kontroversitätsgebote*, Hrsg. Johannes Drerup, Miguel Zulaica y Mugica, und Douglas Yacek, 19–30. Stuttgart: Kohlhammer.

Gilligan, Carol. 1993. *In a Different Voice: Psychological Theory and Women's Development.* Cambridge: Harvard University Press.

Glasersfeld, Ernst von. 1997. *Radikaler Konstruktivismus: Ideen, Ergebnisse, Probleme.* Frankfurt a. M.: Suhrkamp.

Goergen, Klaus. 2009. Das moralische Urteil – ein egalitäres Modell. *Zeitschrift für Didaktik der Philosophie und Ethik* 3: 170–181.

Goergen, Klaus. 2015. Ethikunterricht – Ersatz, Alternative oder Pflicht für alle? *Lehren und Lernen* 8/9: 48–57.

Goldman, Alvin I. 2006. Social epistemology, theory of evidence, and intelligent design. Deciding what to teach. *Southern Journal of Philosophy* 44(S1): 1–22.

Gregory, Maughn Rollins. 2014. The Procedurally Directive Approach to Teaching Controversial Issues. *Educational Theory* 64(4): 627–648.

Greiner, Ulrike, Fabio Nagele, Bettina Bussmann, Angela Hof, Irmtraud Kaiser, Christoph Kühberger, Günter Maresch, und Hubert Weiglhofer. 2023. Funktionen zentraler fachlicher Konzepte in der Lehrer*innenbildung. Eine explorative Interviewstudie zur Wissenschaftsdidaktik der Fächer im Lehramtsstudium Sekundarstufe. *Herausforderung Lehrer*innenbildung* 6: 146–160.

Gruen, Lori. 2012. *Ethics and animals.* Cambridge: Cambridge University Press.

Gruen, Lori. 2021. The Moral Status of Animals. In *The Stanford Encyclopedia of Philosophy,* Summer 2021 Edition, Hrsg. Edward N. Zalta. https://plato.stanford.edu/archives/sum2021/entries/moral-animal. Zugegriffen: 21. März 2024.

Grundmann, Thomas. 2013. Doubts about philosophy? The alleged challenge from disagreement. In *Knowledge, virtue, and action. Essays on putting epistemic virtues to work*, Hrsg. Tim Henning, und David Schweikard, 72–98. London: Routledge.

Grundmann, Thomas. 2015. Die Epistemologie stabiler Dissense in der Philosophie. In *Erkenntnistheorie – wie und wozu?*, Hrsg. Dirk Koppelberg, und Stefan Tolksdorf, 463–486. Münster: Mentis.

Grundmann, Thomas. 2017. *Analytische Einführung in die Erkenntnistheorie*, 2. Aufl. Berlin: De Gruyter.

Grundmann, Thomas. 2019. How to respond rationally to peer disagreement. The preemption view. *Philosophical Issues* 29(1): 129–142.

Han, Hyemin, Kim Jeongmin, Jeong Changwoo, und Geoffrey L. Cohen. 2017. Attainable and Relevant Moral Exemplars are More Effective than Extraordinary Exemplars in Promoting Voluntary Service Engagement. *Frontiers in Psychology* 8: 1–14.

Hand, Michael. 2006. Against Autonomy as an Educational Aim. *Oxford Review of Education* 32(4): 535–550.

Hand, Michael. 2008. What Should We Teach as Controversial? A Defense of the Epistemic Criterion. *Educational Theory* 58(2): 213–228.

Hand, Michael. 2009. On the Worthwhileness of Theoretical Activities. *Journal of Philosophy of Education* 43(S1): 109–121.

Hand, Michael. 2014. Towards a Theory of Moral Education. *Journal of Philosophy of Education* 48(4): 519–532.

Hand, Michael. 2018. *A theory of moral education*. London: Routledge.

Hand, Michael. 2020a. Moral Education in the Community of Inquiry. *Journal of Philosophy in Schools* 7(2): 4–20.

Hand, Michael. 2020b. Symposium on Michael Hand's 'A Theory of Moral Education'. *Journal of Beliefs & Values* 41(2): 227–228.

Hare, Richard M. 1981. *Moral Thinking: Its Levels, Method and Point.* Oxford: Clarendon Press.

Hare, William. 1979. *Open-mindedness and education.* Kingston: McGill-Queen's University Press.

Harrison, Tom, James Arthur, und Emily Burn. 2016. *Character Education Evaluation Handbook for Schools.* Birmingham: University of Birmingham. https://www.jubileecentre.ac.uk/character-education-/character-education-evaluation-handbook-for-schools/. Zugegriffen: 14.06.2024.

Harsanyi, John C. 1977. *Rational Behavior and Bargaining Equilibrium in Games and Social Situations.* Cambridge: Cambridge University Press.

Henke, Roland W. 2017. Die Förderung philosophischer Urteilskompetenz durch kognitive Konflikte. In *Handbuch Philosophie und Ethik. Band I: Didaktik und Methodik*, 2., durchgesehene Aufl., Hrsg. Julian Nida-Rümelin, Irina Spiegel, und Markus Tiedemann, 86–95. Paderborn: Schöningh.

Henning, Tim. 2019. *Allgemeine Ethik.* Paderborn: Brill.

Henning, Tim. 2023. Numbers without aggregation. *Noûs*, 1–23.

Hess, Diana, und Paula McAvoy. 2015. *The Political Classroom: Evidence and Ethics in Democratic Education.* New York: Routledge.

Hintz, Dieter, Karl Gerhard Pöppel, und Jürgen Rekus. 2001. *Neues schulpädagogisches Wörterbuch.* Weinheim und München: Juventa Verlag.

Hirst, Paul. 1974. *Moral Education in a Secular Society.* London: University of London Press.

Hobmair, Hermann, Hrsg. 2008. *Pädagogik.* Troisdorf: Bildungsverlag EINS GmbH.

Höffe, Otfried. 1979. *Ethik und Politik. Grundmodelle und -probleme der praktischen Philosophie.* Frankfurt a. M.: Suhrkamp.

Huemer, Michael. 2019. *Dialogues on ethical vegetarianism.* New York: Routledge.

Hume, David. 2002 [1751]. *Eine Untersuchung über die Prinzipien der Moral.* Übers. G. Streminger. Stuttgart: Reclam.

Huwendiek, Volker. 2019. Unterrichtsmethode. In *Leitfaden Schulpraxis. Pädagogik und Psychologie für den Lehrberuf*, 11. Aufl. Hrsg. Gislinde Bovet, und Volker Huwendiek, 69–106. Berlin: Cornelsen.

Imundo, Megan N., und David N. Rapp. 2022. When fairness is flawed: Effects of false balance reporting and weight-of-evidence statements on beliefs and perceptions of climate change. *Journal of Applied Research in Memory and Cognition* 11: 258–271.

Institut für Demoskopie Allensbach. 2009. Weitläufig verwandt – Die Meisten glauben inzwischen an einen gemeinsamen Vorfahren von Mensch und Affe. *Allensbacher Berichte* 5: 1–4.

Irmler, Frank. 2021. Moralische Urteilsbildung wider die Werte- und Moralerziehung. In *Werte im Ethikunterricht – An den Grenzen der Wertneutralität*, Hrsg. Minkyung Kim, Tobias Gutmann, Jan Friedrich, und Katharina Neef, 231–256. Opladen, Berlin und Toronto: Verlag Barbara Budrich.

Jaksland, Rasmus. 2022. Dependent philosophical majorities and the skeptical argument from disagreement. *Synthese* 200(1): 1–24.

Jalil, Andrew J., Joshua Tasoff, und Arturo Vargas Bustamante. 2020. Eating to save the planet. Evidence from a randomized controlled trial using individual-level food purchase data. *Food Policy* 95: 101950.

Jank, Werner, und Hilbert Meyer. 2006. *Didaktische Modelle*. Berlin: Cornelsen.

Johannsen, Kyle. 2021. *Wild Animal Ethics. The Moral and Political Problem of Wild Animal Suffering*. New York: Routledge.

Joyce, Richard. 2001. *The Myth of Morality*. Cambridge: Cambridge University Press.

Joyce, Richard. 2022. Moral Anti-Realism. In *The Stanford Encyclopedia of Philosophy*, Winter 2022 Edition, Hrsg. Edward N. Zalta, und Uri Nodelman. https://plato.stanford.edu/archives/win2022/entries/moral-anti-realism/. Zugegriffen: 14.06.2024.

Kagan, Shelly. 2011. Do I Make a Difference? *Philosophy and Public Affairs* 39(2): 105–141.

Kamm, Frances M. 1993. *Morality, mortality. Death and whom to save from it*. Oxford: Oxford University Press.

Kamm, Frances M. 2000. Nonconsequentialism. In *The Blackwell guide to ethical theory*, Hrsg. Hugh LaFollette, 205–226. Oxford: Blackwell.

Kant, Immanuel. 1966 [1789]. Wiener Logik. In *Kant's gesammelte Schriften*, Hrsg. Deutsche Akademie der Wissenschaften zu Berlin, 785–940. Berlin: De Gruyter.

Kant, Immanuel. 2010 [1765–1766]. Nachricht von der Einrichtung seiner Vorlesungen in dem Winterhalbenjahre von 1765–1766 (Auszug). In *Texte zur Didaktik der Philosophie*, Hrsg. Kirsten Meyer, 71–75. Stuttgart: Reclam.

Kant, Immanuel. 2017 [1784]. *Beantwortung der Frage: Was ist Aufklärung?* Saillon: Jean Meslier Verlag.

Kauppinen, Antii. 2017. Empathy and moral judgment. In *Handbook of Philosophy of Empathy*, Hrsg. Heidi L. Maibom, 215–226. New York: Routledge.

Kelly, Thomas. 2005. The epistemic significance of disagreement. In *Oxford Studies in Epistemology*, Volume 1, Hrsg. John Hawthorne, und Tamar Gendler, 167–196. Oxford: Oxford University Press.

Kelly, Thomas. 2016. Disagreement in philosophy: its epistemic significance. In *The Oxford Handbook of philosophical methodology*, Hrsg. Herman Cappelen, Tamar Szabó Gendler, und John Hawthorne, 183–221. Oxford: Oxford University Press.

Kenner, Steve, und Dirk Lange. 2020. Demokratiebildung. In *Wörterbuch Politikunterricht*, Hrsg. Sabine Achour, Matthias Busch, Peter Massing, und Christian Meyer-Heidemann, 48–51. Frankfurt a. M.: Wochenschau Verlag.

Kim, Minkyung. 2021. Was ist ein wertneutraler Ethikunterricht? – Eine kurze Einführung in die Problematik des Neutralitätsgebots und der Wertneutralität, In *Werte im Ethikunterricht – An den Grenzen der Wertneutralität*, Hrsg. Minkyung Kim, Tobias Gutmann, Jan Friedrich, und Katharina Neef, 7–15. Opladen, Berlin und Toronto: Verlag Barbara Budrich.

Klafki, Wolfgang. 2007. *Neue Studien zur Bildungstheorie und Didaktik. Zeitgemäße Allgemeinbildung und kritisch-konstruktive Didaktik*. 6. Auflage. Weinheim und Basel: Beltz.

Kleinig, John. 1973. R.S. Peters' Use of Transcendental Arguments. *Journal of Philosophy of Education* 7(2): 149–166.

Kleinig, John. 1982. *Philosophical Issues in Education*. London: Routledge.

Koehler, Derek J. 2016. Can journalistic "false balance" distort public perception of consensus in expert opinion? *Journal of Experimental Psychology* 22: 24–38.

Kohlberg, Lawrence. 1976. Moralstufen und Moralerwerb. Der kognitiv-entwicklungstheoretische Ansatz. In *Lawrence Kohlberg – Die Psychologie der Moralentwicklung*, Hrsg. Wolfgang Althof, Gil Noam, und Fritz Oser, 123–174. Frankfurt a. M.: Suhrkamp.

Korsgaard, Christine. 2018. *Fellow creatures*. Oxford: Oxford University Press.

Kramer, Matthew. 2009. *Moral Realism as a Moral Doctrine*. Malden, MA: Wiley-Blackwell.

Kraus, Andreas. 2012. Achtung: ‚Kompetenz'! – Von einem Paradigma zu einer semantischen Virusinfektion. Ein kleiner humoriger Zwischenruf. *Zeitschrift für Didaktik der Philosophie und Ethik* 34(3): 214–220.

Kristjánsson, Kristján. 2015. *Aristotelian Character Education*. Routledge, New York.

Krüger, Heinz-Hermann, und Cathleen Grunert, Hrsg. 2006. *Wörterbuch Erziehungswissenschaft*. Opladen: Verlag Barbara Budrich.

Kuhse, Helga. 2016. Die Lehre von der ›Heiligkeit des Lebens‹. In *Um Leben und Tod. Moralische Probleme bei Abtreibung, künstlicher Befruchtung, Euthanasie und Selbstmord*, 4. Aufl., Hrsg. Anton Leist, 75–106. Frankfurt a. M.: Suhrkamp.

Kultusministerkonferenz [KMK]. 2005. *Bildungsstandards der Kultusministerkonferenz. Erläuterungen zur Konzeption und Entwicklung*. München: Luchterhand.

Kultusministerkonferenz [KMK]. 2006. *Einheitliche Prüfungsanforderungen in der Abiturprüfung: Ethik.* https://www.kmk.org/fileadmin/veroeffentlichungen_beschluesse/1989/1989_12_01-EPA-Ethik.pdf. Zugegriffen: 31.08.2024.

Lanius, David. 2022. Argumentationskompetenz im Philosophie- und Ethikunterricht vermitteln: Was wir dafür brauchen. *Zeitschrift für Didaktik der Philosophie und Ethik* 1: 7–23.

Lee, Patrick. 2013. The Basis for Being a Subject of Rights. The Natural Law Position. In *Reason, Morality, and Law. The Philosophy of John Finnis*, Hrsg. John Keown, und Robert P. George, 236–248. Oxford: Oxford University Press.

Lenssen, Mark. 1980. Introducing Philosophy. Problems and Perspectives. *Teaching Philosophy* 3(3): 342–345.

Leslie, Alan, Ron Mallon, und Jennifer DiCorcia. 2006. Transgressors, Victims, and Cry Babies: Is Basic Moral Judgment Spared in Autism? *Social Neuroscience* 1 (3–4), 270–283.

Lickona, Thomas. 2004. *Character Matters*. New York: Touchstone.

Liebau, Eckart. 1999. *Erfahrung und Verantwortung. Werteerziehung als Pädagogik der Teilhabe*. Weinheim und München: Juventa Verlag.

Lind, Georg. 2003. *Moral ist lehrbar. Handbuch zur Theorie und Praxis moralischer und demokratischer Bildung*. München: Oldenbourg.

Lockwood, Alan. 1997. *Character Education: Controversy and Consensus*. London: Corwin Press.

Lohmar, Achim. 2017. *Falsches moralisches Bewusstsein*. Hamburg: Meiner.

Lohmar, Jakob. 2021. Future Selves and Present Moral Philosophers. *Grazer Philosophische Studien* 98(3): 436–445.

Mackie, John L. 1977. *Ethics: Inventing Right and Wrong*. New York: Penguin.

Macmillan, C. J. B. 1983. On Certainty and indoctrination. *Synthese* 56(3): 363–372.

Malt, Barbara C., und Edward E Smith. 1984. Correlated properties in natural categories. *Journal of Verbal Learning and Verbal Behavior* 23 (2): 250–269.

Marino, Lori. 2017. Thinking chickens: a review of cognition, emotion, and behavior in the domestic chicken. *Animal Cognition* 20: 127–147.

Marotzki, Winfried, Arnd-Michael Nohl, und Wolfgang Ortlepp. 2006. *Einführung in die Erziehungswissenschaft*. Opladen: Verlag Barbara Budrich.

Martens, Ekkehard. 1979. *Dialogisch-pragmatische Philosophiedidaktik*. Hannover: Schroedel.

Martens, Ekkehard. 1994. Was sollte der Ethikunterricht leisten? Lehrplanmodelle in der Diskussion. *Zeitschrift für Didaktik der Philosophie und Ethik* 3: 209–211.

Martens, Ekkehard. 2014. *Methodik des Ethik- und Philosophieunterrichts. Philosophieren als elementare Kulturtechnik*, 8. Aufl. Hannover: Siebert.

Matheson, Jonathan. 2022. Why Think for Yourself? *Episteme* 21(1): 320–338.

McDowell, John. 1979. Virtue and Reason. *The Monist* 62(3): 331–50.

McGinn, Colin. 1991. Eating animals is wrong. *London Review of Books* 13(2).

McGrath, Sarah. 2008. Moral Disagreement and Moral Expertise. In *Oxford Studies in Metaethics, Vol. 3*, Hrsg. Russ Shafer-Landau, 87–108. Oxford: Oxford University Press.

McMahan, Jeff. 2002. *The Ethics of Killing. Problems at the Margins of Life*. Oxford: Oxford University Press.

McNaughton, David. 1988. *Moral Vision. An Introduction to Ethics*. Oxford: Blackwell.

Menke, Christoph. 2001. Philosophische Probleme zwischen Lebenswelt und Wissenschaft. In *Was ist ein ‚philosophisches Problem'?*, Hrsg. Uwe Wenzel, und Joachim Schulte, 114–133. Frankfurt a. M.: Fischer.

Merry, Michael S. 2005. Indoctrination, Moral Instruction, and Nonrational Beliefs: A Place for Autonomy? *Educational Theory* 55(4): 399–420.

Meyer, Kirsten. 2011. Moralische Bildung im Philosophie- und Ethikunterricht. In *Sozialerziehung in der Schule*, Hrsg. Maria Limbourg, und Gisela Steins, 225–239. Wiesbaden: VS Verlag für Sozialwissenschaften.

Meyer, Kirsten. 2017. Kompetenzorientierung. In *Handbuch Philosophie und Ethik. Band I: Didaktik und Methodik*, 2. durchgesehene Aufl., Hrsg. Julian Nida-Rümelin, Irina Spiegel, und Markus Tiedemann, 104–113. Paderborn: Schöningh.

Meyer, Kirsten. 2023. Moral Education Through the Fostering of Reasoning Skills. *Ethical Theory and Moral Practice* 27: 41–55.

Mietzel, Gerd. 2017. *Pädagogische Psychologie des Lernens und Lehrens. 9., aktualisierte und erweiterte Auflage*. Göttingen: Hogrefe.

Miller, Christian. 2021. Moral Relativism and Virtue. In *Virtues and Virtue Education in Theory and Practice – Are Virtues Local or Universal?*, Hrsg. Catherine A. Darnell, und Kristján Kristjánsson, 11–25. Routledge: New York.

Miller, Christian. 2022. How Situationism Impacts the Goals of Character Education. *Ethical Theory and Moral Practice* 27: 73–89.

Mills, Charles W. 2017. Ideology. In *The Routledge Handbook of Epistemic Injustice*, Hrsg. Ian James Kidd, José Medina, und Gaile Pohlhaus, 100–111. London: Routledge.

Ministerium für Schule und Bildung des Landes Nordrhein-Westfalen, Hrsg. 2021. Referenzrahmen Schulqualität NRW. *Schule in NRW* Nr. 9051. https://www.schulentwicklung.nrw.de/referenzrahmen/broschuere.pdf. Zugegriffen: 14.06.2024.

Mintz, Steven. 2018. Rational Egoism Underlies College Students' Beliefs. https://www.stevenmintzethics.com/single-post/2018/02/15/rational-egoism-underlies-college-students-beliefs. Zugegriffen: 13. März 2024.

Montag, Bärbel. 2017. Debatten im Ethik- und Philosophieunterricht. In *Handbuch Philosophie und Ethik. Band I: Didaktik und Methodik*, 2., durchgesehene Aufl., Hrsg. Julian Nida-Rümelin, Irina Spiegel, und Markus Tiedemann, 196–205. Paderborn: Schöningh.

Musschenga, Albert W. 2009. Moral Intuitions, Moral Expertise and Moral Reasoning. *Journal of Philosophy of Education* 43(4): 597–613.

Nakajima, Sadahiko, Kohki Arimitsu, und K. Matthew Lattal. 2002. Estimation of animal intelligence by university students in Japan and the United States. *Anthrozoös* 15(3): 194–205.

Nagel, Thomas. 1979. *The Possibility of Altruism*. Princeton: Princeton University Press.

Nationale Akademie der Wissenschaften Leopoldina. 2017. *Evolutionsbiologische Bildung in Schule und Hochschule*. Halle (Saale).

Nichols, Shaun. 2004. *Sentimental Rules*. New York: Oxford University Press.

Nida-Rümelin, Julian. 2009. *Philosophie und Lebensform*. Frankfurt a. M.: Suhrkamp.

Nussbaum, Martha. 2003. *Cultivating humanity. A Classical Defense of Reform in Liberal Education*. Cambridge: Cambridge University Press.

Oser, Fritz. 2001. Acht Modelle der Wert- und Moralerziehung. In *Moralische Erziehung in der Schule. Entwicklungspsychologie und pädagogische Praxis*, Hrsg. Wolfgang Edelstein, Fritz Oser, und Peter Schuster, 63–89. Weinheim: Beltz.

Otsuka, Michael. 2000. Scanlon and the Claims of the Many Versus the One. *Analysis* 60(3): 288–293.

Parfit, Derek. 1984. *Reasons and Persons*. Oxford: Oxford University Press.

Parfit, Derek. 2011. *On What Matters. Volume One*. Oxford: Oxford University Press.

Pfeifer, Volker. 2013. *Didaktik des Ethikunterrichts. Bausteine einer integrativen Wertevermittlung*. Stuttgart: Kohlhammer.

Pfister, Jonas. 2016. Schreiben. In *Neues Handbuch des Philosophieunterrichts*, Hrsg. Jonas Pfister, und Peter Zimmermann, 275–291. Bern: Haupt.

Pfister, Jonas. 2019. Classification of Strategies for Dealing with Student Relativism and the Epistemic Conceptual Change Strategy. *Teaching Philosophy* 42(3): 221–246.

Phillips, C. J. C., und S. McCulloch. 2005. Student Attitudes on Animal Sentience and Use of Animals in Society. *Journal of Biological Education* 40 (1): 17–24.

Platts, Mark. 1980. Moral Reality and the End of Desire. In *Reference, Truth, and Reality*, Hrsg. Mark Platts, 69–82. London: Routledge and Kegan Paul.

Platz, Monika. 2022. Argumentieren lernen durch intellektuelle Tugenden. Intellektuelle Tugenden und die Beförderung der argumentativen Fähigkeiten von Schüler_innen im Ethik- und Philosophieunterricht. *Zeitschrift für Didaktik der Philosophie und Ethik* 1: 36–44.

Pollan, Michael. 2006. *The omnivore's dilemma*. New York: Bloomsbury.

Pousset, Raimund, Hrsg. 2006. *Handwörterbuch für Erzieherinnen und Erzieher*. Berlin: Cornelsen.

Priest, Graham. 2006. What is philosophy? *Philosophy* 81(2): 189–207.

Prinz, Jesse J. 2011a. Against Empathy. *The Southern Journal of Philosophy* 49: 214–233.

Prinz, Jesse J. 2011b. Is Empathy Necessary for Morality? In *Empathy – Philosophical and Psychological Perspectives*, Hrsg. Amy Coplan, und Peter Goldies, 211–229. Oxford: Oxford University Press.

Prinzing, Michael, und Michael Vazquez. 2024. Does Studying Philosophy Make People Better Thinkers? *Journal of the American Philosophical Association* 1–22.

Ranalli, Chris. 2022. Closed-minded Belief and Indoctrination. *American Philosophical Quarterly* 59(1): 61–80.

Raters, Marie-Luise. 2024. *Ethisches Argumentieren. Ein Arbeitsbuch. 2. Auflage.* Heidelberg: Metzler.

Raths, Louis E., Merrill Harmin, und Sidney B. Simon. 1976. *Werte und Ziele. Methoden zur Sinnfindung im Unterricht.* München: Verlag J. Pfeiffer.

Rawls, John. 2005. *Political Liberalism.* New York: Columbia University Press.

Regan, Tom. 1983. *The case for animal rights.* Berkeley: University of California Press.

Reiners, Christiane S. 2022. Wissensvermittlung als Bildungsauftrag. In *Chemie vermitteln. Fachdidaktische Grundlagen und Implikationen.* 2. Auflage, Hrsg. Christiane S. Reiners, 25–38. Heidelberg: Springer.

Richter, Philipp. 2016. Konzeption und föderale Wirklichkeit: Philosophie-/Ethikunterricht im Pluralismus. In *Professionell Ethik und Philosophie unterrichten. Ein Arbeitsbuch*, Hrsg. Ders., 15–30. Stuttgart: Kohlhammer.

Richter, Philipp. 2021. Welche Werte vermittelt das Philosophieren? Zur Kritik des Erziehungsziels „Autonomie" in pragmatizistischer Perspektive. In *Werte im Ethikunterricht – An den Grenzen der Wertneutralität*, Hrsg. Minkyung Kim, Tobias Gutmann, Jan Friedrich, und Katharina Neef, 147–177. Opladen, Berlin und Toronto: Verlag Barbara Budrich.

Ridge, Michael, und Sean McKeever. 2023. Moral Particularism and Moral Generalism. In *The Stanford Encyclopedia of Philosophy,* Summer 2023 Edition, Hrsg. Edward N. Zalta, und Uri Nodelman. https://plato.stanford.edu/archives/sum2023/entries/moral-particularism-generalism/. Zugegriffen: 14.06.2024.

Roberts, Robert C., und W. Jay Wood. 2007. *Intellectual Virtues.* New York: Oxford University Press.

Roeger, Carsten. 2016. *Philosophieunterricht zwischen Kompetenzorientierung und philosophischer Bildung.* Opladen: Barbara Budrich.

Rösch, Anita. 2012. *Kompetenzorientierung im Philosophie- und Ethikunterricht.* Wien: LIT.

Rösch, Anita. 2021. „In der Ethik gibt es kein Richtig und Falsch." Das Fachverständnis von Studienanfänger*innen. In *Werte im Ethikunterricht – An den Grenzen der Wertneutralität*, Hrsg. Minkyung Kim, Tobias Gutmann, Jan Friedrich, und Katharina Neef, 257–274. Opladen, Berlin und Toronto: Verlag Barbara Budrich.

Rosen, Gideon. 2001. Nominalism, Naturalism, Philosophical Relativism. *Noûs* 35(s15): 69–91.

Roth, Heinrich. 1971. *Pädagogische Anthropologie. Band II. Entwicklung und Erziehung. Grundlagen einer Entwicklungspädagogik.* Hannover: Schroedel.

Ryan, Kevin, und Karen E. Bohlin. 1999. *Building Character in Schools*. San Francisco: Jossey-Bass.

Scanlon, Thomas. 1998. What We Owe to Each Other. Cambridge: Harvard University Press.

Schaber, Peter. 2010. Wertevermittlung und Autonomie. In *Texte zur Didaktik der Philosophie*, Hrsg. Kirsten Meyer, 139–155. Stuttgart: Reclam.

Schaub, Horst, und Karl G. Zenke. 2007. *Wörterbuch Pädagogik*. München: Deutscher Taschenbuchverlag.

Scheffler, Samuel. 1982. *The Rejection of Consequentialism*. Oxford: Oxford University Press.

Scheffler, Samuel. 1985. Agent-Centred Restrictions, Rationality, and the Virtues. *Mind* 94(375): 409–419.

Schiele, Siegfried. 1996. Der Beutelsbacher Konsens kommt in die Jahre. In *Reicht der Beutelsbacher Konsens?*, Hrsg. Siegfried Schiele, und Herbert Schneider, 1–13. Frankfurt a. M.: Wochenschau Verlag.

Schluß, Henning. 2007. Indoktrination und Fachunterricht. In: *Indoktrination und Erziehung. Aspekte der Rückseite der Pädagogik*, Hrsg. Henning Schluß, 61–78. Wiesbaden: VS Verlag für Sozialwissenschaften.

Schmetkamp, Susanne. 2019. *Theorien der Empathie. Zur Einführung*. Hamburg: Junius.

Schmidt-Wulffen, Wulf. 2008. *Motivation und Unterrichtserfolg durch Schülermitplanung. Ein Leitfaden für gesellschaftswissenschaftliche Fächer von der Grundschule bis zur Sek-II*. Baltmannsweiler: Schneider.

Schmitz, Friederike. 2022. *Tierethik*. Münster: Compassion Media.

Schoenfield, Miriam. 2014. Permission to Believe. *Noûs* 48(2): 193–218.

Schönborn, Konrad J., und Susanne Bögeholz. 2009. Knowledge Transfer in Biology and Translation Across External Representations. Experts' Views and Challenges for Learning. *International Journal of Science and Mathematics Education* 7: 931–955.

Schwarz, Wolfgang. 2009. *David Lewis. Metaphysik und Analyse*. Paderborn: Mentis.

Schwitzgebel, Eric, Bradford Cokelet, und Peter Singer. 2020. Do ethics classes influence student behavior? Case study: Teaching the ethics of eating meat. *Cognition* 203: 104397.

Schwitzgebel, Eric, Bradford Cokelet, und Peter Singer. 2023. Students Eat Less Meat After Studying Meat Ethics. *Review of Philosophy and Psychology* 14: 113–138.

Schwitzgebel, Eric, und Fiery Cushman. 2012. Expertise in Moral reasoning? Order Effects on Moral Judgment in Professional philosophers and non-philosophers. *Mind & Language* 27(2): 135–153.

Schwitzgebel, Eric, und Fiery Cushman. 2015. Philosophers' biased judgments persist despite training, expertise and reflection. *Cognition* 141: 127–137.

Schwitzgebel, Eric, und Joshua Rust. 2014. The Moral Behavior of Ethics Professors: Relationships among Self-Reported behavior, expressed normative attitude, and directly observed behavior. *Philosophical Psychology* 27(3): 293–327.

Scruton, Roger. 2004. The conscientious carnivore. In *Food for thought*, Hrsg. Steve F. Sapontzis, 81–91. Amherst: Prometheus Books.

Shafer-Landau, Russ. 2003. *Moral Realism: A Defence*. Oxford: Clarendon Press.

Shaver, Robert. 2023. Egoism. In *The Stanford Encyclopedia of Philosophy*, Spring 2023 Edition, Hrsg. Edward N. Zalta, und Uri Nodelman. https://plato.stanford.edu/archives/spr2023/entries/egoism/. Zugegriffen: 13.03.2024.

Sidgwick, Henry. 1907. *The Methods of Ethics*. London: Macmillan.

Singer, Peter. 1982. How Do We Decide? *Hastings Center Report* 12: 9–11.

Singer, Peter. 2009. *Animal liberation*. New York: Harper Perennial.

Singer Peter. 2013. *Praktische Ethik*, 3. Aufl. Übers. Oscar Bischoff, Jean-Claude Wolf, Dietrich Klose, und Susanne Lenz. Ditzingen: Reclam.

Singer, Peter. 2016. *Effektiver Altruismus. Eine Anleitung zum ethischen Leben*. Übers. Jan-Erik Strasser. Berlin: Suhrkamp.

Singley, Mark K., und John R. Anderson. 1989. *The Transfer of Cognitive Skill*. Cambridge: Harvard University Press.

Sinnott-Armstrong, Walter. 2019. Moral Skepticism. In *The Stanford Encyclopedia of Philosophy*, Summer 2019 Edition, Hrsg. Edward N. Zalta. https://plato.stanford.edu/archives/sum2019/entries/skepticism-moral/. Zugegriffen: 14.06.2024.

Sistermann, Rolf. 2016. Problemorientierung, Lernphasen und Arbeitsaufgaben. In *Neues Handbuch des Philosophieunterrichts*, Hrsg. Jonas Pfister, und Peter Zimmermann, 203–223. Bern: Haupt.

Sistermann, Rolf, Hrsg. 2017. *weiter denken Band A*. Brauschweig: Westermann Schroedel.

Slote, Michael. 2009. Caring, Empathy and Moral Education. In *The Oxford Handbook of Philosophy of Education*, Hrsg. Harvey Siegel, 211–226. Oxford: Oxford University Press.

Smith, Adam. 1976. *The Theory of Moral Sentiments*. Oxford: Oxford University Press.

Spaemann, Robert. 1996. *Personen. Versuche über den Unterschied zwischen ›etwas‹ und ›jemand‹*. Stuttgart: Klett-Cotta.

Spiegel, Irina. 2015. Perspektiven der Empathie- und Compassion-Forschung. Ein philosophischer Kommentar. In *Handbuch Philosophie und Ethik. Band 2: Disziplinen und Themen*, Hrsg. Julian Nida-Rümelin, Irina Spiegel, und Markus Tiedemann, 260–264. Paderborn: UTB.

Spiegel, Irina. 2017. Empathie- und Compassion-Training. In *Handbuch Philosophie und Ethik. Band 1: Didaktik und Methodik*, Hrsg. Julian Nida-Rümelin, Irina Spiegel, und Markus Tiedemann, 245–251. Paderborn: UTB.

Stier, Marco, und Bettina Schöne-Seifert. 2013. The Argument from Potentiality in the Embryo Protection Debate. Finally 'Depotentialized'? *The American Journal of Bioethics* 13(1): 19–27.

Stier, Marco. 2014. Tetraploide Komplementierung von iPS-Zellen. Implikationen für das Potenzialitätsargument. *Ethik in der Medizin* 26: 181–194.

Thein, Christian. 2020a. Kontroversität als Schlüsselprinzip der Demokratiebildung im Unterricht und an außerschulischen Lernorten. In *The Wider View – Forschen, Lehren, Lernen an öffentlichen Orten*, Hrsg. Martin Stein, Martin Jungwirth, Nina Harsch, und Yvonne Korflür, 273–286. Münster: WTM.

Thein, Christian. 2020b. *Verstehen und Urteilen im Philosophieunterricht*, 2., überarbeitete Aufl. Opladen: Barbara Budrich.

Thein, Christian. 2021. Ethische Bildung im Philosophieunterricht zwischen Urteilsbildung und Wertevermittlung. In *Werte im Ethikunterricht – An den Grenzen der Wertneutralität*, Hrsg. Minkyung Kim, Tobias Gutmann, Jan Friedrich, und Katharina Neef, 179–194. Opladen, Berlin und Toronto: Verlag Barbara Budrich.

Thomson, Judith J. 2016. Eine Verteidigung der Abtreibung. In *Um Leben und Tod. Moralische Probleme bei Abtreibung, künstlicher Befruchtung, Euthanasie und Selbstmord*, 4. Aufl., Hrsg. Anton Leist, 107–131. Frankfurt a. M.: Suhrkamp.

Tichy, Matthias. 1998. *Die Vielfalt des ethischen Urteils. Grundlinien einer Didaktik des Faches Ethik/Praktische Philosophie*. Bad Heilbrunn: Klinkhardt.

Tichy, Matthias. 2012. Eine Zweideutigkeit des Kompetenzbegriffs und deren Bedeutung für die Philosophiedidaktik. *Zeitschrift für Didaktik der Philosophie und Ethik* 34(3): 221–229.

Tichy, Matthias. 2016a. Lehrbarkeit der Philosophie und philosophische Kompetenzen. In *Neues Handbuch des Philosophieunterrichts*, Hrsg. Jonas Pfister, und Peter Zimmerman, 43–60. Bern: Haupt.

Tichy, Matthias. 2016b. ,Nicht Philosophie, sondern philosophieren lernen.' Zur Problematik und Kritik einer fachdidaktischen Maxime. *Zeitschrift für Didaktik der Philosophie und Ethik* 4: 46–55.

Tiedemann, Markus. 2016a. Transzendentale Toleranzerziehung. *Zeitschrift für Didaktik der Philosophie und Ethik* 2: 16–25.

Tiedemann, Markus. 2016b. Kompetenzorientierung, oder: Vom Tanz um nackte Kaiser. *Zeitschrift für Didaktik der Philosophie und Ethik* 4: 69–75.

Tiedemann, Markus. 2017a. Ethische Orientierung in der Moderne – Was kann philosophische Bildung leisten? In *Handbuch Philosophie und Ethik. Band 1: Didaktik und Methodik*, Hrsg. Julian Nida-Rümelin, Irina Spiegel, und Markus Tiedemann, 23–29. Paderborn: UTB.

Tiedemann, Markus. 2017b. Problemorientierung. In *Handbuch Philosophie und Ethik. Band 1: Didaktik und Methodik*, Hrsg. Julian Nida-Rümelin, Irina Spiegel, und Markus Tiedemann, 70–78. Paderborn: UTB.

Tiedemann, Markus. 2017c. Die Herausforderung der Effizienzforschung. In *Handbuch Philosophie und Ethik. Band 1: Didaktik und Methodik*, Hrsg. Julian Nida-Rümelin, Irina Spiegel, und Markus Tiedemann, 153–158. Paderborn: UTB.

Tiedemann, Markus. 2020. Orientierung ohne Letztbegründung. Stufen ethischer Rechtfertigung. In *Migration, Rassismus, Menschenrechte. Herausforderungen ethischer Bildung*, Hrsg. Markus Tiedemann, 3–13. Paderborn: Brill.

Tiefensee, Christine. 2016. Quasi-Realismus. In *Grundkurs Metaethik*, Hrsg. Markus Rüther, 81–90. Münster: Mentis.

Tooley, Michael. 2016. Abtreibung und Kindstötung. In *Um Leben und Tod. Moralische Probleme bei Abtreibung, künstlicher Befruchtung, Euthanasie und Selbstmord*, 4. Aufl., Hrsg. Anton Leist, 157–195. Frankfurt a. M.: Suhrkamp.

Van Inwagen, Peter. 1996. It Is Wrong, Everywhere, Always, for Anyone, to Believe Anything upon Insufficient Evidence. In *Faith, freedom, and rationality. Philosophy of religion today*, Hrsg. Jeff Jordan, und Daniel Howard-Snyder, 137–154. Lanham: Rowman & Littlefield.

Västfjäll, Daniel, Paul Slovic, und Marcus Mayorga. 2015. Pseunefficacy: negative feelings from children who cannot be helped reduce warm glow for children who can be helped. *Frontiers in Psychology* 616: 1–12.

Vickers, Peter. 2022. *Identifying Future-Proof Science*. Oxford: Oxford University Press.

Vozzola, Elizabeth. 2014. *Moral Development: Theory and Applications*. New York: Routledge.

Warnick, Bryan R., und D. Spencer Smith. 2014. The Controversy Over Controversies: A Plea for Flexibility and for "Soft-Directive" Teaching. *Educational Theory* 64:227–244.

Weber-Guskar, Eva. 2021. Criticizing Moral Criticism. Moralism on the Internet. In *Crisis and Critique: Philosophical Analysis and Current Events. Proceedings of the 42nd International Ludwig Wittgenstein Symposium*, Hrsg. Anne Siegetsleitner, Andreas Oberprantacher, Marie-Luisa Frick, und Ulrich Metschl, 189–202. Berlin: De Gruyter.

Wedgwood, Ralph. 2010. The Moral Evil Demons. In *Disagreement*, Hrsg. Richard Feldman, und Ted A. Warfield, 216–246. Oxford: Oxford University Press.

Wehling, Hans-Georg. 1977. Konsens à la Beutelsbach? Nachlese zu einem Expertengespräch. In *Das Konsensproblem in der politischen Bildung*, Hrsg. Siegfried Schiele, Kurt Gerhard Fischer, und Herbert Schneider, 1977. 173–184. Stuttgart: Ernst Klett Verlag.

Weinert, Franz E. 2001. Vergleichende Leistungsmessung in Schulen – eine umstrittene Selbstverständlichkeit. In *Leistungsmessungen in Schulen*, Hrsg. Franz E. Weinert, 17–31. Weinheim/Basel: Beltz.

White, John. 1967. Indoctrination. In *The Concept of Education*, Hrsg. Richard S. Peters, 177–191. London: Routledge.

White, John. 1973. *Towards a Compulsory Curriculum*. London: Routledge.

Wieser, Clemens. 2010. *Was sich aus Schülerorientierung machen lässt. Theoretische Anknüpfungspunkte und Handlungsstrategien aus der Praxis*. Wien: Institut für Geographie und Regionalforschung der Universität Wien.

Wolf, Susan. 1982. Moral Saints. *The Journal of Philosophy* 79(8): 419–439.

Wolf, Susan. 1992. Morality and Partiality. *Philosophical Perspectives* 6: 243–259.

Yacek, Douglas. 2021. Erziehung zum kontroversen Denken. Zur Behandlung ethisch und politisch kontroverser Themen in der Schule. In *Werte im Ethikunterricht – An den Grenzen der Wertneutralität*, Hrsg. Minkyung Kim, Tobias Gutmann, Jan Friedrich, und Katharina Neef, 81–101. Opladen, Berlin und Toronto: Verlag Barbara Budrich.

Young, Iris Marion. 2010. Verantwortung und globale Gerechtigkeit. Ein Modell sozialer Verbundenheit. In *Globale Gerechtigkeit. Schlüsseltexte zur Debatte zwischen Partikularismus und Kosmopolitismus*, Hrsg. Christoph Broszies, und Henning Hahn, 329–369. Frankfurt a.M.: Suhrkamp.

Young, Iris Marion. 2011. *Responsibility for Justice*. Oxford: Oxford University Press.

Zagzebski, Linda. 2013. Intellectual Autonomy. *Philosophical Issues* 23(1): 244–261.

Zagzebski, Linda. 2020. *Epistemic Values*. Oxford: Oxford University Press.

Zheng, Robin. 2018. What is My Role in Changing the System? A New Model of Responsibility for Structural Injustice. *Ethical Theory and Moral Practice* 21: 869–885.

Zheng, Robin. 2021. Moral Criticism and Structural Injustice. *Mind* 130(518): 503–535.

Zinke, Alexandra. 2023. Argumentieren mit Schülerrelativisten. Plädoyer für eine Wenn-Dann-Philosophie. In *Argumentieren im Philosophie- und Ethikunterricht. Grundfragen, Anwendungen, Grenzen*, Hrsg. David Löwenstein, Donata Romizi, und Jonas Pfister, 39–52. Göttingen: V&U Unipress.

Zalla, Tiziana, Luca Barlassina, Marine Buon, und Marion Leboyer. 2011. Moral Judgment in Adults with Autism Spectrum Disorders. *Cognition* 8(8): 115–126.

Zorn, Jonas. 2024. *Ökonomisierung des Persönlichen*. Stuttgart: Reclam.

GPSR Compliance

The European Union's (EU) General Product Safety Regulation (GPSR) is a set of rules that requires consumer products to be safe and our obligations to ensure this.

If you have any concerns about our products, you can contact us on ProductSafety@springernature.com

In case Publisher is established outside the EU, the EU authorized representative is:

Springer Nature Customer Service Center GmbH
Europaplatz 3
69115 Heidelberg, Germany

The manufacturer's authorised representative in the EU is Springer
Nature Customer Service Centre GmbH, Europaplatz 3, 69115 Heidelberg,
Germany. If you have any concerns regarding our products, please
contact ProductSafety@springernature.com

Printed and bound by CPI Group (UK) Ltd, Croydon, CR0 4YY
24/04/2026
02096358-0019